건강한 교회성장을 위한 소그룹 리더십

건강한 교회성장을 위한 소그룹 리더십

지은이 | 이상화
발행일 | 개정증보판 2022년 2월 28일
　　　　개정증보판 2쇄 2024년 2월 29일
등록 | 2001.05.02.(제 4-423)
등록된 곳 | 서울특별시 마포구 월드컵로8길 45-8, 3층 3233호(서교동)
발행처 | 소그룹하우스
발행인 | 이상화
편집책임 | 김태연
편집 | 김건일
디자인 | 이가은
영업부 | 070-7578-2957
총 판 | 국제제자훈련원(02-3489-4300)
값 : 20,000원
ⓒ도서출판 소그룹하우스 2005
ISBN 978-89-91586-26-0 (03230)

※ 무단전제 및 복사를 할수 없습니다.
Copyright@By smallgroup House 2005

한국소그룹목회연구원
한국소그룹목회연구원은 한국 교회가 건강한 소그룹을 통하여 건강하고 균형잡힌 교회를 이룰 수 있도록 돕는 소그룹 사역 전문기관입니다.

소그룹하우스
소그룹하우스는 건강한 소그룹을 통해 건강한 교회를 이루고자 하는 모든 교회들이 필요로하는 소그룹 소프트웨어와 자료들을 공급하기 위해 설립되었습니다.

건강한 교회성장을 위한 소그룹 리더십

이 상 화

소그룹하우스

건강한 교회성장을 위한 소그룹 리더십

| 목차

● chapter 1 : 공동체를 세우기 위한 소그룹 리더십

1. 공동체 회복을 위해 필요한 소그룹 리더십	12
2. 열정 있는 리더가 열정 넘치는 교회를 세운다	20
3. 멤버들의 성장을 위한 계획을 가지고 있는 소그룹 리더	28
4. 소그룹의 공동체성 점검	38
5. 열매 맺는 소그룹 리더의 특징	48
6. 섬김과 희생의 리더십	60
7. 흔들림 없는 소그룹 리더십을 위해 기억해야 할 요소들	70
8. 회복력을 갖춘 소그룹 리더십	76
9. 소그룹 멤버들을 효과적으로 모임에 초청하는 리더	80
10. 생수의 근원을 잃어버린 자들을 위한 5대 원칙	88
11. 새가족을 안착시키는 열린 소그룹의 중요성	94
12. 비대면 상황 속에 필요한 소그룹 리더십	106
13. 소그룹 내에서 끊임없이 잠재적인 리더를 발굴하고 세우는 리더	118
14. 변화의 위기를 기회로 삼는 리더	128

● chapter 2 : 영혼 돌봄을 위한 소그룹 리더십

1. 한 영혼의 가치와 무게를 인식하는 소그룹 리더	140
2. 격려하는 소그룹 리더	146
3. 깊은 관계를 형성하는 소그룹 리더	154
4. 진정한 기쁨이 넘치도록 섬기는 소그룹 리더	164
5. 치유와 회복이 일어나도록 섬기는 소그룹 리더	176
6. 함께의 은혜를 경험하도록 인도하는 소그룹 리더	184
7. 습관적인 결석자를 향한 대책을 가진 소그룹 리더	194
8. 신실한 동역의식을 확보하는 소그룹 리더	202
9. 모이는 교회와 흩어지는 교회의 정체성을 이해하고 사역하는 소그룹 리더	216

● chapter 3 : 사역을 위한 소그룹 리더십

1. 소그룹의 유익과 은혜를 정확하게 아는 소그룹 리더 — 230
2. 공동체 영성을 추구하는 소그룹 리더 — 238
3. 친밀함이 넘치는 공동체를 세우는 소그룹 리더 — 246
4. 동역의 기쁨을 누리는 소그룹 리더 — 256
5. 멤버들을 구경꾼이 아닌 봉사자로 세우는 소그룹 리더 — 264
6. 소그룹을 전도의 전초기지로 견인하는 소그룹 리더 — 272
7. 지속성의 원리를 이해하고 추구하는 소그룹 리더 — 282
8. 기도하는 소그룹 리더 — 290
9. 소그룹 멤버들이 하나님의 뜻을 실천하도록 하는 소그룹 리더 — 302

● chapter 4 : 효과적 인도를 위한 소그룹 리더십

1. 첫 시작을 효과적으로 준비하는 소그룹 리더 — 318
2. 적절한 ice break로 멤버들을 즐겁게하는 소그룹 리더 — 326
3. 활발한 나눔이 일어나도록 동기부여하는 소그룹 리더 — 340
4. 좋은 질문으로 활발한 토론이 일어나게 하는 소그룹 리더 — 350
5. 인내의 열매를 맺으며 핵심주제를 전달하는 소그룹 리더 — 372
6. 대화의 중요성을 늘 인식하는 소그룹 리더 — 382
7. 경청하며 살리는 말을 하는 소그룹 리더 — 390
8. 닫힘과 열림의 긴장을 유지하는 소그룹 리더 — 398

---

* 소그룹 재편성을 위한 설문지 — 406
* 소그룹 언약 샘플 — 408
* 소그룹 리더 체크리스트 — 411
* 영적 건강성 자가 진단표 — 413

| 머리말 |

건강한 교회에는 건강한 소그룹이 있고, 건강한 소그룹에는 건강한 소그룹 리더십이 있다.

나름의 목회 사역을 감당해 오면서 이 문장은 뼛속까지 새겨질 만큼 절절한 진리인 것을 깨닫습니다. 특히 2020년 1월 20일 코로나19 바이러스 감염환자가 우리나라에 발생한 이후 한 번도 경험해 보지 못한 위기를 경험하고 있는 목회 현장에서 이 문장은 더욱 확실한 진리인 것을 확인합니다.

팬데믹이 선언된 후 한국 교회는 소위 언택트(Untact)로 일컬어지는 비대면 상황에서 예배와 교제, 양육과 봉사, 그리고 복음전도 사역의 불꽃을 꺼뜨리지 않기 위해 노심초사하며 하루 하루를 버텨왔다고 해도 과언이 아닙니다. 무엇보다 코로나19의 장기화 속에 성도들이 서로의 삶에 함께 참여하며 함께 울고 함께 웃을 수 있었던 원초적 공동체인 소그룹 사역은 위기중에 위기를 맞이했습니다. 근본적으로 성도들의 거룩한 교제로서의 공동체(Communio Sanctorum)인 교회의 본질이 깡그리 무너지는 듯한 고통을 경험해야 했습니다.

그러나 위기는 교회 안의 또 하나의 교회로서 거룩한 사귐과 교제가 있는 소그룹 사역에 대한 새로운 각성을 가져왔습니다. 그동안 적당히 틀을 갖추고 지역이나 세대별로 그룹핑(Grouping)만 해 놓으면 자연스럽게 소그룹사역은 진행될 것이라는 환상이 있었습니다. 그러나 소그룹의 진정한 역동성 회복이 교회의 본질 회복과 건강한 성장을 위해서 무엇보다 필요하다는 인식이 목회자들과 소그룹 리더들에게 심각한 문제로 대두된 것입니다.

그렇다면 함께 울고 함께 웃는 영적 성숙과 성장이 있는 소그룹을 통한 교회 본질의 회복을 어떻게 이루어 낼 수 있을까? 펜데믹이라는 극한의 어려움 속에서도 소그룹 사역의 역동성을 통해 교회가 계속 힘을 잃어 버리지 않고 건강한 성장과 성숙을 어떻게 이루어 낼 수 있을까? 목회자와 소그룹 리더는 과연 무엇을 인식하고 도대체 무엇을 준비해야 할 것인가?하는 질문 앞에 서게 됩니다.

이 질문들에 대한 결론은 제대로 훈련받고 준비된 소그룹 리더가 제대로 서 있기만 하다면 소그룹을 생동력있게 살리고 건강한 교회성장을 견인한다는 것입니다. 그래서 상기한 질문에 대한 대답으로 건강한 교회성장을 견인하기를 소원하는 소그룹 리더에게 꼭 필요한 영적 소그룹에 대한 이해와 실제적 소그룹 인도방법론을 정리한 것이 본서의 전체 내용입니다.

본서는 '건강한 소그룹, 건강한 교회'를 모토로 1994년에 설립된 한국소그룹목회연구원의 긴 시간의 임상적 연구와 자료개발의 축적물 중 일부입니다. 또 웨스트민스터신학대학원대학교 소그룹목회학 학위과정(Th.M.)에서 학제적 연구를 하고 여러 신학대학에서 가르친 내용의 결집물 중 일부이기도 합니다. 동시에 정리된 이론을 가지고 소그룹목회를 교회개척(드림의교회) 때부터 적용해 본 결과물임과 동시에 아름다운 성장과 사역 전승을 가지고 있는 역사있는 서현교회 목회현장에서 적용한 소그룹목회의 결과물이기도 합니다.

나름 긴 시간 진행해온 소그룹목회의 결과 영적 공동체인 교회의 소그룹은 단지 가르치고 배우는 곳이 아니라는 사실을 깨달았습니다. 서로가 서로의 얼굴을 맞대고 원활한 소통과 공감을 할 수 있는 환경을 가진 소그룹은 소그룹에 참여한 멤버들의 영적, 지적, 관계적, 인격적, 사회적인 이른바 전인격적 영역을 생명의 말씀을 통해 균형 있게 성숙시킬 수 있는 최적의 대안 공동체입니다. 결국 문제는 소그룹 멤버들을 지속적으로 접촉하고, 아비와 어미의 심정으로 돌보고, 진리의 말씀으로 효과적으로 섬기는 소그룹 리더가 얼마나 신실하게 준비되어 있는가에 달려있습니다. 그래서 역동적인 소그룹목회와 리더들의 힘 있는 사역을 위해서 방대한 내용이 정리되어야 하지만 일단 이 책에서는 소그룹목회환경 준비나 소그룹시스템 등과 같은 좀 더 큰 주제들은 일단 접어두고, 소그룹을 실제적으로 운영할 때 리더들과 목회자들에게 꼭 필요한 요소들만을 정리했습니다.

일찍이 로베르타 헤스테네스(Roberta Hestenes)는 영적인 소그룹을 다음과 같이 정의 했습니다. "소그룹은 정해진 시간에 3명에서 12명 정도의 그리스도인들이 그리스도 안에서 풍성한 삶을 위한 가능성을 발견하고 성장하려는 공통의 목적을 가지고 의도적으로 얼굴을 맞대고 한자리에 모인 모임이다." 단 한마디도 소홀히 할 수 없는 소그룹의 정의 입니다. 이런 소그룹을 목회현장에서 직접 세우고 운용해서 건강한 교회성장을 이루어 내기 위해서는 정말 구체적인 훈련과 준비가 필요합니다. 그래서 서현교회에 부임한 이후 그동안 연구하고 임상한 내용들 가운데 사랑방(소그룹)리더 모임을 계속 인도하며 누적시킨 소그룹 리더훈련의 내용들을 먼저 정리했습니다.

한 사역이 성공하기 위해서는 여러 가지 요소가 필요하지만 무엇보다 지속성과 전문성이 있어야 한다는 것을 염두에 둘 때 소그룹사역의 성공을 위해서 꾸준하게 소그룹 리더들을 훈련시킨다는 것은 쉽지 않습니다. 특히 현실적으로 매주 담임목회자가 강의를 준비한다는 것은 어려운 일입니다. 이 책은 그런 목회적 현실을 깊게 공감하며 한국 교회 소그룹 사역에 도움이 되고자 준비했습니다.

코로나19 펜데믹 이후 건강한 소그룹 목회는 1세기의 복음을 21세기의 현대인들에게 가장 적극적으로 전달할 수 있는 미래 교회 사역의 대안입니다. 바람직한 소그룹으로 성장하기 위해 공동체를 견고히 세워주는 보살핌, 지속적이고 건전한 확장과 이웃을 향한 섬김 사역이 균형잡혀 있는 소그룹 목회의 전반적 내용들을 수록한 본서가 건강한 소그룹 사역을 통해 정말 하나님께서 기뻐하시는 건강한 교회성장을 기도하며 준비하는 모든 목회자들과 소그룹 리더들에게 조금이라도 도움이 되었으면 하는 바람입니다. 그리고 소그룹 목회가 충분히 뿌리내릴 수 있는 데 자양분이 되기를 진심으로 소망합니다. 이 책이 나올 수 있도록 늘 기도와 협력을 아끼지 않는 서현교회 당회 장로님들을 비롯한 모든 성도들, 특히 매주 온오프라인에서 진행된 사랑방리더훈련에 빠지지 않고 참여해 준 서현교회 모든 사랑방리더들, 서현제자훈련원과 한국소그룹목회연구원의 김태연 목사와 김건일 목사에게 감사를 드립니다. 그리고 언제나 묵묵히 기도로 또 모든 사역을 불편함 없이 해 나갈 수 있도록 지원해 주는 아내 승민과 손자 윤우를 안을 수 있는 기쁨을 더해 준 아들 건희와 며느리 영은, 그리고 이 책의 디자인을 맡아준 딸 가은에게 고마움을 표합니다.

잔다리로 서현교회 목양실에서
한국소그룹목회연구원 대표 이상화

| 개정증보판 2쇄를 출간하며 |

2021년 10월과 2023년 5월에 한국소그룹목회연구원과 지구촌교회 목장 사역센터가 목회데이터연구소에 의뢰하여 코로나19 기간과 그 이후 변화된 '한국교회 소그룹 실태조사'를 공동조사한 결과 건강한 소그룹 사역이 있는 교회가 위기 상황 속에서도 건강한 교회성장과 성숙을 계속 이어갈 수 있다는 객관적 데이터를 확인한 바 있습니다.

이를 증명하듯이 2021년 10월 출간한 『건강한 교회성장을 위한 소그룹 리더십』이 4개월 만에 초판이 완판 되었습니다. 팬데믹 상황에도 건강한 교회성장을 위해 소그룹이 핵심인 것을 목회자들이 인지하고 있다는 반증으로 받아들여집니다. 또 소그룹 리더들을 효과적으로 훈련시키는 것에 대해 절감하고 있다는 것도 확인할 수 있었습니다.

초판을 출간하고 많은 목회자들에게 연락을 받았습니다. 책에 대한 아쉬운 점을 귀 기울여 들었고 좀 더 효과적으로 책을 사용할 수 있는 방법에 대해 함께 고민했습니다. 그 결과 각 장별로 목회자들이 소그룹 리더들과 함께 나누고 다시 점검할 수 있는 각 장별 나눔질문을 추가했습니다. 소그룹 사역에 꼭 필요한 질문들을 나누고 핵심을 상기시킬 수 있는 질문으로 구성했습니다. 소그룹 리더들과 함께 책을 읽고 질문을 나누는 것만으로도 큰 도전이 될 것입니다.

개정증보판을 준비하며 성경적 교회론에 기초한 소그룹 이론에 기초한 소그룹 리더들의 구체적인 인도 방법이 정리된 자료에 목말라 있는 한국 교회의 현실과 현장 목회자들의 필요, 그리고 소그룹 리더들의 요청에 이 책이 조금이라도 도움이 되기를 바라는 마음 간절합니다. 코로나를 통과한 이후 사회전반에 격변이 일어나고 있습니다. 그 속에서 목회현장은 건강하고 역동적인 소그룹 사역이 핵심 중의 핵심이 되었습니다. 개정판을 출간하며 건강한 교회성장을 위해 역동적인 소그룹 사역을 위해 간절히 기도하며 분투하는 목회자들과 소그룹 리더들에게 도움을 드리기 위해 더욱 깊이 있는 연구와 지속적인 임상 사역을 통해서 '건강한 소그룹, 건강한 교회'를 위한 자료를 개발하여 제공하는 역할을 다해야겠다는 나름의 결심도 말씀드립니다.

서교동 잔다리길 서현교회 목양실에서
주님 안에서 늘 감사로
2024년 2월 16일
이상화 드림

| CHAPTER 1 |

공동체를 세우기 위한 소그룹 리더십

1
공동체 회복을 위해 필요한 소그룹 리더십

"1 하가랴의 아들 느헤미야의 말이라 아닥사스다 왕 제이십년 기슬르월에 내가 수산 궁에 있는데 2 내 형제들 가운데 하나인 하나니가 두어 사람과 함께 유다에서 내게 이르렀기로 내가 그 사로잡힘을 면하고 남아 있는 유다와 예루살렘 사람들의 형편을 물은즉 3 그들이 내게 이르되 사로잡힘을 면하고 남아 있는 자들이 그 지방 거기에서 큰 환난을 당하고 능욕을 받으며 예루살렘 성은 허물어지고 성문들은 불탔다 하는지라 4 내가 이 말을 듣고 앉아서 울고 수일 동안 슬퍼하며 하늘의 하나님 앞에 금식하며 기도하여 이르되 5 하늘의 하나님 여호와 크고 두려우신 하나님이여 주를 사랑하고 주의 계명을 지키는 자에게 언약을 지키시며 긍휼을 베푸시는 주여 간구하나이다"

느헤미야 1:1-5

코로나는 모든 것을 뒤집어 버렸다.

전 세계가 코로나의 대재앙 앞에 근본적인 새로운 질서를 맞이했다. 기존의 견고하던 질서들은 뒤집히고 코로나 이후 세계와 우리의 일상은 얼마나 더 변할 것인가에 대해 모두가 전전긍긍하는 상황이다.

영적 공동체인 교회의 상황도 마찬가지이다. 코로나19로 인해 그동안 견고하게 여겨진 성벽들이 무너졌다. 예배상황, 다음세대 교육, 청년사역, 전도와 선교, 말씀훈련사역, 공동체에 내의 리더로 세움 받은 이들의 역할과 책임 등 모든 것이 새롭게 재인식되고 새로운 질서를 요구받았다. 그렇다면 새로운 질서가 세워질 수밖에 없는 이러한 상황에서 영적 공동체인 교회가 변질시키지 않고 붙들고 세워야할 본질은 무엇일까? 변화시켜도 좋을 비본질적인 것은 무엇일까? 이 사안에 대한 깊이 있는 자기반성과 대안제시가 절대적으로 필요한 상황이다.

우리는 오늘 리더로 부름 받았다. 새로운 질서들이 형성되어 가는 과정 속에 주님이 사랑하시는 이 영적 공동체의 핵심인 소그룹 리더로서 과연 우리는 어떤 태도들을 취해야 할까?

본질의 회복이 필요하다.

상황이 아무리 어렵고 불확실해도 주님이 머리이신 교회는 지상에 존재하는 한 주님 다시 오실 때까지 포기하지 않아야 할 지향점이 있다. 저자가 섬기고 있는 서현교회의 주보에는 이것을 '5대 핵심가치'로 잘 표현하고 있다. 워딩은 다를지라도 지상의 모든 교회가 다음과 같은 지향점을 가지고 사역을 펼치고 있을 것이다.

<서현교회 5대 핵심가치>
1. 하나님께 영광 돌리는 예배
2. 말씀으로 일꾼을 세우는 교육
3. 사랑의 공동체로서 교제
4. 지역사회를 섬기는 봉사
5. 복음을 듣지 못하는 이들에게 전도

그러나 코로나 이후 현재 여러 측면에서 이 본질이 무너지고 훼파된 상황에 직면하고 있다. 이 실상을 어떻게 해야 할까? 어떻게 하면 회복이 가능할까?

본질 회복을 향한 리더십이 필요하다.

느헤미야는 성경 역사상 가장 위대한 리더 중의 한 명이다. 느헤미야는 남유다왕국이 바벨론에 멸망당한 후 이스라엘이 세 차례에 걸쳐서 예루살렘으로 귀환할 당시 주전 420년경 이스라엘의 3차 귀환 시에 유다 총독이 되어 무너진 예루살렘 성벽 재건을 주도한 이스라엘의 리더이다.

오늘 읽은 본문은 이런 느헤미야가 이스라엘 민족의 자긍심이었던 예루살렘성벽을 재건하면서 궁극적으로 공동체의 재건과 새로운 영적 부흥을 일으킨 그의 활동을 보여 주는 내용의 일부이다. 모든 질서가 재편되는 위기상황 속에서 느헤미야서 전체를 통해 그의 리더십을 이렇게 확인할 수 있다.

문제인식의 공유

느헤미야가 취한 첫 번째 단계는 유다 사람들과 예루살렘 성벽의 상태를 파악하는 것이었다. 폐허가 된 성벽 때문에 하나님의 이름이 조롱을 받고 있다는 소식에 그는 눈물을 흘린다. 바사제국의 고관이었지만 느헤미야는 동족들의 문제를 외면하지 않았다. 자신의 문제로 삼았고 그가 져야 할 짐이라고 먼저 인식했다.

무엇보다 필요한 기도

문제를 인식한 느헤미야는 즉시 무릎을 꿇고 자신과 백성들의 잘못을 고백한다. 그리고 그들을 위해 중보기도를 하며 하나님의 은혜를 구했다. 느헤미야는 기도하던 중에 비전을 얻었고, 성벽 재건 계획을 세웠던 것이 분명하다.

중요한 인물들과의 사전 접촉과 교감

느헤미야서를 읽다보면 정말 놀라운 구절이 눈에 들어온다. "왕이 내게 이르시되 그러면 네가 무엇을 원하느냐 하시기로 내가 곧 하늘의 하나님께 묵도하고 왕에게 아뢰되 왕이 만일 좋게 여기시고 종이 왕의 목전에서 은혜를 얻었사오면 나를 유다 땅 나의 조상들의 묘실이 있는 성읍에 보내어 그 성을 건축하게 하옵소서 하였는데(느 2:4-5)"

어떤 일이든 중요한 인물이 모든 일을 그르칠 수도, 결정적인 도움을 줄 수도 있다. 느헤미야에게는 바사제국 왕 아닥사스다가 그런 인물이었다. 느헤미야는 아닥사스다왕으로부터 성벽 재건에 대한 허락 뿐만 아니라 자원과 지원까지 얻어냈다. 물론 그 후에도 그는 재건 사업에 동참할 주요 인물들을 선별하여 접촉했을 것이 분명하다.

상황분석

마침내 왕의 허락을 받아 예루살렘에 도착한 느헤미야는 성벽의 상황을 직접 조사했다. "내 하나님께서 예루살렘을 위해 무엇을 할 것인지 내 마음에 주신 것을 내가 아무에게도 말하지 아니하고 밤에 일어나 몇몇 사람과 함께 나갈새 내가 탄 짐승 외에는 다른 짐승이 없더라(느 2:12)" 느헤미야는 아무런 간섭을 받고 싶지 않아 밤에 조용히 나가 직접 피해 정도를 파악하고 사업을 계획했다.

명확한 비전 제시

느헤미야가 사람들과 어떤 식으로 만났는지, 누구를 처음 만났는지는 확실치 않다. 하지만 그가 유다 사람들, 제사장, 귀족, 관리, 일꾼들과 대화했다는 사실만큼은 확실하다. 그는 성벽 재건의 비전과 그 일의 영적 의미를 사람들에게 전달했다. "한 사람이 꿈을 꾸면 그것은 단지 꿈이지만 여러 사람이 함께 같은 꿈을 꾸면 그것은 비전이다."

구성원들을 향한 격려

느헤미야는 성벽 재건과 같은 거대한 프로젝트를 추진하려면 마음을 하나로 모아야 한다고 생각했다. 그래서 자신의 성공담으로 사람들을 격려한다. "또 그들에게 하나님의 선한 손이 나를 도우신 일과 왕이 내게 이른 말씀을 전하였더니(느 2:18 상반절) "

마음 얻기

그 다음에 일어난 일은 비록 짧은 두 문장으로 기록되었으나 실로 재건 사업 전체의 전환점이었다. "그들의 말이 일어나 건축하자 하고 모두 힘을 내어 이 선한 일을 하려 하매(느 2:18 하반절)" 사람들이 느헤미야의 리더십과 비전에 헌신하기로 마음을 먹은 것이다.

전략적인 진행

느헤미야는 주먹구구식으로 일하지 않았다. 느헤미야 3장 이하를 보면 각 사역들을 진행하기 위해 가족별로 나누고 성문부터 시작하여 계획한 순서대로 일을 진행시킨다.

리더십은 희생이다.

프랑스의 조각가 로댕이 만든 '칼레의 시민'이라는 군상이 있다.
14세기 영국과 프랑스가 싸운 백년전쟁 때 영국과 가장 가까운 거리에 있었던 항구인 프랑스의 칼레시를 구한 6명의 시민 영웅들을 기념하기 위해 제작된 조각상이다. 1347년 영국 왕 에드워드 3세가 이끄는 영국군은 프랑스 북부의 항구도시 칼레를 점령한다. 1년 가까이 저항한 시민들은 결국 학살당할 위기에 놓이게 되었다. 그 때 에드워드 3세가 관용을 베풀기로 결정하고 칼레시민 가운데 6명 유지들의 목숨을 요구한다. 이 때 시장을 비롯한 6명의 시민 대표들은 칼레를 구하기 위해 스스로 목에 밧줄을 감고 에드워드 3세 앞으로 출두한다. 6명 모두 풍요로운 삶을 누리던 부유한 귀족들이었다. 에드워드 3세는 이들의 희생정신에 감복하여 모두를 사면했고 칼레는 위기에서 벗어날 수 있었다.

하나님께서 지상에 교회를 세우신 이후 수천 년 동안 교회가 다른 국가조직이나 영리조직과 같이 사멸하지 않고 존재하는 것은 궁극적으로 교회의 머리이신 예수 그리스도께서 십자가를 지셔서 희생하시고 앞서 섬기셨기 때문이다. 그러므로 영적 공동체의 리더는 어떤 사역을 감당하든지 '희생'이라는 단어를 잊어버려서는 안 된다. 이 단어를 잊어버리는 순간 실패한 사역이 된다. 그래서 영적 공동체의 사역이 쉽지 않다.

리더들이 공통적으로 갖는 한 가지 오해가 있다. 오늘날 많은 사람들이 조직에서 위로 올라가면서 얻게 되는 지위, 특권, 권력이 리더십의 모든 것이라고 생각한다. 정상에 오르면 모든 것이 자신을 기다리고 있다고 믿는다. 그러나 최근에 우리는 너무나 많은 리더들이 개인적인 이익을 위해서 조직을 제멋대로 이용하고, 그 결과 그들의 탐욕과 이기주의가 나라와 기업의 추문으로 연결되는 것을 보았다. 밖에서 보면 리더의 삶이 대단히 멋있어 보이지만 실제로는 그렇지 않은 것이 현실이다. 리더십은 희생을 요구한다. 리더로서 성장하려면 희생을 감내해야만 한다.

코로나19 이후 우리 가운데 무너진 성벽이 너무나 많다. 이제 무너졌던 성벽을 바로 세우기 위해 지금부터 철저하게 무엇이 무너졌는지를 파악해야 한다. 그리고 함께 기도하면서 머리를 맞대고 상황을 냉정히 분석하여 다시금 무너졌던 성벽을 바로 세우는 재건 작업을 반드시 성공시켜야만 한다.

나눔 질문

1. 코로나로 인해 내 삶에 일어난 가장 큰 변화는 무엇입니까? 함께 나누어 보십시오.

2. 우리 교회가 공동체의 역동성을 더 힘 있게 유지하기 위해 지금 집중해야 할 것이 있다면 무엇이라고 생각하십니까? 그 이유와 함께 나누어 보십시오.

3. 본질을 회복하기 위한 느헤미야의 리더십(15-17쪽)을 읽고 영적 공동체의 소그룹 리더로서 배우고 싶은 느헤미야의 리더십은 무엇인지 나누어 보십시오.

4. 소그룹 리더로서 내가 희생해야 했던(혹은 희생했었던) 경험이 있다면 나누어 보십시오.

2
열정 있는 리더가
열정 넘치는 교회를 세운다

"13 형제들아 나는 아직 내가 잡은 줄로 여기지 아니하고 오직 한 일 즉 뒤에 있는 것은 잊어버리고 앞에 있는 것을 잡으려고 14 푯대를 향하여 그리스도 예수 안에서 하나님이 위에서 부르신 부름의 상을 위하여 달려가노라"

빌립보서 3:13-14

가슴 뛰는 삶을 살고 싶지 않는 사람이 있을까? 살아있는 사람이라면 누구나 가슴이 뛴다. (정확히는 '심장'이다.) 인간의 심장은 하루 평균 10만 번 뛴다고 한다. 그렇다면 최소한 80세까지 산다고 했을 때 약 30억 번 뛴다. 심장은 쉬지도 않고 지치지도 않는다. 이토록 뜨겁고도 열정적인 심장을 내 가슴 속에 품고 산다는 것 그 자체가 그야말로 가슴 뛰는 일 아닌가?

'가슴 뛰는 일'이란 아마도 자신을 흥분시키는 재미있는 일을 하면서 신나게 살라는 뜻인 것 같다. 어떤 목표를 정하고 그 목표를 이루기 위해 열심히 노력하고 달려가라는 다분히 '목표 지향적'인 표현이다.

그런데 아무 일 안하고 아무 목표도 없이 그냥 사는 삶은 어떤 의미가 있는가? 사람들에게 왜 돈을 그렇게 악착같이 버느냐고 물어

보면 돈 많이 벌어서 나중에 아무 일 안하고 여행이나 다니면서 편하게 살고 싶어서라고 대부분 대답한다. 그러니까 무위도식(無爲徒食)이 목표인 것이다.

목표 없는 인생과 같이 허망한 인생이 있을까? 돈 벌어 나이 들면 여행 다니겠다고 하는 분들께 이렇게 말해 주고 싶다. "그냥 돈 없어도 지금부터 가까운 곳에라도 여행 다니면서 사세요. 나중에는 다리에 힘없어서 여행도 못 다녀요."

73세이신데 갑자기 당뇨 판정을 받은 분을 만났다. 매일 혈당주사를 맞고 아침저녁으로 혈당체크를 하는데 혈당 수치에 따라 웃고 우는 자신을 보니까 너무 우울하다는 이야기를 했다. 그러기 전에 기회 있는 데로 열정을 품고, 또 할 수 있다면 좋은 목표를 가지고 현재를 열심히 사는 것은 정말 중요하다.

건강한 신앙을 가진 영적 공동체의 리더라면 어떻게 하면 주님의 교회를 더 새롭고 역동적으로 세울 수 있을까에 관심을 가지지 않을 수가 없다. 영적 공동체인 교회의 리더라면 누구나 자신이 섬기는 교회에 속한 모든 성도들이 열정적인 모습으로 주님을 섬기기를 꿈꿀 것이다.

그러나 현실적으로 모든 교회가 그런 모습을 보이고 있지는 않는다. 지금 교회들이 보여 주고 있는 전반적인 모습은 어떨까? 그리고 그 중에 열정적인 신앙 성장과 성숙의 열매를 보여 주는 교회의 특징은 무엇일까?

2013년 윌로우크릭 교회가 약 1,000여 개 교회를 조사하여 정리한 데이터를 집적한 결과가 『무브』(그랙 호킨스캘리 파킨슨, 국제제자훈련원, 2013)라는 책으로 번역되어 나왔다. 미국교회의 이야기지만 한국교회 전체를 조망하고 영적 공동체를 통찰력 있게 살피는데 아주 중요한 자료다. 이 조사결과를 보면 영적인 효율성과 역동성에 있어서 크게 네 가지 단계로 정리할 수가 있다.

영적 공동체 교회에는 네 가지 유형이 있다.

첫째, 영적으로 병든 체력저하 공동체

교인들 대부분이 영적으로 전혀 움직이지 않는 상태에 있는 교회이다. 개인적인 신앙훈련이 제대로 되고 있지 않고, 오랫동안 교회를 다니고 있지만 기본적인 교리에 대한 확고한 고백도 없는 성도들로 구성된 교회다. 봉사와 전도를 비롯하여 대외적으로 무엇인가를 실천하려는 태도도 거의 보이지를 않는다. 그냥 지도자 혼자서만 이리 뛰고 저리 뛰는 교회다. 그런데 조사를 해 보니까 놀랍게도, 표본교회들 중 20%라는 낮지 않은 비율의 교회가 이런 상태에 놓여 있는 것으로 밝혀졌다. 영적인 '저체중, 저체력'의 고위험 상태라고 할 수 있다. 결국 맞닥뜨리는 결과가 무엇이겠는가? 문을 닫고 마는 것이다.

우리나라도 우리가 속해있는 합동교단도 예외가 아니다. 대한예수교장로회 합동교단의 경우 지난 2006년부터 2017년 사이, 10년 동안 교회 설립과 폐교회의 상황이 이렇게 보고된 적이 있다. 10년간 1502개 교회가 생겨났고 1057개가 문을 닫았다. 시간으로 따져 보니까 2.4일마다 교회 1개가 설립되고 3.5일마다 1개가 문을 닫은 것이다.

둘째, 내적 지향성을 가진 영적 공동체

『무브』의 자료에 의하면 성도들이 성경적 지식을 많이 쌓는 데에는 집중하지만 예수님과의 동행에 필요한 감정적 연결점을 만들지 못하는 교회들이 있다. 예배 참석률은 높고, 개인적인 신앙훈련도 평균 이상으로 이뤄지고 있다. 그러나 그것이 삶으로는 드러나지 않는 성도들이 모여 있다. 친밀한 사람들끼리, 자신들끼리의 나눔과 행사에 만족하는 것이다. 성경을 깊이 있게 이해하기 위해 좋은 설교를 듣기는 원하지만 실천은 거의 없는, 영적인 '과체중' 상태에 빠져 있는 교회다. 일명 유람선교회라고 불리는 교회다. 1,000교회 전체 표본 교회들 중에서 조사를 해 보니까 약 15%가 이런 상태에 빠져 있었다고 나왔다.

미국교회의 통계로는 15% 정도가 나왔지만 지금 한국교회를 분석해 보면 우리끼리의 공동체로 전락한 교회가 이보다는 훨씬 높은 비중이지 않을까 싶다.

셋째, 겉으로 보기에 괜찮은 영적 공동체

겉으로 보기에는 외형적으로도 상당히 크고 역동적으로 보이는 교회다. 이 교회의 지도자들은 우리 교회는 나름 상당히 잘 해내고 있다고 믿는 특징이 있다. 실제로 개인적인 신앙훈련도 나름대로 잘 되고 있고, 성도들의 교회출석율도 나쁘지 않고, 봉사나 선교와 같은 대외활동도 나름대로 이뤄지고 있는 교회이다. 그런데 이런 교회에서는 성도들이 그 다음에 어느 단계로 나아가야 할지를 잘 알지 못하고 있다.

성도들 개개인을 보면 개인적 신앙성장도 이루었고, 교회에서도 나름대로의 섬김을 감당하고 있는데 문제는 그 상태에서 이상하게도 정체된 느낌을 받는 것이다. "잘 하고 있는데 정체된 느낌을 받는 상태이다. 영적으로 건강하지만 무엇인가 2%가 부족한 듯 느껴지는 것이 이 공동체 구성원들이 느끼는 감각이다. 조사를 해 보니까 전체 대상 1,000교회 가운데 절반 정도가 이런 교회인 것으로 파악되었다. 문제는 없는데 뭔가 갈증이 있는 것이다.

넷째, 열정적인 영적 공동체

계속해서 움직이는 교회다. 영적으로 무기력한 상태를 참지 못하는 것이다. 주일에 그저 예배를 드리는 것만으로 만족하려는 성도들을 그냥 놔두지 않는 교회다. 이런 교회는 계속해서 사람들을 성장시키고, 하나님 나라를 위한 영향력을 발휘하도록 계속해서 파송하는 사역이 일어나는 교회다. 말 그대로 28장으로 끝나는 사도행전을 열린 시각을 가지고 바라보면서 사도행전 29장을 계속해서 써 내려 가는 교회다. 이런 교회는 10-15%정도로 조사가 되었다.

가장 이상적인 교회로, 긴 시간 조사를 수행했던 연구자들의 분석을 보면 이런 교회가 되기 위해서 영적 공동체 리더들이 꼭 기억해야할 요소들을 이렇게 정리했다. 우리 영적 공동체도 이런 교회가 될 수 있도록 어떻게 해야 할 것인가를 연구자들이 제시한 기준

열정적인 영적 공동체의 네 가지 특징
1. 새가족에게 그 다음 단계로 가야할 길을 분명하게 알려주는 교회
2. 교회에서 행하는 모든 일은 성경말씀으로 설명되는 교회 일상생활 속에서 성경을 읽고 배우는 일을 핵심적인 가치로 떠받드는 교회이며, 목사로부터 시작해서 일반성도들까지 모두 성경을 묵상하는 일에 헌신된 교회
3. 성도들이 자발적으로 자원하여 모두가 주인이 되는 교회(다양성 속에서 하나됨) 그래서 각 성도들의 자기정체성이 함께 모자이크된 교회
4. 뜻을 같이하는 다른 공동체들과 연대하고 협력하는 교회 그 지역사회에 큰 영향력을 미치는 든든한 기둥이 되어주는 교회

을 통해서 한 번 정리해 보았으면 좋겠다.

우리가 섬기는 교회는 이런 열정적인 교회로 거듭나야 한다. 이런 열정적인 교회가 되는 것은 다른 어느 조건보다 명확한 목표를 함께 바라보는 리더십들이 있을 때 비로소 가능하다. 열정적이라는

것은 가슴이 뛴다는 것을 의미한다. 자신이 섬기는 교회를 생각할 때마다 교회를 위하여 기도하기 위해 두 손을 모으고, 마음을 집중할 때마다 가슴이 뛰는가? 반드시 돌아볼 일이다.

참고할 책 : 이 글은 『무브』(그렉 L. 호킨스, 캘리 파킨슨 국제제자훈련원, 2013)의 내용을 일부 발췌 및 참고하여 작성되었습니다.

나눔 질문

1. 가슴 뛰는 일을 해 본 적이 있습니까? 어떤 일을 어떤 마음으로 했는지 나누어 보십시오.

2. 소그룹 리더로서 나의 열정에 점수를 준다면 몇 점을 줄 수 있겠습니까? 아래 표에 점수를 체크해 보고 그 이유를 나누어 보십시오.

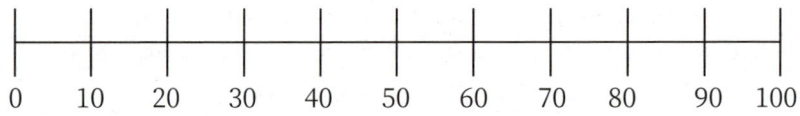

3. 영적 공동체의 네 가지 유형(23-25쪽)을 읽고 나(개인)는 어느 유형에 속해 있는지 나누어 보십시오.

4. 열정적인 영적 공동체의 네 가지 특징(25쪽) 중에서 내가 집중해야 할 것 한 가지를 선택해 보고 그 이유와 함께 나누어 보십시오.

5. 우리 교회가 열정적인 영적 공동체로 세워지기 위해 소그룹 리더인 내가 할 수 있는 일을 생각해 보고 나누어 보십시오.

3
멤버들의 성장을 위한 계획을 가지고 있는 소그룹 리더

"3 너희는 그리스도 예수 안에서 나의 동역자들인 브리스가와 아굴라에게 문안하라 4 그들은 내 목숨을 위하여 자기들의 목까지도 내놓았나니 나뿐 아니라 이방인의 모든 교회도 그들에게 감사하느니라"

로마서 16:3-4

루비 켄드릭 선교사를 아십니까?
"만일 내게 줄 수 있는 천개의 생명이 있다면, 모두 조선을 위해 바치리라"

 루비 켄드릭(Ruby R. Kendrick) 선교사는 24세 때 미국 텍사스 남감리회 소속 선교사로 1907년 9월에 내한하였다. 그는 첫 선교지인 개성에서 조선말을 배우면서 아동교육을 담당하는 선교사역을 시작했다.
 1908년 엡윗청년회(Epworth League)가 텍사스에서 선교대회를 열고 있을 때였다. 조선에서 켄드릭으로부터 사랑이 가득 담긴 편지 한통이 도착했는데 당시 선교사 활동 보고는 조선에서 미국으로 편지를 보내면 일본을 거쳐 샌프란시스코까지 선박으로 이동한 후 미국 내에서는 육로를 통하여 전달되어 수개월씩 걸렸다. 켄드릭은 조선에서의 선교활동에 대해 진지하게 글을 썼다. 조선 기후를 비롯하여 아름다운 금수강산을 소개하는가 하면 인심이 넉넉한 조선 사람들을 극찬하면서 하루 빨리 이들에게 복음이 들어가 행복한 나라가 되기를 기도하는 내용으로 편지는 가득 차 있었다. 그러면서 "나에게 천 개의 생명이 있다면 그 모두를 조선을 위해 바치겠습니다."라는 자신의 신념을 밝히기도 하였다. 선교대회에 참석한 많은 사람들이 그 편지를 읽고 감동 받았고 엡윗 청년회가 조선에 선교사를 파송한 일에 대하여 자부심을 가지고 더 열심히 기도하였다. 그런데 그 선교편지가 읽혀지고 난 다음 날 루비 켄드릭이 8개월여 사역하다가 세상을 떠났다는 전보가 도착했다.

편지는 수개월이 걸려 전해졌지만 전보는 즉시 전달된다. 급전을 받은 엡윗 청년회 모두는 큰 충격에 빠졌고 대회장은 온통 울음바다로 변했다. 루비 켄드릭은 개성에서 맹장염에 걸려 서울로 이송되어 수술을 받던 중에 조선 선교의 꿈을 이루지 못한 채 낯선 땅에서 25세의 나이로 꽃다운 청춘을 마감하고 주님의 부르심을 받게 된 것이다.

그러나 그녀의 죽음은 결코 헛되지 않았다. 그녀가 세상을 떠나기 직전에 주변 사람들에게 이런 유언을 남겼다. "만일 내가 죽으면 텍사스 청년들에게 열 명씩, 스무 명씩 조선 선교사로 오라고 말해 주십시오." 이 말이 텍사스 엡윗청년회 선교대회장에 전달되었고 그 자리에 참석한 수많은 젊은이들의 가슴에 선교의 불씨를 지폈다. 이를 계기로 선교대회에 참석한 사람들 중 20여 명이 조선선교사로 지망했고 선교대회 현장에 참석한 사람들은 선교헌금을 모아 매년 선교비를 지원하기로 결정했다.

선교사들의 묘지공원인 양화진에 가면 루비 켄드릭(Ruby

Rachael Kendrick 1883~1908)의 묘비가 있다.

"만일 내게 줄 수 있는 천 개의 생명이 있다면, 모두 조선을 위해 바치리라"
If I had thousand lives to give, Korea should have them all.

성경 기록을 보면 루비 켄드릭 선교사의 원조가 되는 인물을 발견할 수 있다. 바로 브리스가와 아굴라 부부다. 이들은 복음을 위해 수고하는 바울을 위하여 자기들의 목까지도 내 놓았다고 성경은 증언한다.

목까지도 내 놓았다는 것은 모든 것을 다 내 놓았다는 것을 의미한다. 생명을 내어줄 정도였다면 무엇인들 내어 주지 않았겠는가? 바울을 통해 복음이 선포되고 하나님 나라가 확장될 수 있도록 자신들이 할 수 있는 모든 것을 다 했을 것이라는 것을 짐작할 수 있다. 본문을 보면 바울은 이 부부를 향해 감사를 표현한다. 그리고 이방인의 모든 교회들이 감사한다는 사실도 밝힌다.

역사적으로 복음을 위해 모든 일을 다 한 제2, 제3, 제4의 브리스길라와 아굴라 같은 헌신자들의 모습이 루비 켄드릭 선교사로까지 이어진 것이다. 이 분들을 보면서 "한 평생을 사는데 얼마나 가치 있는 삶을 살 수 있는가?" 질문하며, 또 "주의 교회를 위한 나의 섬김"을 다시 점검하게 된다.

나의 섬김을 통해서 모든 성도가 감사할 수 있도록 "아낌없는 헌신을 하며, 조건 없는 사랑을 하며, 주님을 닮은 삶을 살고 있는가? 주님이 알아주고, 주님이 인정하는 삶을 살고 있는가?" 하는 것이다.

이 나라에 방방곡곡 골목마다 교회에 있는 것은, 그리고 수많은 사람들이 복음을 받아드리고 예수님의 제자가 된 것은 복음의 열정을 가지고 주님의 교회를 위해서 생명까지 내 놓겠다고 하는 헌신자들이 있었기 때문이다. 교회의 리더들인 소그룹 리더들은 그 연장선상에서 복음의 빛을 갚아야할 책임이 있는 사람들인 것이다.

소그룹 리더가 꼭 기억하고 실행해야 할 중요한 계획이 있다.
그렇다면 영혼을 섬기는 소그룹 리더로서 꼭 기억하고 실행해야 할 중요한 계획은 무엇일까?
부모는 자녀들이 신체적으로 정신적으로 영적으로 균형잡힌 아이로 자라나도록 도와줄 의무와 책임이 있다. 마찬가지로 소그룹 리더는 소그룹 식구들의 가장으로서 영적인 부모의 역할을 잘 감당해 주어야 한다. 그러기 위해서는 아래와 같은 계획을 세우고 실행해야 한다.

소그룹 식구들의 건강도를 점검하라
자녀가 태어난 후에 나이가 점점 들어가는데도 그에 걸맞는 발육과 성장상태를 보여주지 못한다면 그 문제를 해결하기 위한 대안이 반드시 필요하다. 건강에 문제가 있다고 판단되면, 전문의를 찾아가서 상담하고 처방을 받아 문제를 해결하는 것이 당연하다. 마찬가지로 영적인 부모로서 영적 자녀인 소그룹 구성원들의 영적인 건강을 정기적으로 점검해줄 필요가 있다.
그런데 여기서 한 가지 문제는 우리 자녀들의 육체적인 건강은 굳이 질문을 하지 않더라도 늘 같이 생활하기 때문에 어느 정도 자연스럽게 진단되고 파악될 수 있지만, 영적인 건강도는 한 주일에 한 번 만나는 관계이기 때문에 의도적으로 질문을 던져보지 않으면 그저 막연한 느낌으로 그칠 가능성이 많다는 점이다. 따라서 의도적으로 질문하기 위해 아래와 같은 형식의 진단 질문지를 만들어 활용해 보라.

<진단 질문지>

평가항목		멤버A	멤버B	멤버C
예배	주일 오전예배에 정기적으로 참여하고 있는가?			
	주일 오후예배에 정기적으로 참여하고 있는가?			
	수요예배에 정기적으로 참여하고 있는가?			
	공적 기도회에 정기적으로 참여하고 있는가?			
	새벽기도회에 정기적으로 참여하고 있는가?			
	예배를 통해 풍성한 은혜를 누리고 있는가?			
	경건의 시간을 통해 하나님을 경험하고 있는가?			
전도와 선교	매년 3명 이상 태신자를 작정하고 전도하는가?			
	직장 사회에서 빛과 소금의 역할을 감당하는가?			
	세계선교에 물질과 시간을 헌신하고 있는가?			
성도의 교제	소그룹 모임을 통해 성도의 교제를 나누고 있는가?			
	교회 내 어려운 성도를 물심양면 돕고 있는가?			
	성도의 교제를 통해 영적유익을 누리고 있는가?			
섬김과 봉사	교회 내 봉사하는 영역이 있는가?			
	지역사회에서 내가 필요한 영역을 섬기고 있는가?			
	봉사를 하면서 영적인 유익을 누리고 있는가?			
교육과 훈련	교회 내 새신자반과 양육반을 수료했는가?			
	교회 내 성경공부반을 2개 이상 수료했는가?			
	교회 내 제자(성장)훈련을 수료했는가?			

소그룹 식구들의 영적 필요를 채우라

위의 진단표에 질문을 던져 보면서 영적인 자녀들에게 어떤 부분이 부족한지 개별적인 진단이 이루어졌을 것이다. 그렇다면 진단을 통해 나타난 부족한 부분을 어떻게 채워줄 수 있을지 생각해보라. 먼저 질문을 통해 나타난 여러 가지 증상들의 원인이 무엇인지 진단하고, 그 원인을 제거하고 증상들을 완화시킬 수 있는 방법은 무엇인지 처방을 내려 적용해야 한다. 어떤 증상들은 원인이 무엇인지 진단하기가 쉽지 않은 부분들도 있을 것이다. 그럴 때에는 영적인 전문가(교구장, 담당교역자)에게 진단을 의뢰하고 그들이 내려주는 처방전을 통해 주어진 시간 동안 변화를 시도해보라.

소그룹 식구들을 위해 기도하라

우리의 사역은 영적 사역이다. 영적인 사역이라는 것은 근본적으로 성령의 능력을 덧입는 것이 필요함을 전제한다. 소그룹 식구들의 영적인 성장과 성숙은 소그룹 리더의 힘만으로 마무리 될 수 없는 영적인 사역이다. 하나님께서 도우셔야 하고 은혜 주셔야만 가능한 일이다. 그러므로 소그룹 식구들의 영적인 건강도와 성숙도, 그들의 영적인 필요들을 살피며 매일 기도하라. 이런 과정을 거친 후에 한 해를 마무리하는 시점에 돌아보면 분명히 "하나님께서 이곳까지 인도해 오셨구나. 하나님께서 나에게 붙여주신 소그룹 식구들을 이렇게 성장시키시고 성숙시키셨구나."하고 찬양할 수밖에 없을 것이다.

분명한 사역계획은 소그룹모임의 한 해를 좌우한다.

소그룹 사역을 시작하기 전에 그저 아무런 방향성 없이 매번의 모임을 이끌어가는 것이 아니라 나에게 맡겨진 소그룹식구들이 한 해 동안 어떤 부분에서 어떻게 자라나기를 원하는지 구체적인 기준과 꿈을 가지고 접근해 가는 것이 필요하다. 결국 계획이 있는 것과 없는 것은 결과적으로 엄청난 차이를 가져온다. 그러므로 소그룹 멤버들로 하여금 소그룹 모임에 빠지지 않고 참여한다면 소그룹 모임을 마무리할 시기에 어떤 성숙의 열매를 거두게 될 것인가를 분명하게 보여주는 소그룹 리더가 되어보라.

나눔 질문

1. 루비 켄드릭 선교사와 같이 복음을 위해 생명을 바친 이들의 헌신으로 이 땅에 복음이 심겨졌고 자라나 열매를 맺었습니다. 이 사실이 나에게는 어떤 의미가 있는지 함께 나누어 보십시오.

2. 브리스가와 아굴라 부부는 복음을 위해 수고하는 바울을 위해 목숨까지도 내어 놓았습니다. 그들이 어떤 마음으로 헌신했을지 자유롭게 나누어 보십시오.

3. 본문 34쪽 진단 질문지로 자신의 영적 건강도를 진단해 보고 아래 그래프에 나의 위치를 표시해 보십시오. 그리고 그렇게 판단한 이유를 나누어 보십시오.

|───────────────────────────────────|
건강하지 않음   건강함

4. 내가 섬기는 영적 공동체인 교회와 소그룹을 통해 교회와 소그룹 구성원들이 어떤 영적 열매를 맺기를 기대하십니까? 그런 기대를 가지는 이유도 함께 나누어 보십시오.

5. 소그룹을 인도하면서 하나님께서 주신 영적인 열매가 있었다면 나누어 보십시오.

"소그룹 멤버들로 하여금 소그룹 모임에 빠지지 않고 참여한다면
소그룹 모임을 마무리할 시기에 어떤 성숙의 열매를 거두게
될 것인가를 분명하게 보여주는 소그룹 리더가 되어보라."

4
소그룹의 공동체성 점검

"22 또 만물을 그의 발 아래에 복종하게 하시고 그를 만물 위에 교회의 머리로 삼으셨느니라 23 교회는 그의 몸이니 만물 안에서 만물을 충만하게 하시는 이의 충만함이니라"

에베소서 1:22-23

교회 : 예수 그리스도를 믿는 성도들의 모임(공동체)

영어로 church는 '주께 속한' 혹은 '주님이 머리이신 집'을 뜻하는 헬라어 퀴리아코스(*Κυριάκος*)에서 유래되었다. 교회는 근본적으로 공동체성을 가지고 있다. 그렇다면 교회는 공동체성을 통해 어떤 목적을 가지고 사역을 펼쳐야 할 것인가?

지상 교회의 존재 목적
하나님을 예배하고 영광을 돌리기 위하여

"4.곧 창세 전에 그리스도 안에서 우리를 택하사 우리로 사랑 안에서 그 앞에 거룩하고 흠이 없게 하시려고 5.그 기쁘신 뜻대로 우리를 예정하사 예수 그리스도로 말미암아 자기의 아들들이 되게 하셨으니 6.이는 그가 사랑하시는 자 안에서 우리에게 거저 주시는 바 그의 은혜의 영광을 찬송하게 하려는 것이라" - 엡 1:4-6

교회의 가장되는 목적은 하나님을 예배하고 영광을 돌리기 위함이다. 그러므로 교회의 가장 핵심인 예배를 지키는 것에 교회는 온 힘을 다해야 한다.

성도들을 더욱 성숙한 그리스도의 제자로 가르치고 세우기 위하여

"11.그가 어떤 사람은 사도로, 어떤 사람은 선지자로, 어떤 사람은 복음 전하는 자로, 어떤 사람은 목사와 교사로 삼으셨으니 12.이는 성도를 온전하게 하여 봉사의 일을 하게 하며 그리스도의 몸을 세우려 하심이라 13.우리가 다 하나님의 아들을 믿는 것과 아는 일에 하나가 되어 온전한 사람을 이루어 그리스도의 장성한 분량이 충만한 데까지 이르리니 14.이는 우리가 이제부터 어린 아이가 되지 아니하여 사람의 속임수와 간사한 유혹에 빠져 온갖 교훈의 풍조에 밀려 요동하지 않게 하려 함이라 15.오직 사랑 안에서 참된 것을 하여 범사에 그에게까지 자랄지라 그는 머리니 곧 그리스도라(엡 4:11-15)"

교회가 수천년의 시간 생명력을 가지고 또 다른 제자를 세울 수 있었던 카장 큰 이유는 제자삼음에 있다. 제자로 가르치고 제자로 세우는 일을 반복되고 교회의 가치가 계승되는 제자의 사역이 멈추지 않는 한 교회의 생명력은 꺼지지 않을 것이다.

성령 안에서 거룩한 교제를 함께 세워져 가기 위하여

"그들이 사도의 가르침을 받아 서로 교제하고 떡을 떼며 오로지 기도하기를 힘쓰니라 사람마다 두려워하는데 사도들로 말미암아 기사와 표적이 많이 나타나니 믿는 사람이 다 함께 있어 모든 물건을 서로 통용하고 또 재산과 소유를 팔아 각 사람의 필요를 따라 나눠 주며 날마다 마음을 같이하여 성전에 모이기를 힘쓰고 집에서 떡을 떼며 기쁨과 순전한 마음으로 음식을 먹고 하나님을 찬미하며 또 온 백성에게 칭송을 받으니 주께서 구원 받는 사람을 날마다 더하게 하시니라(행 2:42-47)"

"너희는 사도들과 선지자들의 터 위에 세우심을 입은 자라 그리스도 예수께서 친히 모퉁잇돌이 되셨느니라 그의 안에서 건물마다 서로 연결하여 주 안에서 성전이 되어 가고 너희도 성령 안에서 하나님이 거하실 처소가 되기 위하여 그리스도 예수 안에서 함께 지어져 가느니라(엡 2:20-22)"

결국 거룩한 교제가 살아있는 거룩한 교제공동체가 교회다.

주님의 손과 발이 되어 악한 세상에 선한 사역을 하기 위하여

"그가 우리를 대신하여 자신을 주심은 모든 불법에서 우리를 속량하시고 우리를 깨끗하게 하사 선한 일을 열심히 하는 자기 백성이 되게 하려 하심이라(디도서 2:14)"

성령안에서 거룩하게 교제하며 말씀으로 성숙한 영적 공동체는 주님의 선한 일을 감당하는 주님의 손과 발이라는 정체성을 가질 수밖에 없다.

복음의 주인공인 예수 그리스도를 땅 끝까지 증거하고 온 세상을 하나님이 통치하시는 하나님 나라로 만들기 위하여

"19.그러므로 너희는 가서 모든 민족을 제자로 삼아 아버지와 아들과 성령의 이름으로 세례를 베풀고 20.내가 너희에게 분부한 모든 것을 가르쳐 지키게 하라 볼지어다 내가 세상 끝 날까지 너희와 항상 함께 있으리라 하시니라(마 28:19-20)"

"오직 성령이 너희에게 임하시면 너희가 권능을 받고 예루살렘과 온 유대와 사마리아와 땅 끝까지 이르러 내 증인이 되리라 하시니라 (행 1:8)"

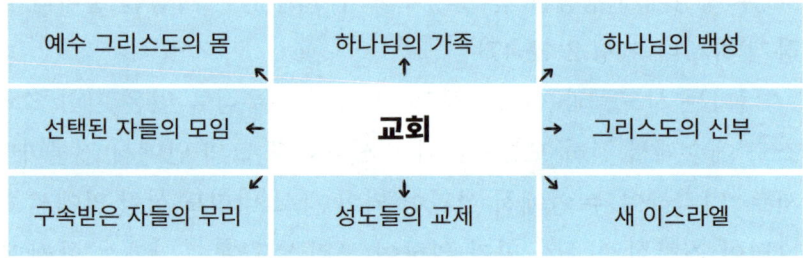

주님의 교회는 근본적으로 공동체성을 가지고 있다. 그렇다면 교회 안의 또 하나의 작은 교회라는 정체성을 가지고 있는 소그룹도 당연히 공동체성을 가지고 있어야 한다. 그래야만 교회의 본질적 사명을 제대로 수행할 수 있기 때문이다. 이런 의미에서 소그룹의 리더가 소그룹 자체의 공동체성을 스스로 평가해 보는 것은 신학적으로나 성경적으로 대단히 중요한 일이다. 그렇다면 소그룹의 공동체성을 파악하는 주요 기준은 무엇일까?

먼저 공동체성을 점검할 수 있는 기준이 명확해야 한다.

소그룹 공동체성을 파악하기 위해서는 무엇이 필요할까? 단순히 얼마나 자주 모인다거나 식탁교제를 함께 하는가를 가지고 평가할 수는 없다. 소그룹 모임이 진행되는 과정 가운데 시간이 흐르면 흐를수록 소그룹 리더는 처음 시작했을 때보다, 몇 달 전보다 소그룹의 공동체성이 증진되고 있는가를 늘 평가해야 한다.

이를 위해서는 아래의 질문에 답해 봄으로서 도움을 얻을 수 있다.

서로를 더 잘 알아가고 있는가?

처음 소그룹이 시작되었을 때보다 현재 서로의 삶, 관심, 취미, 말버릇, 고민거리 등에 대해서 더 잘 알게 되었는지를 파악해야 한다. 만약 서로가 서로를 점점 더 잘 알아가고 있다는 확신이 들지 않는다면 어떻게든 서로에 대해 알아갈 수 있는 기회를 만들어야 한다. 단순한 소개 수준에서 그치지 않게 하려면 성경공부 중에 각자에게 구체적인 적용점을 나누도록 도전하는 것이 가장 중요하다. 또 자기 과거사나 감정 등을 나눌 수 있는 도구를 제시하는 것도 좋다. 소그룹 아이스 브레이크에 있는 "나의 인생 곡선"이나 성격유형검사 나누기, 또는 비공식적이고 자유롭게 만나는 모임을 만드는 등 서로를 알 수 있는 기회들을 많이 만들어야 한다.

다양한 사람들이 모였다는 느낌을 갖게 되는가?

소그룹을 시작할 때에는 되도록 동질적인 사람들을 모아 시작하는 것이 좋다. 그러나 아무리 동질적인 사람이라고 해도 서로 다른 면이 분명 있게 마련이다. 그런데 멤버들이 '우리는 다들 비슷하다'고만 느끼고 있다면 사실 그들은 서로를 온전히 이해하지 못하고 있는 것이다. 이것은 공동체로 느끼기보다는 비슷한 청중 정도로 느끼고 있다는 뜻이 된다. 그러므로 서로가 어떻게 다르고, 어떻게 비슷한지에 대해서 이야기하며 다양성을 받아들일 수 있도록 해야 한다. 그리고 서로 다름에도 불구하고 한 소그룹으로 함께 모여 있을 수 있다는 사실을 깨닫고 기뻐할 수 있도록 진행해야 한다.

각 개인의 필요가 중요하게 여겨지는가?

'우리 모두의 목표'나 '우리 모두의 필요'만이 중요하고 그중에 멤버 한 사람의 필요는 소그룹이 관심을 가질 문제가 아니라고 여겨지고 있지 않은지 점검해야 한다. 소그룹으로 모이는 이유는 어떤 공동의 목표를 위한 것이라기보다는 거기에 모인 각 사람을 돌보고 양육하기 위함인 것을 모든 구성원들이 명확하게 이해하고 있어야 한다. 그러므로 어려운 일을 당하거나 마음의 부담감을 가진 사람이 있음에도 "이 모임은 이런 이야기를 하는 곳이 아니야"라고 느끼는 사람이 없도록 격려하는 것이 필요하다.

개인의 감정이나 기대를 쉽게 말하고 있는가?

자기 시간을 내어 소그룹에 참석하고 있는 멤버들은 나름대로 그 모임 내에서 무엇인가를 기대하고 모임에 참석한다. 만약 소그룹 내에서 각 멤버들이 자기가 기대하는 것을 편하게 말하지 못하고 다른 이들의 눈치를 보고 있다면 소그룹이 아직 연약한 상황이라고 할 수 있다. 멤버들 중 가장 소심한 사람이라 하더라도 자기 이야기를 말하는 것이 부담스럽지 않은 모임이 되어야 한다. 인도자는 그런 사람들에게 더욱 자기 이야기를 할 수 있는 기회와 편안한 분위기를 만들어 주어야 한다.

멤버들이 소그룹의 정체성을 밝혀주는 두 가지 질문에 같은 대답을 하고 있는가?

왜 모였는가? 모여서 무엇을 하고자 하는가? 이 두 가지 질문은 소그룹의 정체성을 밝혀주는 질문이다. 소그룹 멤버들이 이 두 가지 질문에 동일한 대답을 하고 있다면 그 소그룹은 건강한 소그룹이다.

소그룹은 하나이다.

우리는 서로 다르지만 그럼에도 불구하고 하나이다. 이 공동체성이 있을 때 교회안의 작은 교회인 소그룹은 진정한 의미를 가진다. 진정한 의미의 소그룹을 위해 앞에서 언급한 기준을 점검해보고 열매를 맺길 바란다.

나눔 질문

1. 지금 섬기고 있는 소그룹의 공동체성에 대한 다음 질문에 점수를 매겨 보고 다음 그래프를 완성해 보십시오.

질 문	점 수 (0~10점)
① 서로를 더 잘 알아가고 있는가?	
② 다양한 사람들이 모였다는 느낌을 갖게 되는가?	
③ 각 개인의 필요가 중요하게 여겨지는가?	
④ 개인의 감정이나 기대를 쉽게 말하고 있는가?	
⑤ 구성원들이 소그룹의 정체성을 밝혀주는 두 가지 질문에 같은 대답을 하고 있는가?	

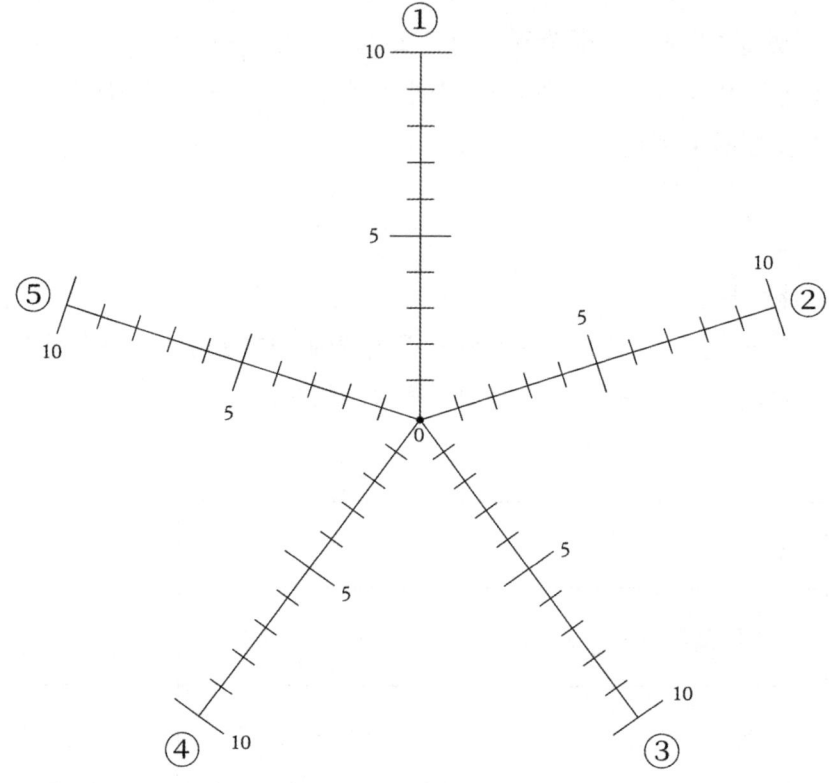

2. 그래프를 보면서 소그룹의 공동체성을 증진하기 위한 방안에는 무엇이 있을지 나누어 보십시오.

"우리는 서로 다르지만 그럼에도 불구하고 하나라는 공동체성이
있을 때 교회 안의 작은 교회인 소그룹은 진정한 의미가 있다."

5
열매 맺는 소그룹 리더의 특징

"31 그런즉 너희가 먹든지 마시든지 무엇을 하든지 다 하나님의 영광을 위하여 하라 32 유대인에게나 헬라인에게나 하나님의 교회에나 거치는 자가 되지 말고 33 나와 같이 모든 일에 모든 사람을 기쁘게 하여 자신의 유익을 구하지 아니하고 많은 사람의 유익을 구하여 그들로 구원을 받게 하라"

고린도전서 10:31-33

리더란 누구인가?

영적 공동체 내의 리더는 어떤 존재라고 생각하는가? 전문적인 신학훈련을 받은 목회자만 영적 공동체인 교회의 리더가 될 수 있을까? 고린도전서 10:31-33을 보면 영적 공동체의 리더가 어떤 사람인지 그 대답을 확인할 수 있다. 한 마디로 "먹든지 마시든지 무엇을 하든지 다 하나님의 영광을 위하여 하는 사람"이 영적 공동체의 리더다. 다시 말해서 내 삶을 하나님의 영광을 위해서 살겠다고 결단하고 실제로 그렇게 살면서 영혼을 구원하는 사람은 주님이 머리이신 교회의 리더가 될 수 있다. 성경의 이 증언 때문에 우리는 주님이 사랑하시는 교회의 리더가 된 것이다.

그렇다면 이제 좀 더 범위를 좁혀서 소그룹 리더는 어떤 사람이라고 생각하는가? 리더라고 하면 우리의 머리 속에는 성경적으로는 이스라엘민족의 지도자인 모세나, 전쟁의 영웅인 여호수아가 먼저 생각이 난다. 또 세상 역사 속에서는 사람들 앞에 서서 호령하고 명령하는 군대사령관 같은 이미지가 떠오른다. 그러나 소그룹 리더는 단지 소그룹을 이끌거나 지배하는 사람이 아니다. 서로가 서로의 얼굴표정까지 볼 수 있고, 비언어적인 의사소통까지 가능한 소그룹 환경 속에서 소그룹 리더는 소그룹 구성원들의 인격과 삶에 변화가 일어나도록 돕는 코치(Coach)와 같은 존재이다. 코치는 지시와 명령만 하는 사람이 아니라 함께 뛰면서 동작 하나 하나를 가르쳐 주는 사람이라는 의미다.

다르게 표현하자면, 소그룹 리더는 자신이 이끄는 소그룹 구성원들의 삶의 변화를 촉진시키는 촉매제와 같은 역할을 하는 사람이라는 것이다. 그러므로 소그룹 구성원들의 신앙과 인격과 삶에 열매 맺는 변화가 없다면, 아무리 소그룹 구성원들이 그 지도자를 좋아한다 해도, 또 아무리 매끄럽게 소그룹을 인도한다 해도 그 리더는 절대로 좋은 소그룹 리더일 수 없다.

과연 열매 맺는 소그룹 리더는 어떤 사람일까? 열매 맺는 소그룹 리더에게는 적어도 다음과 같은 특징이 있다.

열매 맺는 소그룹 리더는 소그룹에 대한 분명한 철학을 소유한 자이다.
철학은 어려운 것 같지만 건물의 기초와 같다고 생각하면 쉽다. 건강한 소그룹 인도자의 삶과 사역에는 분명한 철학이 있다.

소그룹이 가진 힘에 대한 확신
대그룹 사역의 중요성은 아무리 강조해도 지나치지 않는다. 대그룹이나 일대일 사역도 매우 효과적인 사역이다. 그러나 대그룹 사역은 익명성을 극복하기 어렵고 일대일 사역은 리더에게 일방적으로 의존하게 되는 어려움이 있다. 소그룹 사역은 바로 이러한 대그룹 사역과 일대일 사역의 어려움을 보완할 수 있는 창의적 대안이다. 따라서 소그룹의 힘을 확신한다는 것은 소그룹 안에서 이루어지는 상호사역의 힘과 그것을 통한 변화를 신뢰한다는 뜻이다. 예수님은 팔레스타인 땅에 사는 전체 무리를 대상으로 사역하셨지만 동시에 12명의 제자들로 이루어진 소그룹을 통해서 세계복음화의 비전을 품으셨다. 예수님은 대그룹이 할 수 있는 일과 소그룹을 통해 해야만 하는 일을 알고 계셨던 것이다. 그래서 예수님은 소그룹의 힘과 가능성을 아시고 12명의 제자들에게 많은 시간을 투자하셨다. 이처럼 소그룹 지도자는 소그룹의 힘과 소그룹을 통해서 해야만 하는 일이 무엇인지를 확신할 때 비로소 제대로 소그룹 사역을 수행할 수 있다.

사람을 키워야 한다는 비전

건강한 소그룹 지도자는 사역에만 관심을 두는 것이 아니라 사람에 초점과 관심을 둔다. 이것은 사역을 등한시한다는 뜻이 아니다. 모든 사역의 목적이 사역 자체가 아니라 모세가 여호수아를 남기고 엘리야가 엘리사를 남긴 것처럼 그 사역을 통해 사람을 키우고 성장시키는데 두고 있다는 뜻이다. 좋은 소그룹 지도자는 이처럼 사람을 키우는 비전을 품고 있다.

소그룹 리더는 항상 인격의 성숙을 도모하는 자이다.

건강한 소그룹 리더는 단순한 기술자가 아니다. 소그룹 환경은 인격과 인격이 만나는 곳이다. 그러므로 소그룹 리더의 인격은 아무리 강조해도 지나치지 않는 중요한 덕목이요 특징이다. 인격에 대해서 우리는 두 가지 차원에서 생각해 볼 수 있다.

첫째, 하나님과의 관계에서 다져진 신앙인격이다. 소그룹 리더는 하나님과의 교제를 삶의 우선순위로 둔다. 그러므로 건강한 소그룹 리더는 하나님의 명령이라면 어떤 것이라도 순종할 준비가 늘 되어 있다. 또한 하나님의 약속은 어떤 것이라도 신뢰할 각오가 되어 있다. 소그룹 리더는 하나님과의 관계에서 신앙인격이 다져진 성숙한 사람이다.

둘째, 사람과의 관계에서 다져진 성품이다. 소그룹 지도자에게는 사람을 긍휼히 여길 줄 아는 사랑이 있다. 용서하며 이해하고 받아들이는 온유함과 자비가 있다. 소그룹 지도자에게는 사람을 섬길 줄 아는 겸손이 있다. 그리고 사람에 대해 포기하지 않는 인내가 있다. 소그룹 지도자는 사람과의 관계에서 다져진 성품이 성숙한 사람이다.

소그룹 리더는 성실한 지도자이다.

열매 맺는 소그룹 지도자는 성실한 지도자여야 한다. 만약 소그룹 구성원들이 지도자의 탁월함은 인정하지만 성실함을 인정하지 못한다면 사실 그는 실패한 리더이다. 기억하라. 탁월성(Excellence)이 아니라 성실함(sincerity)이 성숙의 특징이다. 건강한 소그룹 리더는 적어도 다음과 같은 영역에서 자신의 성실함을 보여줄 수 있어야 한다.

하나님께 대한 성실

소그룹 리더는 구성원들의 삶과 인격의 변화를 돕는 존재이다. 그래서 성숙한 소그룹 리더라면 누구든지 자신의 삶과 인격의 변화를 보여줄 수 있어야 한다. 그런데 이러한 삶과 인격의 변화는 하나님과의 관계를 통한 은혜로 가능하다. 따라서 소그룹 리더는 하나님에게 먼저 성실해야 한다. 그래야만 은혜를 누리게 되고 그 은혜를 통하여 변화를 경험하고 그 변화를 나눌 수 있게 된다.

누가복음 10:38-42에 나오는 마리아와 마르다의 사건을 기억해 보라. 먼저 예수님의 발아래 앉아 은혜 받는 마리아가 되는 것이 필요하다. 그리고 나서야 비로소 여러분은 사람들을 위해서 섬기는 마르다가 되실 수 있다. 은혜를 받는 예배자라야 사역하는 헌신자가 될 수 있다.

가족에 대한 성실

세상에서 가장 이상적일 수 있고 가장 중요한 소그룹은 가족이다. 따라서 소그룹 리더는 자신의 가족들에게 먼저 성실해야 한다. 가족이라는 소그룹에 성실하지 못하면 결코 소그룹에도 성실하지 못하게 된다. 자신의 부모에게 성실하지 못하는 지도자가 어떻게 자신이 돕는 구성원에게 부모에게 성실하라고 말할 수 있겠는가?

요한복음 19:26에서 예수님이 보여주신 모범을 기억해 보라. 예수님은 운명하시기 직전의 고통 속에서도 어머니 마리아를 제자 요한에게 부탁하셨다. 부모에 대한 성실함을 소그룹 구성원들인 12 제자들에게 직접 보여주셨다. 이것이 소그룹 리더가 따라야 할 모범이다.

소그룹 식구들에 대한 성실

성숙한 리더는 소그룹 구성원들로부터 "그 분은 우리에게 성실한 분이야"라는 인정을 받아야 한다. 그러기 위해서는 구성원들을 위해서 기도하는데 성실해야 한다. 약속시간을 지키는 것과 교재 준비를 하는데도 성실해야 한다. 그리고 그들의 아픔과 고민을 나누는데도 성실해야 한다. 이러한 성실함을 보여줄 때에 비로소 구성원들은 리더를 신뢰하고 존경하게 된다. 그리고 그제서야 리더의 가르침과 권면을 받아들이게 된다.

잠언 27:23의 교훈을 기억하라. "네 양떼의 형편을 부지런히 살피며 네 소떼에 마음을 두라" 건강한 소그룹 리더는 그 마음에 구성원들을 품고 있다. 그리고 부지런히 구성원들의 형편을 살핀다. 이러한 목자의 심령을 가진 소그룹 리더를 주님은 오늘도 찾고 계신다.

소그룹 리더는 매사에 준비하는 자이다.

"준비는 내 강점이 아닙니다."라고 이야기하는 리더를 만난 적이 있다. 이 사람은 평소에 모임을 앞장서서 인도해야 할 때마다 '그때 그때 직감을' 따라서 진행한다는 말을 했다. 이 말에 얼마나 동의하는가?

지속적으로 선한 영향력을 끼치는 성공하는 리더는 어떤 모임이든지 모임을 준비하는 습관을 기르는데서 시작된다는 것은 주지의 사실이다. 진정한 리더십의 시작은 자신이 어디서 시작해서 어디로 가고 있는지를 아는데 기초한다.

소그룹 인도도 마찬가지다. 내가 인도하는 소그룹이 어느 방향으로 갈 것인지를 알기 위해 매주 준비를 해야 한다. 매주의 준비를 통해서 소그룹 전체가 헤매지 않고 하나님을 향해 성숙으로 나아가야할 방향과 만날 때마다 새로움과 신선함이 유지될 수 있다.

소그룹을 시작하기 전에 최소한 리더가 준비해야할 것들 가운데 반드시 기억해야할 요소를 정리하면 다음과 같다.

참고할 책 : 이 글은『성공하는 소그룹 리더의 8가지 습관』(데이브 얼리, NCD, 2010)의 내용을 일부 발췌 및 참고하여 작성되었습니다.

소그룹 리더로서의 역량 준비
① 소그룹에 대한 새로운 지식을 늘 준비한다.

생명공동체인 소그룹은 죽어있는 조직이 아니라 살아있는 유기체이다. 소그룹은 탄생과 성장, 재탄생의 생명주기를 가지고 있다. 그러므로 천편일률적인 방식이나 단편적 이해로 소그룹을 인도하는 것만큼 위험한 일은 없다. 생명주기의 매 시기마다 소그룹을 인도하고 섬기는 방식이 달라야만 한다. 생명과 생명공동체의 발달과정(Development Process)에 대한 지식을 가지는 일은 매우 중요하다.

그리고 무엇 보다 소그룹은 복잡한 관계로 구성되어 있다는 것을 명심할 필요가 있다. 그러므로 좋은 소그룹 리더는 소그룹의 구성원들의 개인적인 마음과 상황과 그들이 처해있는 정황, 그리고 멤버들 상호간에 발생하는 다양한 관계와 상황에 대한 지식을 가지기 위해서 계속해서 노력할 수밖에 없다.

② 성경을 다루고 효과적으로 인도하는 기술(Skill)을 준비한다.
좋은 소그룹 리더는 소그룹 멤버들에게 자신이 깨달은 말씀을 일방적으로 넣어주기 보다는 스스로 말씀을 깨닫도록 만들어 준다.

그래서 좋은 소그룹 지도자는 많은 성경지식을 가진 사람이기 보다는 좋은 질문을 가지고 있는 사람이라고 해야 옳다. 그래서 소그룹에서 중요하게 여기는 것이 상호학습법이다. 말씀과 삶과 인격을 나누는 가운데 서로 배우도록 만들어 주는 환경이 소그룹 환경인 것이다. 변화를 스스로 경험하고 성숙하게 만드는 경험과 지혜를 축적하고 실천할 수 있는 곳이 소그룹이다.

모임을 위한 구체적 준비
① 자신을 늘 돌아본다.
소그룹 모임을 준비하는 데 있어 가장 중요한 요소는 리더 자신이 준비되는 것이다. 리더는 다음 몇 가지 질문을 중심으로 자신을 돌아보아야 한다. 나에게 자백해야 할 죄가 있는가? 성령님께 내 삶의 지배권을 내어드리고 있는가? 소그룹과 구성원들을 인도할 기회를 주신 것에 감사하는 마음이 있는가? 하나님의 말씀을 나의 일상생활에 적용하려고 노력하고 있는가? 바로잡아야 할 관계가 있는가?

② 모임의 분위기를 준비한다.
어떤 분위기냐에 따라 모임이 역동성을 가질 수도 있고 깨질 수도 있다. 리더는 책임지고 모임을 최대한 좋게 만들어야할 최종적인 결정자이다.

③ 모임의 진행일정을 세밀하게 준비한다.
리더는 모임의 일정을 자세하게 준비해야 한다. 함께 만난 시간을 효과적으로 만들기 위해 세밀하게 준비하는 것만큼 은혜가 나타난다. 진행일정을 준비할 때 꼭 기억해야할 세 가지 요소가 있다.

③-1 모임 시에 진행하고자 하는 각 영역의 길이와 방법은 어떻게 할 것인가?
③-2 각 영역을 시작하고 마칠 때 자연스럽게 흘러갈 수 있도록 하기 위한 방안은 무엇인가?
(예 : "그러면 이제 마음을 열고 서로를 알아가는 시간을 갖겠습니다"라는 공식적인 선언을 하지 않고 자연스럽게 '마음열기'가 진행될 수 있도록 할 방안은 무엇인가를 준비해야 한다.)
③-3 쓸데없이 시간을 낭비하지 않도록 하여 반드시 멤버들이 예측 가능하도록 제 시간에 모임을 마쳐야 한다. 아니면 양해를 구해야 한다.

리더가 잘 준비되어 있을 때 하나님이 그 소그룹 안에서 일하실 수 있는 기회가 더 많아진다. 주의를 산만하게 하는 일들이 더 적어질 것이고, 사탄이 끼어들어 어지럽힐 수 있는 기회가 더 줄어든다. 또한 멤버들은 자연스럽게 그룹의 리더들이 인도하기를 기대한다. 리더가 어디로 가야 할지, 또 어떻게 가야 할지 알고 있다고 믿으면 대개는 기꺼이 따를 것이다. 사람들은 우리가 어떤 일에 할애하는 시간을 근거로 그 일에 얼마나 가치를 가지고 있는지를 판단한다. 리더가 모임 준비를 우선순위로 삼지 않으면 멤버들은 모임 참석을 우선순위에 두지 않을 것이다. 소그룹 리더로 섬기기로 작정했다면 준비 없이 한 주 한 주를 보내지 말라. 미래의 성공은 언제나 과거의 준비에 따른 결과이기 때문이다.

리더가 준비하는만큼 우리가 섬기는 소그룹과 소그룹원들은 성숙하고 성장한다.

나눔 질문

1. 소그룹 리더는 어떤 존재라고 생각하십니까? 나의 말로 정리해 보고 나누어 보십시오.

2. 소그룹은 대그룹 사역이 가지는 어려움을 보완할 수 있는 창의적인 대안입니다. 소그룹 사역의 장점은 무엇이라고 생각하십니까?

3. 소그룹은 서로의 인격을 통해 함께 성숙하는 현장입니다. 나는 어떤 성품을 가지고 있습니까? 그것으로 어떻게 소그룹 구성원들에게 유익을 끼치고 있습니까?

4. 효과적인 소그룹 인도를 위해 매주 준비하는 것은 쉬운 일이 아닙니다. 소그룹 인도를 준비하는 데 내가 겪는 어려움을 체크해 보고 그 이유를 다른 리더들과 함께 나누어 보십시오.
   ☐ 시간 부족   ☐ 지식의 부족   ☐ 열정이 식음
   ☐ 인도 방법을 잘 모름   ☐ 관계 맺기가 어려움
   ☐ 기타 _____

5. 열매 맺는 소그룹 리더가 되기 위해(50-57쪽) 내가 가장 가치를 두고 있는 영역을 선택해 보고 그 이유를 나누어 보십시오.
□ 소그룹에 대한 분명한 철학
□ 인격의 성숙 도모
□ 성실
□ 리더로서의 역량 준비
□ 모임을 위한 구체적인 준비

6
섬김과 희생의 리더십

"25 예수께서 제자들을 불러다가 이르시되 이방인의 집권자들이 그들을 임의로 주관하고 그 고관들이 그들에게 권세를 부리는 줄을 너희가 알거니와 26 너희 중에는 그렇지 않아야 하나니 너희 중에 누구든지 크고자 하는 자는 너희를 섬기는 자가 되고 27 너희 중에 누구든지 으뜸이 되고자 하는 자는 너희의 종이 되어야 하리라 28 인자가 온 것은 섬김을 받으려 함이 아니라 도리어 섬기려 하고 자기 목숨을 많은 사람의 대속물로 주려 함이니라"

마태복음 20:25-28

남극 탐험가 어니스트 섀클턴과 인듀어런스호 이야기를 기억하라!

리더십에 관해 이야기를 나눌 때 마다 언급되는 어니스트 섀클턴(Ernest H. Shackleton)이라는 역사적 인물이 있다. 1909년 1월 9일에 당시 남극 탐험 기록상 인류가 도달할 수 있는 최남단인 남위 88도 23분에 도달해서 영국 여왕 알렉산드리아가 하사한 깃발을 꽂은 인물이다. 이 사람은 남극점 정복 대신에 남극 대륙 횡단을 계획하고 27명의 대원과 함께 범선 '인듀어런스호'를 타고 세 번째 남극 탐험 장정을 떠난다. 그런데 이 항해는 남극점에서 155km 떨어진 장소에서 식량부족으로 남극점을 향해 더 이상 나아가지 못하고 실패로 끝난다. 그럼에도 불구하고 세계역사는 섀클턴을 가장 위대한 탐험가로 평가한다. 그리고 그의 남극대륙횡단 탐험을 '위대한 실패', '위대한 항해'라고 부르기를 주저하지 않는다. 왜 그럴까?

 섀클턴을 포함해서 27명의 탐험대원들이 634일동안 영하 30℃를 오르내리는 남극의 빙벽에 갇히는 극한 상황 속에서 한 사람의 죽음도 없이 모두 살아 돌아왔기 때문이다. 어떻게 그럴 수 있었을까? 그 비밀이 섀클턴의 대원 중 한 사람의 일기를 통해서 알려졌다. 일기의 내용이 이렇다.

 "섀클턴은 은밀히 자신의 아침 식사용 비스킷을 내게 내밀며 먹으라고 강요했다. 그리고 내가 비스킷을 받으면 그는 저녁에도 내게 비스킷을 줄 것이다. 나는 도대체 이 세상 어느 누가 이처럼 철저하게 관용과 동정을 보여줄 수 있을까 생각해본다. 나는 죽어도 섀클턴의 그러한 마음을 잊지 못할 것이다. 수천 파운드의 돈으로도 결코 그 한 개의 비스킷을 살 수 없을 것이다."

 섀클턴의 비스킷 하나는 바로 생명 그 자체이기도 한데 그것을 나눈 것이다. 어떻게 추위에 떠는 대원에게 자기 몫의 우유를 나누어 주었던 것일까?
 이런 기록도 있다. 어느 날 밤 섀클턴은 자기가 믿어온 대원 하나가 잠들기 전에 주위를 둘러보다가 동료 대원의 식량 주머니에 손을 뻗치는 것을 보았다. 섀클턴이 무거운 마음으로 가만히 지켜보았는데 그 대원이 동료 대원의 식량주머니를 열더니 자기의 비스킷을 그 주머니에 넣고 있더라는 것이다. 지도자가 자기를 희생하니까 대원들도 서로 이렇게 하더라는 것이다.
 탐험대가 너무 긴 시간 동안 영하 30도의 온도 속에 방치되었기 때문에 추위와 굶주림으로 살아날 가망이 없었다. 이 때 섀클턴이 모험을 하기로 작정한다. 남경의 포경기지, 곧 고래를 잡는 선원들이 있다는 곳으로 몇 명의 대원과 함께 가기로 한 것이다. 6미터가 조금 넘는 소형 선박을 타고 거친 풍랑이 이는 바다를 건너가야 하는 상황에 맞닥뜨린다. 해발 3000m에 달하는 얼음산을 맨손으로 넘어서, 16일 동안 1,290km에 달하는 죽음의 항해를 한 끝에 고래잡이 선원들이 있는 곳에 드디어 도착을 한다. 그리고 다시 죽음의 길을 뚫고 예인선을 끌고 와서 남은 대원을 모두 구조한다.

 탐험을 끝낸 후 섀클턴은 아내에서 보내는 편지에서 이 일에 대해서 이렇게 썼다. "얼음산을 넘을 때, 우리 일행은 분명 세 명인데 난 네 명처럼 느껴졌다. 이상하게 생각돼 동료들에게 물어보니 그들도 그렇게 느꼈다는 것이다. 힘들고 어려웠던 여행 내내 하나님이 우리와 동행하셨음을 나는 믿는다."

※참고할 책 : 데니스 N.T. 퍼킨스 저 『더니스트 섀클턴 극한상황 리더십』(뜨인돌, 2017)

 모든 사람들이 리더가 되면 가지는 한 가지 오해가 있다. 리더가 되면 그 순간부터 모든 리더십을 행사할 수 있는 환경이 조성되어 있을 것이라고 생각한다. 그러나 이것은 완전한 착각이다. 모든 것이라고 생각하여 정상에 도착하면 이 모든 것이 자신을 기다리고 있다고 믿는다. 어떤 형태의 공동체에서든지 리더로 서서 리더십을 행사하는 것이 대단히 멋있어 보인다. 그러나 실제로는 그렇지 않은 것이 현실이다. 리더십은 근본적으로 희생을 요구한다.
 <마태복음 20장 27절>도 "너희 중에 누구든지 으뜸이 되고자 하는 자는 너희의 종이 되어야 하리라"라고 말씀하신다.
 종으로서 산다는 것은 자기 주장을 접어놓고 산다는 것을 의미한다. 따라서 종으로서 산다는 것은 철저한 복종과 섬김을 요구받

는 삶을 의미한다. 그러므로 진정한 리더가 되고 싶다면 반드시 알아야 할 법칙이 있다. 바로 '섬김과 희생의 법칙'이다. 섀클턴의 예도 보았지만 이 "섬김과 희생의 법칙"을 가장 극적으로 보여 주신 분은 바로 십자가에 달리신 예수 그리스도이다. 그렇다면 예수님의 모범을 따라 "섬김과 희생의 법칙"을 따르는 리더가 고려해야 할 중요한 원칙은 무엇이겠는가?

소그룹 리더가 반드시 기억해야 할 섬김과 희생의 법칙을 기억하라.
희생 없이는 결코 성공에 이를 수 없다.

성공한 사람들은 누구나 성공을 위한 과정에 희생을 치른 사람들이다. 시인인 랄프 왈도 에머슨(Ralph Waldo Emerson)은 '잃은 것이 있으면 얻는 것이 있고, 얻는 것이 있으면 잃은 것이 있다'고 말했다. 인생이란 어쩌면 한 가지를 다른 무언가로 바꾸는 과정의 연속일지도 모른다. 뛰어난 리더는 '최고(what is best)'를 위해 '많고 좋은 것(much that is good)'을 희생한 사람이다. 이것이 희생의 법칙이 움직이는 방식이다.

리더로서 다른 사람들보다 더 많은 것을 희생하고 포기하라.

리더십의 핵심은 자신보다 다른 사람을 우선시하는 것이다. 제럴드 브룩스(General Brooks)는 리더가 되는 순간, 자신에 대해서 생각할 권리는 사라진다고 말했다. 책임이 없다면 자신이 원하는 일을 무엇이든 할 수 있지만 일단 책임을 맡게 되면 할 수 있는 일에 제약이 생기기 시작한다. 그리고 책임을 더 많이 맡으면 맡을수록 자신이 하고 싶은 일에 대한 제약도 그만큼 커질 수 밖에 없다. 모든 리더에게 공통되는 것은 다른 일을 할 수 있는 '기회의 상실'

을 의미한다. 사람마다 희생의 대상과 범위의 차이가 있지만 많은 리더들이 개인 생활의 상당부분을 희생한다. 대원들을 위해 자기의 생명과도 같았던 비스켓과 우유를 포기하는 섀클턴을 생각해 보라. 하나님이 사랑하신 하나님의 백성들을 위해 자기 생명을 대속물로 희생하신 예수님을 생각해 보라. 우리 역시 상황은 다르지만 누군가의 리더라면 이 원칙은 결코 변하지 않는다. 리더십은 근본적으로 희생이다.

리더로 머물고 싶다면 희생을 계속하라.
 희생은 일회성 지출이 아니고 계속해서 지불해나가야 하는 비용이다. 왜 매년 연속으로 우승을 하는 스포츠 팀이 드문지 생각해본 적이 있는가? 이유는 간단하다. 한 번 우승한 리더는 다음 해에도 같은 방식으로 우승을 할 수 있다고 생각하기 때문이다. 다음 해 더 큰 도전에 대비하기 위한 큰 희생을 치르기를 힘들어하고 어려워한다. 리더의 자리에 계속해서 머물려면 더 큰 희생을 감수해야 한다. 리더십에서 성공하려면 계속해서 변화하고, 계속해서 발전하고, 계속해서 희생을 감내해야만 한다.

높은 위치의 리더일수록 희생도 더 커진다는 것을 기억하라.
 경매에 참석해본 적이 있는 사람들의 경험은 한결같다. "정말 짜릿하다." 새로운 물건이 나오면 방안에 있는 사람들의 가슴이 두근거리기 시작한다. 그리고 경매가 시작되면 서로 경쟁하듯이 경매에 참여하고 가격이 올라간다. 그러면 어떻게 될까? 점점 참가자 수가 줄어들면서 물건의 가격이 낮을 때는 모든 사람들이 참가하지만 가격이 높아지면서 한 사람 한 사람씩 떨어져 나간다. 결국 마지막에는 한 사람만 남고 그가 낙찰을 받는다. 리더십도 이와 마찬가지이다. 위로 올라갈수록 더 많은 비용이 든다. 어떤 분야에서나 이것은 동일하게 적용되는 원칙이다.

그러므로 더 큰 영향력을 가진 리더가 되기 위해서는 더 큰 희생을 기꺼이 감수할 준비가 되어 있어야 한다. 그럴 준비와 각오가 되어 있는가? 내가 섬기고 있는 구성원들을 위해서 자신이 마음 껏 활용할 수 있는 권리를 포기할 수 있는가? 모두가 좋은 교회를 다니고 싶어는 하는데 좋은 교회가 되기 위해 희생하는 것을 주저하는 것은 아이러니 중의 아이러니다.

깊이 생각해보고 난 후에 다음 두 가지 매뉴얼을 정리해보라. 첫째, 리더로서 공동체를 위해 지금 희생해야 할 것들이 무엇인가? 둘째, 그럼에도 불구하고 잘 포기가 안되는 부분은 무엇이 있는가?

섬김과 희생의 소그룹 리더십을 위해 다음의 사항을 점검해보라.

섬김과 희생의 리더십을 가진 리더들이 보여 주는 9가지 사역의 원칙

첫 번째, 궁극적인 목표

위기 상황일수록 방향과 목표가 분명해야 한다. 방향과 목표가 사라진 소그룹은 자칫 친교모임으로 전락하기 쉽다.

두 번째, 솔선수범

위기상황에서 리더가 보여주는 솔선수범은 공동체를 하나로 묶는 든든한 끈의 역할을 한다.

세 번째, 낙관적인 시각과 하나님께서 세우신 리더에게 능력 주신다는 확신

위기 상황일수록 가장 먼저 차단해야 할 것은 바로 '비관의 바이러스' 다. 그리고 그 비관의 바이러스를 차단하는 최선의 무기는 리더가 먼저 '낙관의 바이러스'를 퍼뜨리는 것이다.

네 번째, 과거에 대한 자책을 넘어서는 자기반성과 미래로 눈을 돌리는 시각
컵을 깨뜨려 물을 엎질러 놓은 것에만 연연할 것이 아니라 깨진 컵에 다치지 않았는지를 살펴보는 것이 현명한 길이다.

다섯 번째, 함께 흔들 수 있는 깃발 – 공동체 구성원들을 하나로 묶어 내는 공동 메시지
한 마음, 한 뜻으로 위기를 돌파해 낼 짧지만 강력한 한마디의 팀 메시지를 만들어 전파해야 한다. '할 수 있다' 라는 전통적인 경구부터 '절망하지 않는 한 우리는 산다' 에 이르기까지 조직의 상황과 성격에 걸맞은 팀 메시지를 강화해야 한다.

여섯 번째, 상호존중
어려울 때일수록 서로를 존중하는 분위기가 살아나야 너도 살고, 나도 살며, 조직도 산다.

일곱 번째, 강점을 살리기
불필요한 힘겨루기를 하는 것은 결국 다 같이 죽자는 이야기다. 조직 내에서 불가피하게 힘겨루기를 하더라도 일단 살고 나서 해야 한다.

여덟 번째, 함께 웃을 일 찾아내기
사소한 것에서 부터 함께 웃을 수 있는 일들을 찾아내는 것은 힘든 위기 상황을 이겨내는 데 정말 좋은 자세이다.

아홉 번째, 적극적인 시도와 도전

위기 상황이라고 해서 무조건 움츠러들면 더 큰 위기를 맞게 된다. 오히려 도전적으로 시도할 것들을 적극적으로 찾아내야 위기 탈출과 극복이 가능해진다.

열 번째, 절대 포기하지 않기

이것이 가장 중요하다. 포기하지 않는 한 기회는 온다. 포기하지 않는 한 미래는 열려 있다. 위기 탈출과 극복은 결국 '포기하고 싶은 마음과 싸우는 일'인 것을 명심하라!

나눔 질문

1. 자신을 희생하면서까지 팀 구성원들을 이끌었던 섀클턴의 이야기를 보고 느낀점을 자유롭게 나누어 보십시오.

2. <마태복음 20장 27절> "너희 중에 누구든지 으뜸이 되고자 하는 자는 너희의 종이 되어야 하리라" 말씀에 동의하십니까? 이 말씀이 갖는 의미와 적용을 함께 나누어 보십시오.

3. 좀 더 넓게는 교회를 위해서 그리고 소그룹 리더로서 공동체를 위해 지금 내가 희생해야 할 것들에는 무엇이 있습니까?

4. 자신을 돌아볼 때 분명히 공동체를 위해 희생해야 하지만 포기하지 못하는 부분이 있다면 무엇입니까?

5. 공동체를 위해 희생했을 때 하나님께서 주셨던 은혜와 열매가 있었던 경험이 있습니까? 함께 나누어 보십시오.

7
흔들림 없는 소그룹 리더십을 위해 기억해야 할 요소들

"심는 자에게 씨와 먹을 양식을 주시는 이가 너희 심을 것을 주사 풍성하게 하시고 너희 의의 열매를 더하게 하시리니"

고린도후서 9:10

  성도가 심어야 할 씨앗이 있다. 어려운 사람을 위한 구제다. 언제나 하나님은 우리에게 양식도 주시고 심을 씨앗도 주신다. 항상 주시되 풍성하게 넉넉하게 주신다. 하나님이 우리에게 무언가를 주시는 이유가 분명하다. 우리만 누리라고 주시는 것이 아니라 이웃과도 함께 나누어야 한다.

  성도는 하나님의 은혜를 받은 사람이다. 하나님이 아무 대가를 바라지 않고 값없이 구속의 은혜를 선물로 주신 것이다. 하나님이 조건 없이 받은 것을 나누라고 하신다. 심는 것은 '뺄셈'처럼 보인다. 그러나 중요한 것은 어떤 농부도 씨앗을 심으면서 뺄셈이라고 생각하지 않는다. 풍성한 수확을 기대한다. 심음의 결과는 덧셈이나 곱셈이 되기도 한다. 나눔을 통해 하나님은 우리를 풍성하게 하신다. 심음을 통해 심는 자가 먼저 풍성해진다. 또한 하나님은 우리들이 심는 일을 통해 우리의 의의 열매를 더하게 하신다. 의의 열매는 성도가 마땅히 맺어야 할 열매이다. 하나님을 증거하는 통로가 심음으로 은유되는 나눔이다. 자신이 누군지를 드러내는 것이다. 하나님의 백성이 어떤 존재인지 돌아본다. 하나님이 은혜 베풀어 주시는 이유가 무엇인지 생각한다. 추석 명절 내가 심어야 할 씨앗을 생각해야 한다. 하나님의 은혜가 드러나고 의의 열매가 맺혀지는 일을 선택하고 행하길 소망한다.

미국의 소그룹 전문사역기관 라이프투게더(Lifetogether, Inc.)의 설립자 브렛 이스트맨(Brett Eastman)이 그의 동역자 케일럽 앤더슨(Caleb Anderson)과 함께 제시하는 "소그룹 리더십의 10가지 기본원칙"은 대단히 중요하다. 이 내용을 한국교회 소그룹 현장에 맞게 정리해 보면 다음과 같다.

소그룹 리더십의 10가지 기본원칙

첫 번째, 혼자가 아님을 기억하라.

소그룹 사역은 결코 리더 혼자만의 사역이 아니다. 이 사역은 하나님께서 동행하시는 사역이다. 그러므로 하나님께서 소그룹 리더를 절대로 외로이 버려두지 않으신다.

성경은 반복적으로 모세, 다윗, 에스라, 느헤미야, 예레미야 등 하나님께서 사용하시는 모든 사람들은 하나님께서 친히 함께하신다고 말씀한다. 하나님의 사람들을 세우는 사역인 소그룹 사역은 반드시 하나님께서 함께하신다는 것이 소그룹 리더들이 진행하는 모든 사역의 든든한 심적 기초가 된다.

두 번째, 혼자 하려고 하지 마라.

그러므로 혼자 리더가 되려고 하지 말고 공동 리더, 혹은 리더십을 나눌 사람을 함께 세워야 한다. 함께 할 때에 비로소 소그룹이 더 풍성해진다. 더 많은 사람을 리더십에 초청하고 함께 공동의 리더십을 행할 수 있도록 그 역할을 맡겨라.

세 번째, 가식없이 리더의 있는 그대로의 모습을 보여주라.
가면을 쓰고 다른 사람인체 하는 것은 금방 그 한계를 드러내게 될 것이다. 하나님께서 당신을 지금 있는 그대로 만드신 것은 그 모습으로 소그룹을 섬기게 하신 분명한 이유가 있을 것이다.

네 번째, 모임을 위한 사전 준비 시간을 반드시 가지라.
교재에 보충내용을 적는 시간, 대답할 거리를 생각하는 시간 등 리더로서 준비할 절대적 시간이 필요하다. 그리고 특별히 적용포인트를 준비하는 것에 시간을 들이는 것이 필요하다. 소그룹의 나눔이 실천될 수 있는 구체적인 적용사항을 예시로 제시할 수 있도록 리더 자신의 삶에 비춰보고 간단히 미리 실천해 보면 더 좋다. 이것은 짧은 시간의 준비로는 가능하지 않음을 명심하라.

다섯 번째, 구성원 한 사람 한 사람을 위해 기도하라.
내가 섬기는 소그룹에 참여한 각 사람이 앉아 있는 자세와 모습을 머릿 속에 떠올리고, 각 멤버들을 위해 먼저 기도하라. 기도하고 모임을 인도하는 것과 기도 없이 모임을 인도한 뒤의 결과를 비교해보라.

여섯 번째, 질문 후에 기다리는 법을 배우라.
질문하고 나면 질문 받은 사람은 그것을 이해하고 마음속으로 생각할 시간이 필요하다. 따라서 때로는 침묵도 두려워하지 마라. 자신이 답하려 하지 말고, 누군가는 입을 열도록 기다릴 줄 알아야 한다. 오답이라 할지라도 대답해 준 것에 대해 긍정적인 표현 즉 반응해 주져서 감사하다는 표현을 꼭 해야 한다. 그 후에 "또 다른 분은요?" 하고 다른 사람의 의견을 물어 더 많은 사람이 대답에 참여할 수 있게 하면 된다. 대답하기 두려웠던 사람들이 다른 답변자들이 편하게 대답하는 모습을 보고 자연스럽게 나눔에 참석할 수 있도록 분위기를 만들어라.

일곱 번째, 진행 중간 중간 질문과 정리내용을 소리 내어 읽게 하라.
미리 기록된 질문과 정리문단은 나눔이 엉뚱한 방향으로 가지 않도록 큰 가이드라인을 제시해준다. 동시에 이것은 참여자에게 권한을 나누어 주어 인도자만 중요한 것을 말하지 않고, 읽는 사람 자신도 중요한 진행을 담당하며 핵심 정보를 전달한다는 느낌을 주게 된다.

여덟 번째, 질문의 유형과 성격에 따라 그룹을 더 작은 단위로 나누어 진행하라.
8명을 넘어선다면 4명씩의 더 작은 그룹으로 나누어 특정 질문에 대한 대화를 나누게 하는 것이 더 깊고 활발한 나눔을 하게 한다. 그리고 각 그룹의 나눈 내용을 한 사람의 대표자가 요약하여 다시 한 번 전체가 공유할 수 있게 나눈다. 기도제목 나눔도 마찬가지이다.

아홉 번째, 다른 사람이 인도하는 기회를 나누어 주라.
어느정도 시간이 지나고 나면 소그룹 멤버들에게 돌아가면서 한 번씩 인도하는 기회를 공유하도록 해보라. 소그룹 구성원들이 인도자의 입장에서 인도자가 준비하는 수고를 경험하게 하는 것도 중요하다.

열 번째, 과정을 기쁨으로 누리라.

어떤 공동체든지 목표를 바라보며 전진해 나가는 것은 대단히 중요한 일이다. 소그룹 역시 목표지향적 공동체이지만, 과정 자체가 중요한 공동체여야 한다는 사실을 잊지 않는 것이 중요하다. 리더 스스로 먼저 소그룹의 나눔 과정 자체를 기뻐해야만 다른 구성원들도 그 사실을 확인하고 소그룹 자체를 기뻐할 수 있다.

공동체를 세우는 것은 분명히 쉬운 일이 아니다. 그러나 수많은 임상의 결과들을 보면 공동체의 서고 넘어짐은 결국 리더의 역량에 달려있다. 건강한 소그룹을 위해 건강하고 견고한 리더십을 가지기 위해 기도하며 계속 노력해 가기를 스스로 다짐해 보라.

나눔 질문

1. 소그룹 리더십의 10가지 기본원칙(72-75쪽)을 읽고 나에게 가장 와닿는 것이 있다면 무엇입니까? 그 이유도 함께 나누어 보십시오.

2. 과거(또는 현재)에 나를 섬겨 주었던 리더들을 떠올려 보고 가장 기억에 남는 리더 한 명을 소개해 보십시오.

3. 소그룹 리더십의 10가지 기본 원칙(72-75쪽) 중에서 지금 바로 적용할 수 있는 원칙 한 가지를 골라 구체적인 실천 방안을 나누어 보십시오.

8
회복력을 갖춘 소그룹 리더십

"7 그러나 무엇이든지 내게 유익하던 것을 내가 그리스도를 위하여 다 해로 여길뿐더러 8 또한 모든 것을 해로 여김은 내 주 그리스도 예수를 아는 지식이 가장 고상하기 때문이라 내가 그를 위하여 모든 것을 잃어버리고 배설물로 여김은 그리스도를 얻고 9 그 안에서 발견되려 함이니 내가 가진 의는 율법에서 난 것이 아니요 오직 그리스도를 믿음으로 말미암은 것이니 곧 믿음으로 하나님께로부터 난 의라"

빌립보서 3:7-9

　연말이 되면 도움을 요청하는 기관들과 기관장들의 협력요청편지를 많이 받는다. 할 수만 있다면 모든 분들의 요청에 응답하고 싶고, 더 나아가 더욱 많은 것들을 나누고 싶은 마음이 굴뚝같다. 아주 연로하신 어르신들 몇 분을 앞혀 놓고 15년 이상을 씨름하신 목사님은 이렇게 말씀하신다. "목사님! 목회가 너무 힘듭니다…" 그 목사님께 '저도 압니다' 라고 말한다면 아마 교만한 생각일 것이다. 정말 이런 점에서 한국교회 전체적으로, 또 내가 섬기는 교회가 좀 더 실력이 있는 교회가 되어 그런 분들을 도울 수만 있다면 얼마나 좋을까 하는 생각을 하게 된다.
　사실 사역은 상황이 어떻든 어떤 상태에 있든지 힘든 것이다. 리더라고 더 힘들고 멤버의 입장에 있다고 힘들지 않은 것이 아니다. 영혼을 맡아 섬긴다는 것은 그것이 크든 작든 모든 것이 힘들고 어려운 것이다.

그런데 가만히 생각해 보면 리더들의 문제는 사역이 힘든 것이 아니라 사역이 힘들지 않기를 바라는 마음이 우리 안에 꽉 차 있기 때문이다. 사실 리더로서 하나님 나라와 하나님이 사랑하시는 영혼들을 위해 사역자로 부름을 받았다는 것은 '자기를 부인하고 자기 십자가를 지고 주님을 따라가는' 것에 있다. 그런데도 사역하는 과정 중에 사역이 편안하면 복받은 줄로 여기고, 섬기는 이들 가운데 애를 먹이고 힘든 사람이 있으면 하나님이 내 사역에는 축복하지 않으셨다고 여기는 것이 문제이다.

때때로 너무 힘들어 모든 짐을 벗어 버리고 싶은 생각이 들 때가 있다. 이럴 때 리더가 기억해야 할 것은 역시 주님이 보여 주신 모범이다. 우리 주님도 겟세마네 동산에서 하나님을 향해 '이 잔을 내게서 옮겨달라'고 기도하신 적이 있다. 그러나 주님은 끝까지 십자가의 길을 가셨다. 그래야만 참 생명이 이 세상에 있을 것을 아셨기 때문이다.

리더의 사역이 성공적이냐 실패했느냐의 기준은 내 사역이 얼마나 평안하냐 아니냐 하는 기준이 아니다. 중요한 기준은 '지금 내가 주님을 따라 가고 있다'는 내적인 확신에서 오는 것이다.

십자가의 길이라도 주님과 함께 걷는 길이라면 행복한 것이다. 그러므로 영혼을 섬길 때 "기쁘다. 감사하다." 하는 것이 리더의 기준이어야 한다. 사도 바울이 <빌립보서 3:7-9>에 고백하는 내용이 바로 그 내용이다. 바울은 자기에게 유익하던 것을 다 해로 여기고 배설물처럼 버렸다고 고백한다. 예수님을 더 알고 오직 주 안에서 발견되고 싶다는 것이 자신의 소원이라고 밝힌다.

예수님과 친밀히 동행하는 리더는 아무리 힘든 사명의 길도 기쁨으로 갈 수 있다. 세상의 모든 유익하던 것이 해로 여겨지고 배설물처럼 보이기 때문이다. 주님을 바라보는 눈이 제대로 뜨일 때가 언제인지 아는가? 십자가 지는 사명이 감사가 되는 때이다. 이것이 영혼을 책임진 사명자들에게 꼭 필요한 질적인 차원이다. 그런 은혜가 계속해서 리더들에게 있기를 바란다.

나눔 질문

1. 소그룹 리더로 섬기면서 혹시 어려움을 겪은 적이 있거나 현재 어려움을 겪는 영역이 있습니까? 어려움을 겪을 때 어떤 심정인지 함께 나누어 보십시오.

2. 본문은 사역의 성공과 실패는 사역의 결과가 아니라 '내가 주님을 따라 가고 있는가'라고 하는 내면의 상태에 달려 있다고 합니다. 나의 사역은 성공을 향하고 있습니까? 또는 실패를 향하고 있습니까? 스스로를 점검해보며 함께 나누어 보십시오.

3. 어떤 어려움에도 흔들리지 않고 사명의 길을 걸어가기 위한 기도의 제목을 다른 리더들과 함께 나누어 보십시오.

9
소그룹 멤버들을
효과적으로 모임에 초청하는 리더

"10 모세가 여호와께 아뢰되 오 주여 나는 본래 말을 잘 하지 못하는 자니이다 주께서 주의 종에게 명령하신 후에도 역시 그러하니 나는 입이 뻣뻣하고 혀가 둔한 자니이다 11 여호와께서 그에게 이르시되 누가 사람의 입을 지었느냐 누가 말 못 하는 자나 못 듣는 자나 눈 밝은 자나 맹인이 되게 하였느냐 나 여호와가 아니냐 12 이제 가라 내가 네 입과 함께 있어서 할 말을 가르치리라"

출애굽기 4:10-12

거절에 대한 두려움을 극복해야 한다.
회피성 인격장애(Avoidant personality disorder)

'저 사람이 나를 받아들이지 않으면 어떡하지?', '내 이야기를 수용하지 않으면 어떡하지?' 모든 사람들은 다른 사람이 나의 말을 거부하거나 거절한다는 의사를 밝힐 때 혹은 은연중에 피하는 기색을 보일 때 불쾌한 감정을 느낀다.

그런데 불쾌감의 정도를 지나서 두려움으로, 두려움에서 더 나아가 일상의 염려로까지 나아가는 경우도 종종 있다. 한 마디로 관계의 단절에 대한 걱정으로까지 나아가는 것이다. 그 결과 상대방의 사소한 말과 행동에 대해서도 민감하게 느끼고, 상대방이 별 생각 없이 툭 던진 말에도 끝없는 고민이 꼬리표처럼 따라 붙는 지경으로까지 나아간다. '저 사람, 지금 왜 저런 이야기를 할까? 저런 말을

하는 속뜻은 무엇일까?' 그리고 이어지는 걱정은 한 질문으로 귀결된다. '혹시 나를 싫어하는 건 아닐까?'

정신의학에서는 이런 생각이 일상 속에서 고착되는 상황이 반복되면 '회피성 인격장애(Avoidant personality disorder)'를 겪는 것이라고 말한다. 이 질환을 겪는 사람들은 친밀한 대인 관계를 원하면서도 그 사람에게 거절당하는 것이 너무 두려워 사람을 피해버린다. 그래서 다른 사람들과 접촉을 피하려고 하는 경향과 동시에 자신을 거절하지 않을 것이라는 확신이 드는 사람들만을 대상으로 인간관계를 맺으려는 경향을 보이게 된다.

최근 통계에 의하면 전 세계 인구의 약 3% 정도가 이 질환을 앓고 있다고 한다. 그런데 문제는 리더십을 가지고 공동체를 이끌고 있는 많은 리더들 또한 현장에서 이런 모습을 많이 보인다는 것이다.

거절의 두려움에 사로잡힌 모세

성경에도 이러한 모습을 보이는 대표적인 인물이 있다. 바로 오늘 본문의 모세이다. 지금 모세는 하나님께서 "내 백성을 구원하기 위해 가라"는 명령을 의도적으로 거부하고 있다. 그 이유는 이스라엘 백성들에게 거부당할 것 같았기 때문이다. 그래서 모세는 하나님과 실갱이를 벌인다. 하나님은 모세에게 너는 준비되어 있는 지도자니까 애굽으로 가라고 말씀하시지만 모세는 계속해서 거부한다.

하나님과 실갱이를 벌이는 모세의 모습은 오늘 읽은 본문에서 시작되는 것이 아니다. 하나님께서 호렙산 떨기나무 불꽃 속에서 나타나 모세를 처음으로 부르시는 장면인 출애굽기 3장에서부터 시작된다. 하나님은 "이제 너는 내가 선택하고 준비된 지도자이니까 가라"고 말씀하시지만 모세는 "못 가겠다"고 거부하면서 계속 버티고 회피하는 장면이 반복된다.

처음 실갱이를 벌이는 출애굽기 3:10-11을 보자. "10.이제 내가 너를 바로에게 보내어 너에게 내 백성 이스라엘 자손을 애굽에서 인도하여 내게 하리라 11.모세가 하나님께 아뢰되 내가 누구이기에 바로에게 가며 이스라엘 자손을 애굽에서 인도하여 내리이까" 한마디로 거절당할 것 같아 그것이 두려워서 가지 못하겠다는 것이다. 이런 상황은 오늘 본문인 출애굽기 4장에 이르기까지 무려 4번씩이나 반복된다.

사역의 현장에서 다양한 사람과 대인 관계를 해야 하는 것이 리더의 삶이다. 그런데 '거절의 두려움'은 모든 사역의 발목을 잡는다. 소그룹 사역을 감당하는 소그룹 리더가 거절에 대한 두려움을 갖는다는 것은 결코 가볍게 넘길 수 없는 문제이다. 소그룹 사역은 근본적으로 소그룹 멤버들을 초청하는 과정에서부터 시작하기 때문이다. 그런데 그들의 내면에 깊숙이 자리한 '거절의 두려움'이 본능처럼 꿈틀대기 시작하면 사역의 시작 단계부터 삐걱거릴 수밖에 없다. 그러므로 건강한 소그룹을 세우고 인도하기 위해서는 이를 반드시 극복해야 한다.

그렇다면 '거절의 두려움'에 사로잡히지 않고 소그룹 멤버들을 효과적으로 초청하여 소그룹 사역을 지속성 있게 진행하는 방안은 무엇일까?

소그룹 모임에 초청하는 효과적인 방안을 모색하라.
신뢰감 있는 사람들부터 먼저 연락하라.

첫 술에 배부른 인간관계는 없다. 인간관계란 순간적으로 맺어지기도 하지만 대부분 길고 긴 절대시간을 지나는 과정 속에서 깊은 유대감과 신뢰감을 바탕으로 형성된다. 그러므로 너무 조급할 필요가 전혀 없다. 중요한 것은 당장 내가 신뢰할 수 없고 상대방 역시 나를 신뢰하지 못하는 표정을 짓고 있어도 "어느 정도 시간이 지나면 반드시 신뢰가 형성될 것"이라는 기대감을 놓지 않는 것이다.

절대시간을 어느 정도 보낸 후에 신뢰가 바탕이 되면 '이 사람은 나에게 이렇게 반응할 거야. 이 사람은 내 신의를 저버리지 않을 거야.'라는 예측이 가능해진다. 결국 친밀감이 커질수록 서로를 향한 신뢰가 깊어지고 거절의 두려움은 그만큼 약화된다. 그러므로 소그룹 멤버들을 소그룹 모임으로 초청할 때는 리더가 평소 친밀감을 충분히 느껴왔던 사람들을 우선으로 초청하는 것이 좋다. 인도자가 예비 구성원들과 신뢰가 깊어질수록 그들은 소그룹 모임에 응해달라는 리더의 요청을 더 신중하게 고려하게 되어있다.

만남을 통해 초청하라.

이 시대에 보편화 되어있는 SNS를 통한 알림과 소통의 기능 때문에 우리는 빠르게 모임과 사안을 알릴 수 있다. 그러나 메시지의 홍수시대 속에서 SNS는 때때로 소그룹 멤버들을 잃어버리는 도구로 전락하기도 한다. "목사니(님)도 새해 복 많이 받으세요!" 신경 쓰며 메시지를 보냈다고 하지만 이런 오탈자 같은 상황들이 때때로 발생한다.

경험적으로 볼 때 직접 만나서 초청하는 방법이 가장 효과적이다. 만남은 모임의 중요성과 인도자의 성실성을 가장 잘 전달하는 방법이다. 특히 새롭게 편성된 소그룹에서 자리를 잡지 못하고 있는 소그룹 멤버라면 개별적인 만남을 통한 초청이 꼭 필요하다. 그리고 만날 때 "표정이 나의 말이다."라는 것을 인식하면서 친절하고 온유하며 활발하고 열정적인 모습으로 만남을 가져야 한다.

그러나 만남의 과정 속에서 별로 관심이 없는 태도를 보이는 멤버도 있다. 그럴 때는 우격다짐으로 끌고 가지 않고 언제든지 기꺼이 뒤로 물러날 줄도 알아야 한다. 이것이 소탐대실하지 않는 길이다. 임상을 해 보면 역설적으로 목적달성을 위해 마구 당기고 밀어붙이는 것 보다 오히려 적정한 선에서 뒤로 물러나는 것이 리더들이 뜻밖의 열매를 거두는 방법임을 확인하게 된다.

두려움을 사전에 제거하라.

인도자가 두려움에 사로잡히는 것처럼 소그룹 멤버들도 마찬가지로 나름의 두려움을 가지고 있다. 소그룹 멤버들이 모임에 함께 하자는 초청을 받았을 때 느끼는 두려움은 대체적으로 다음과 같은 것들이다.

1) 모임 자체에 대해서 모르기 때문에 생기는 두려움
2) 성경에 대한 자신의 무지가 드러날 것에 대한 두려움
3) 기도나 질문에 대한 대답에 대해 지명 받을 것에 대한 두려움
4) 장시간 참석해야 할 것에 대한 두려움
5) 모임에서 외톨이가 되거나 판단 받게 될 것에 대한 두려움
6) 쫓아가기 힘든 변화에 대한 두려움
7) 이 모임의 인도자나 멤버가 이단에 소속된 것은 아닐까에 대한 두려움
8) 시간과 물질낭비에 대한 두려움
9) 나눔을 통해서 사적인 비밀들이 드러나지 않을까에 대한 두려움
10) 누군가 나를 싫어하면 어떻게 할까에 대한 두려움

인도자들은 적어도 상기한 요소들에 대해 숙지하고 있어야 한다. 혹시 소그룹 멤버들을 모임에 참여하기 어렵게 하는, 그들이 두려워하는 요소가 있다면 미리 알고 제거하려는 노력을 기울여야 한다. 또한 그런 노력들이 일관성 있게 진행되는 것을 실제적으로 보여주기 위해 '우리 소그룹에서 지켜지는 약속'들을 기록하고 나누는 것도 필요하다. 그 때 소그룹 멤버들이 편안함과 안정감을 누리면서 지속적으로 모임에 참여할 수 있다.

두려움을 극복하게 하시는 하나님을 신뢰하라!

이스라엘 역사상 최고의 지도자로 손꼽히는 모세도 자신의 언변이 부족하다고 생각하면서 하나님의 부르심 앞에 두려워했다. 그러나 그 때 하나님께서 모세에게 말씀하셨다. "이제 가라 내가 네 입과 함께 있어서 할 말을 가르치리라(출 4:12)"

하나님은 그가 불러 세우신 소명자들의 부족함을 채우시는 분이시다. 이런 하나님을 신뢰하며 사역을 감당해 나아가야 한다. 건강한 사역을 꿈꾸는 리더들은 더욱 담대한 마음으로 '거절의 두려움'에 사로잡히지 말고 두려움을 극복해야 한다. 소그룹멤버들을 효과적으로 초청하여 소그룹을 역동적으로 이끄는 데 힘을 모으자!

나눔 질문

1. 이스라엘 백성들을 구출하기 위해 하나님이 모세를 바로에게 보내셨을 때 모세는 두려움에 사로잡혔습니다. 내가 만약 모세라면 어떤 두려움을 느꼈을 것 같습니까? 함께 나누어 보십시오.

2. 사역 현장에서 리더들이 다양한 사람들을 대할 때 반드시 겪게 되는 것이 '거절의 두려움'입니다. '거절의 두려움'을 겪었던 경험과 그때의 심정을 나누어 보십시오.

3. '거절의 두려움'을 극복한 나만의 방법이 있다면 함께 나누어 보십시오.

4. 소그룹 구성원들이 모임에 초청받을 때 느끼는 두려움(85쪽)을 읽고 나의 소그룹 구성원들은 어떤 두려움을 가지고 있을지 생각해 보십시오. 그것을 극복할 수 있는 방안을 함께 나누어 보십시오.

10
생수의 근원을
잃어버린 자들을 위한 5대 원칙

"이스라엘의 소망이신 여호와여 무릇 주를 버리는 자는 다 수치를 당할 것이라 무릇 여호와를 떠나는 자는 흙에 기록이 되오리니 이는 생수의 근원이신 여호와를 버림이니이다"

예레미야 17:13

　스마트폰을 분실해 본 적이 있는가? 해외여행 중에 여권을 분실해 본적이 있는가? 하늘이 노랗다 못해 암흑천지가 된다. 스마트폰을 분실하면 딴 생각이 없다. 오직 마음은 잃어버린 곳으로 총알처럼 달려갈 뿐이다. 여권을 분실하면 모든 여행일정은 중단되고 만다.
　그러나 스마트폰(여권)과 하나님을 비교할 수 없음에도 하나님을 잃어버린 자들은 자신이 무엇을 잃은 줄도 모르고, 알아도 다시 찾을 생각조차도 하지 않는다. 하나님을 내팽개친 채 아무렇지도 않게 산다.
　하나님은 지금 어디에 계시는가? 예레미야의 찬송처럼 내 생명의 근원으로, 언제나 내 마음 중심에 살아계셔서 역사하고 계시는가?
　지금 내가 사랑하는 사람들, 또 내가 아는 사람들은 생수의 근원이신 하나님과 어떤 관계에 있는가? 그들은 스마트폰보다 여권보다 더 중요한 생명의 근원이신 하나님을 잃어버리고도 무덤덤하고 있지 않는가? 전국의 교회들이 매년 '생명초청주일'이나 '행복축제', '대각성전도집회'를 준비하는 것은 생수의 근원이신 하나님을 그들이 다시 찾을 수 있도록 하기 위함이다.

많은 사람들이 특별한 전도 집회나 행사 후에 교회에 출석하겠노라고 다짐할 것이다. 관건은 관심을 가지고 우리 교회에 첫 걸음을 하신 분들, 하나님만이 채워 주실 수 있는 영적인 허기를 인정하고 하나님에 대해서 관심을 가지게 된 영혼들을 우리 소그룹이 어떻게 도울 것인가 하는 것이다. 과연 어떻게 해야 할까?

생수의 근원을 찾는 자들을 섬기는 소그룹 사역의 5대 원칙

제1원칙 : 진리의 말씀에 대한 강조

진리를 배우는 것을 강조해야 한다. 일방적으로 진리를 가르치는 소그룹이 아니라, 진리의 말씀인 성경을 함께 나누고 자연스럽게 깨닫는 공동체가 얼마나 소중한가를 보여주는 것이 필요하다. 함께 모일 때 세상 이야기로 모든 시간을 소진시켜 버리는 것이 아니라, 말씀이 우리 삶의 표준인 것을 깨닫게 할 수 있도록 준비하고 그 말씀이 자연스럽게 마음 속에 흘러가도록 하는 것이 필요하다. 결국 세상 모임과 교회 내에서 말씀을 기준으로 모이는 소그룹이 얼마나 차별화 되는가를 보여 주어야 한다.

제2원칙 : 진리를 삶에 적용할 수 있도록 준비시키는 것에 대한 강조

진리의 말씀이 삶 속에 효과적으로 적용될 수 있도록 리더가 본보기를 보여주는 진지한 과정이 필요하다. "하나님은 사랑이시라"

는 것을 설명한 후 그 진리가 삶 속에서 실제적으로 경험되기 위해서는 소그룹 리더와 먼저 믿은 구성원들이 생수의 근원을 찾는 이들에게 그렇게 살고 경험하는 모습을 보여 주는 것이 가장 이상적이다.

"내가 행동하는 대로 따라하지 말고, 내가 말하는 대로만 해"라고 말하는 리더는 0점 리더이다. 진리에 대해 일방적으로 설명만 하는 것이 아니라 그 진리를 시도하고, 시도하는 과정에서 경험했던 것을 나눌 수 있는 리더만큼 좋은 리더는 없다.

제3원칙 : 상호책임에 대한 강조

생수의 근원이신 하나님을 찾을 수 있도록 서로가 가져야 할 책임에 대해 자연스럽고 정확하게 이야기하는 것이 필요하다. 특히 리더가 먼저 생수의 근원을 찾는 이들에게 한 영혼에 대한 무한가치를 가진 마음을 보여 주고 궁극적으로 신뢰하게 만든다면 공동체 내의 상호신뢰지수는 계속 높아지게 될 것이다. 그리고 신뢰받는 리더로서 그들이 수행해야할 상호책임으로 넘어가면 자연스럽게 그 공동체는 더욱 견고한 팀웍을 형성할 수 있다.

제4원칙 : 사명에 대한 강조

교회의 본질은 하나님의 사명을 수행하는 데 있다. 하나님께서 요청하시는 사명은 세상 나라가 하나님의 주관적인 통치하심을 받는 하나님 나라로 변화되어 가는 것이다. 예레미야는 이것을 생수의 근원을 찾지 못하는 이들에게 생수의 근원을 찾을 수 있도록 돕는 것이라고 표현했다. 하나님을 향한 예배의 갈망이 없는 이들에게 예배를 회복하도록 하는 것이 하나님께서 먼저 생수의 근원을 찾는 이들에게 요청하시는 사명(Mission)이다. 이것이 선교

(Mission)이다.

영적 공동체는 이 선교적 사명을 수행하기 위해 세워졌다. 교회 안의 작은 교회인 소그룹이 함께하는 대그룹으로서의 전체 교회와 함께 하나님께서 요청하시는 이 선교적 사명을 수행할 때 성경적인 교회라고 말할 수 있다. 과녁이 흔들리면 절대로 화살은 명중할 수가 없다. 그러므로 "생수의 근원을 잃어버린 자들을 향한 사명 수행"이라는 목표에 초점을 맞추고 우리에게 주신 인적 자원도 물적 자원도 사용해야 하는 것이다.

제5원칙 : 기도와 간구에 대한 강조

4가지 원칙이 강조되고, "생수의 근원을 잃어버린 자들을 향한 사명 수행"이 지속성과 순수성, 전문성과 연대성을 가지기 위해서는 기도와 간구가 반드시 그 전제로 깔려야 한다. 교회는 세상 NGO가 아니라 영성 공동체다. 그러므로 우리 교회의 소그룹이 하나님께서 기대하시고 기뻐하시는 소그룹이 되기 위해서 기도하는 소그룹이 되고, 기도의 효력과 열매를 경험하는 소그룹이 되어야 하는 것은 필수불가결한 전제다. 생수의 근원을 찾는 이들이 하나님을 진정으로 만날 수 있도록 하나님의 영광을 구하고, 그 나라를 구하며, 하나님의 공급하심과 하나님의 용서를 구하고, 마지막으로 하나님의 능력 밖에 의지할 것이 없음을 고백하는 소그룹이 되길 바란다.

나눔 질문

1. 나에게 소중하고 중요한 물건을 잃어버린 적이 있습니까? 그때의 상황과 심정을 함께 나누어 보십시오.

2. 우리는 때때로 교회는 나가지만 생수의 근원이신 예수님과 복음을 잃어버린 사람들을 만나게 됩니다. 이런 사람들에게 소그룹은 어떤 역할을 해줄 수 있겠습니까? 나누어 보십시오.

3. '생수의 근원을 찾는 자들을 섬기는 소그룹 사역의 5대 원칙(90-92쪽)' 중 내가 섬기는 교회의 소그룹에서 특히 더 강조되어야 할 원칙은 무엇이겠습니까? 그 이유를 나누어 보십시오.

4. 주변에 '생수의 근원을 잃어버린 사람'이 있습니까? 그 사람을 위한 기도제목을 나누어 보십시오.

11
새가족을 안착시키는 열린 소그룹의 중요성

"18 그런즉 내 상이 무엇이냐 내가 복음을 전할 때에 값없이 전하고 복음으로 말미암아 내게 있는 권리를 다 쓰지 아니하는 이것이로다 19 내가 모든 사람에게서 자유로우나 스스로 모든 사람에게 종이 된 것은 더 많은 사람을 얻고자 함이라 20 유대인들에게 내가 유대인과 같이 된 것은 유대인들을 얻고자 함이요 율법 아래에 있는 자들에게는 내가 율법 아래에 있지 아니하나 율법 아래에 있는 자 같이 된 것은 율법 아래에 있는 자들을 얻고자 함이요 21 율법 없는 자에게는 내가 하나님께는 율법 없는 자가 아니요 도리어 그리스도의 율법 아래에 있는 자이나 율법 없는 자와 같이 된 것은 율법 없는 자들을 얻고자 함이라 22 약한 자들에게 내가 약한 자와 같이 된 것은 약한 자들을 얻고자 함이요 내가 여러 사람에게 여러 모습이 된 것은 아무쪼록 몇 사람이라도 구원하고자 함이니 23 내가 복음을 위하여 모든 것을 행함은 복음에 참여하고자 함이라"

고린도전서 9:18-23

바울의 인생에 있어서 단 하나의 목적은 '영혼구원'이었다.
바울은 한 영혼이라도 더 얻고자 하는 것, 자신이 만난 영혼들이 구원얻는 것이 인생의 목적이었다. 그래서 자신의 자유를 포기하고 누구에게나 눈높이를 맞추고 다가서고자 하는 열정을 가졌다.

바울은 영혼을 섬기는 목자상을 이렇게 제시하고 있다. 목자는 **"주야장천(晝夜長川) 오직 양떼의 행복을 위해 자신의 간과 쓸개를 십자가 밑에 내려놓고 한길로 달려가는 사람"**이라는 것이다. 그런 의미에서 목자는 정신노동자이며 동시에 육체노동자이다.

영혼 구원의 사명을 가진 목자의 가장 큰 기쁨은 예수 그리스도를 전혀 알지 못하던 사람이 복음을 들어 깨닫고 신앙을 고백해 하나님의 가족이 되도록 하는 것이다. 영혼을 섬기는 목자가 이 세상에서 생존하는 이유는 이 땅에 하나님 나라 백성이 시민이 늘어가는데 있다. 그러므로 목자의 소명을 가진 사람이 살아갈 힘을 얻는 원천은 하나님의 거룩한 부르심 곧 소명(召命)에 있다.

또한 영혼을 섬기는 목자의 힘은 그를 지지하고 격려하고 순종하는 양 무리에게 있다. 교우들의 지지를 받지 않는 목자는 존재할 이유가 사라진다. 목자의 능력은 그가 주인으로 고백하는 예수 그리스도의 복음이다. 복음 자체가 목자의 영원한 에너지가 된다. 목자가 그가 전하는 복음에서 스스로 에너지를 공급받지 못한다면 무엇으로부터 힘을 얻을 수 있겠는가?

자칭 의인이라 하는 반드시 복음을 들어야 할 죄인들이 존재하는 한 목자는 존재의 의미를 갖는다. 목자는 하나님께서 선택하셔서 복음의 메신저로 세워 주셨기에 그 개인의 취향과 기호 그리고 성격의 외향성·내향성과 상관없이 직분을 감당해야 한다. 때로는 박수를 받을 때도 있지만 때로는 복음 때문에 애매한 고난을 당할 때도 있다. 그러나 목자는 그와는 상관없이 메신저의 사명을 묵묵하게 수행해야 한다.

대표적으로 목자로서 목사의 사역을 보자. 목사는 아침에 비통한 마음으로 교우의 장례식을 집례 한다. 슬픈 감정을 채 떨치기도 전에 낮에는 교우들 가정의 경사스런 잔치를 인도해야 한다. 감정의 높낮이를 지혜롭게 다스리지 않으면 정신적으로 힘든 상황을 경험하게 된다. 교회는 십자가의 사랑으로 용서 받은 죄인들의 공동체이기에 백인백색(百人百色)의 현장이기도 하다. 상대의 마음과 형편을 가슴에 담기 위하여 역지사지(易地思之) 힘쓰다 보면 간혹 줏대 없는 인간으로 치부되기도 한다.

목사 가운데 윤리적인 문제로 매스컴을 타는 가슴 아픈 일들이 일어날 때면, 동료 목사들은 깊은 시름에 잠겨 가슴앓이를 한다. 자신을 성찰하는 기회로 삼기를 힘쓰지만 "너도 똑같은 목사 아니냐?"는 주위의 따가운 시선에 고뇌한다. 그러나 목사의 역할모범이었던 사도 바울은 자신의 목자상(牧師像)을 이렇게 고백했다. 본문 19절이다.

"내가 모든 사람에게서 자유로우나 스스로 모든 사람에게 종이 된 것은 더 많은 사람을 얻고자 함이라" - 고린도전서 9:19

 복음을 전하는 메신저로, 영혼을 섬기고 살리는 목자로 부름 받았는가? 그렇다면 그 본분(本分)은 '복음으로 사람의 영혼을 얻음' 그 이상도 이하도 아니다. 그러므로 끊임없이 새롭게 주님 앞으로 돌아오려고 하는 새로운 영혼, 우리 공동체에 처음 들어와서 안착하여 복음으로 성숙하려는 영혼에 대한 관심을 반드시 가져야 하고 그 영혼들에 대한 전략을 가지고 있어야 한다. 그래서 우리 공동체의 새가족이 되려고 하는 영혼들이 보다 쉽게 안착할 수 있도록 열린 소그룹을 지향하는 것은 대단히 중요하다. 그러나 역사가 오래된 교회일수록 새가족에 대한 태도는 그렇게 호의적이지 않다.

새가족의 마음을 얼어붙게 만드는 표현은 멀리 있지 않다.
 라이프웨이 크리스천 리소스(Lifeway Christian Resources)의 톰 레이너(Thom S. Rainer) 박사는 『우리가 교회 안 가는 이유 : 불신자들에게서 듣는 복음 전도의 열쇠』(예수전도단, 2007)과 같은 책에서 우리교회에 처음 나온 새가족들의 마음을 얼어붙게 만드는 말들을 다음과 같이 정리해 준다. 톰 레이너 박사의 말을 한국

교회의 형편에 맞게 재정리 하면 다음과 같은 말이다.

1. "우리 교회 성도처럼 보이지 않으시네요."
이런 말을 한 사람은 아마도 "우리 교회를 처음 방문하셨어요?"라는 뜻으로 했을 것이다. 하지만 그 말을 듣는 사람은 "당신은 우리에게 속하지 않았다. 당신은 우리와 다릅니다."라는 의미로 들을 것이다.

2. "이미 예배가 시작됐습니다."
이 말은 "당신은 예배에 늦었고, 예배에 방해가 되고 있습니다"는 의미로 들린다.

3. "배우자분과 같이 오셨나요?"
이 질문은 "우리 교회는 혼자 오는 사람은 별로 환영하지 않아요."라고 말하는 것과 같다.

4. "우리 교회에서는 그렇게 하지 않아요.(그것은 우리 교회 스타일이 아닙니다.)"
교회마다 예배 방식이 다를 수 있고, 또 모든 행동을 받아들여서는 안 된다. 그러나 예배 중 다양한 방식으로 자신을 표현하려고 하는 것은 나쁜 것이 아니다. 한 새신자가 예배 찬양 중 손을 들고 찬양을 하다가 다른 예배자가 이렇게 말하는 것을 듣고 그 사람은 다시는 그 교회에 나오지 않았다는 이야기를 들었다. 안타까운 일이다.

5. "거기 제자리인데요."

처음 교회를 나온 사람을 가장 무안하게 만드는 말일 수 있다. 그 결과 새가족으로 하여금 그 교회를 자기들끼리의 천국으로 이해할 수밖에 없도록 만든다.

6. "이분 앞으로 지나서 저기 있는 자리에 앉으세요."
이미 앉아 있는 성도들이 빈 자리로 옮겨가게 해야 하는데 극장에서 영화를 보듯이 처음 나온 사람을 무안하게 만드는 것은 결례 중의 결례다.

7. "가족이 다 함께 앉으실 수 있는 자리가 없어요."
교회에 방문했는데 교회 성도들이 이들을 위해 기꺼이 자신의 자리를 양보했다. 이것이 진정한 섬김이 아니겠는가! 나는 예배 중에 그 교회 성도들을 자랑스럽게 소개했다.

8. "혹시 다른 교회 방문해보고 오셨나요?"
인터넷에서 교회를 리서치하는 것은 이제 일상화 되어 있는 현실이다. 새롭게 이사와서 출석교회를 정하기 위해 여러 교회를 방문 중인것도 당연한 일이다. 이 질문을 하는 것도 받는 것도 이상한 일이다.

9. "유아실이 꽉 찼어요."
이 말은 "이 교회에는 당신의 자녀를 위한 자리가 없어요."나 "당신의 자녀는 이 교회에서 제대로 돌봄을 받지 못할 거예요"라는 의미와 같다.

10. "어디 계실 곳이 없지요?"

누구나 예배시간 외에 와서 머물 수 있는 공동의 공간이 없다면 그것 또한 교회를 열린 공간으로 인식하지 못하게 하는 요인이 된다.

부흥의 물꼬를 틀고, 수문을 활짝 열어젖히는 활기차고 역동적인 영적 공동체가 되고 싶은가? 그렇다면 "열린 교회, 열린 소그룹"으로 가야만 한다. 한꺼번에 되지는 않더라도 계속해서 전략적으로 준비해야 하고 추진해야만 한다. 그렇다면 어떻게 해야 이것이 가능할까?

열린 소그룹으로 가는 길 : 열린 분위기와 빈자리를 준비하라.

소그룹은 근본적으로 제자훈련, 사역훈련 등과 같이 어떤 특정한 목적과 강력한 교과과정을 가지고 진행되는 소그룹이 아니다. 그러므로 기본적으로 열린 모임이 되어야만 한다. 입학과 졸업이 있는 제자훈련이나 사역훈련 소그룹이 아니면 언제든지 새로운 사람을 받아들일 수 있는 구조가 되어야 한다. 그러나 지금 우리교회의 소그룹이 보여 주는 현실은 새로운 맴버가 들어오면 불청객 같은 느낌을 주기에 딱 알맞은 분위기가 아닌가?

사실 닫힌 소그룹은 소그룹의 역동성과는 전혀 상관없는 안타까운 소그룹이라고 할 수 있다. 이런 분위기는 겉으로는 잘 드러나지 않는다. 그래서 초기에는 잘 감지할 수 없는 어려움이 있다. 그러나 우리끼리가 너무 좋아서 여기에 만족하는 소그룹은 리더가 인식하지 못하는 사이에 소그룹의 역동성을 조금씩 갉아 먹는다. 이런 모습을 감지하지 못하고 우리만의 교제와 말씀 나눔과 적용에 집중하다 보면 새로운 영혼에 대한 열정과 따뜻한 배려가 사라져 버린 그야말로 우리만의 천국이 되어버린다.

 그러므로 역동적인 소그룹에는 언제나 '열린 자리'가 있어야만 한다. 그래서 소그룹으로 모일 때마다 가능한 실제적으로 빈자리를 두고 소그룹을 진행하는 것도 크게 도움이 될 수 있다. 단순히 기존 멤버들이 모이는 것으로 만족하지 않고 우리에게는 언제나 새로운 변화가 필요하고 처음 우리 공동체에 발을 들여놓은 이들에게 따뜻한 환대와 배려를 통해서 "이 모임에 잘 왔다"는 느낌을 주는 것이 정말 중요하다. 사실 새로운 영혼이 그 그룹에 더해지지 않는다면 새로운 수준의 영적 성장이나 도전을 이루기는 거의 불가능하다. 열린 자리와 빈자리가 없다면, 결국 그 소그룹은 쇠퇴하여 언제인지 모르게 해체되어 있을 것이다. 그렇기 때문에 소그룹 리더들은 열린 자리를 만드는 것의 중요성에 대해서 공감해야 할 뿐 아니라 그 열린 자리를 어떻게 만들고 채워가야 하는가에 대해서 늘 긴장감을 가질 필요가 있다. 관계 네트워크를 형성하고, 아직 그리스도를 모르거나 교회를 나오지 못하고 있는 이들을 소그룹에 초대하고, 환영하고, 그 모임의 일부분으로서 소속감을 갖게 하는 것은 반드시 배워야 할 사역기술이다.
 축도 후 찬양대의 송영이 시작되자마자 쏜살같이 예배당을 빠져나가는 사람들이 있다면 이들에게도 주목해야 한다. 그들이 소그룹에 소속할 수 있도록 열린 자리를 마련하는 것은 무엇보다 중요하다. 그리고 그들이 실제적으로 소그룹에 참여할 수 있도록 초청하는 것은 더 없이 중요하다. 지금 한국 사회는 OECD국가 가운데 가장 믿을만한 친구가 없는 나라로 최근 조사에서 밝혀졌다. <OECD국가 의 '2014 더 나은 삶 지수'(Better Life Index 2014) 발표 자료 참조.>

소그룹 리더들이 지금 섬기는 소그룹에 열린(빈)자리를 마련하고 그 자리에 새로운 사람들을 견인할 수 있고, 들어왔을 때 안착하고 비전을 공유할 수 있는 구조인지 점검하는 것이 필요하다. 그리고 기존의 멤버들이 이런 열린 마음을 얼마나 가지고 있는지 진단하는 것이 필요하다.

새가족들이 보다 쉽게 안착하는 소그룹이 되기 위한 필수요소가 있다.

새가족들은 익명성이 보장되는 전체 예배 속에서는 큰 부담을 느끼지 않지만 서로 얼굴을 마주하고 앉은 소그룹 안에서는 큰 부담을 느낀다. 특히 우리 교회의 신앙생활과 문화에 익숙하지 않은 상황 속에서 자신의 모든 것이 드러난다는 것은 부담이 될 수밖에 없다. 이런 새가족들을 배려하고, 동시에 그 모임에서 자신의 존재가 필요하다는 것을 느끼게 하는 방법은 없을까? 다음의 사안들을 유의하면 큰 도움이 될 수 있다.

대답하기 쉽고 편리한 질문을 하라.

소그룹 구성원들과 친밀해지기까지 가급적 자기 이야기를 하도록 하기보다는 객관적이고 보편적인 이야기를 할 수 있는 질문을 하는 것이 필요하다. 사람은 누구나 자기 자신을 드러내는데 어느 정도의 시간이 걸린다. 그래서 자기를 오픈하기까지는 탐색하는 시간이 필요하다. 사람에 따라 다를 수 있지만 최소한 2-3개월 정도가 필요한 것으로 전문가들은 본다. 이 기간을 거친 이후에라야 서로 신뢰할 수 있다는 생각을 하게 되고, 비로소 마음 문을 열고 자신의 속내를 최소한이라도 털어 놓을 수 있다. 그러므로 조급증을 극복하는 것이 필요한 것이다. 가장 바람직한 것은 본인이 자연스럽게 자기 이야기를 끄집어 낼 때가지 기다려 주는 것이 상책이다.

지적하기보다는 배려하라.

아무리 지적 훈련이 잘되고 세상 경험이 많은 새가족이라도 영적인 세계에 대해서는 초보일 가능성이 크다. 또 다른 영적 공동체에서 신앙생활을 했었다고 하더라도 우리 공동체가 가지고 있는 독특성과 목적, 그리고 목적을 이루어 나가는 방식을 잘 모를 수 있다. 이럴 경우에 상식적인 주제에 대해 똑같은 질문을 반복하거나 초보적인 질문을 할 때에도 언제나 따뜻하게 응답해야 한다. 결국 미숙함을 지적하기보다 격려하고, 이후에 계속해서 동일한 일이 발생할 때에는 개인적인 만남과 영적상담이 이루어질 수 있도록 도와주는 것이 좋다.

얼어붙은 마음을 녹일 수 있는 시간을 가져 보라.

생소한 모임에 들어오면 누구나 그 마음이 얼어 붙어있는 상황(Ice Condition)이 되게 마련이다. 그래서 얼어붙은 마음을 쉽게 깨뜨릴 수 있는 시간(Ice Break Time)을 가져 보라. 처음 소그룹이 출발했을 때 사람들의 닫힌 마음을 쉽게 열어젖힐 수 있었던 '마음열기' 자료를 다시 한 번 활용해도 좋다. 이때는 기존의 멤버들에게 새로운 가족을 위해 실시하는 것이라고 양해를 구하면 좋을 것이다. 그리고 모든 멤버들이 직접적으로 새로운 멤버에 대해 축복하는 메시지를 전하고, 함께 소그룹을 진행하는 동안 새로운 은혜를 부어주시도록 기도하는 시간을 가지면 더욱 좋을 것이다. 첫 만남 속에서 따뜻하게 배려받고 환대받은 깊은 인상이 지속성을 담보할 수 있다.

작은 요청과 필요에도 세심하게 응답하라.

새가족의 신앙과 교회 생활에 대한 아주 작은 건의와 요구사항에도 관심을 가지는 것이 필요하다. 새가족은 말 그대로 영적으로 어린(갓난)아이라고 생각하면 틀림이 없다. 기존 멤버들에게는 너무나 익숙해서 하찮은 것이지만 새로운 환경 속에 들어온 사람은 모든 것이 낯설 수밖에 없다. 그러므로 그들의 작은 요구나 건의사항에도 관심을 가지는 것이 필요하다. 새로운 가족이 들어왔다면 그 소그룹의 멤버는 모두가 영적으로 민감해야 한다.

새가족의 일상 속에 일어나는 특별한 일을 깊은 만남의 접촉점으로 삼으라.

부담이 되지 않는 범위 내에서 본인이나 가족의 특별한 일(경조사)을 챙기면 더 빨리 새가족은 소그룹 안에 쉽게 안착할 수 있다. 새가족 본인에 대한 생일축하 메시지나 주일에 생일 케익을 준비하는 것과 작은 선물을 주는 것, 그리고 그 가족들의 일들에 관심을 가지고 인사나 기도하고 있다는 메시지를 전달하는 것은 영적 소그룹이 세상의 공동체와는 다르다는 것을 느끼게 해줄 것이다.

모든 사람들은 어디에서나 소속되고 싶어 하고, 그 곳에서 신뢰할 수 있는 사람을 만나고 싶어 한다. 이런 욕구들을 가장 잘 충족시킬 수 있는 곳이 바로 성령님과 함께하는 교회 내의 소그룹이다. 앞으로 맞이할 새로운 날들 속에 하나님께서 새롭게 보내 주실 새가족들을 기대하며 새가족들이 쉽게 안착할 수 있는 소그룹이 되도록 꼭 필요한 것들을 다시 한 번 챙겨 보라.

나눔 질문

1. 지금 섬기고 있는 교회와 교회 내 소그룹을 처음 방문했을 때가 언제였는지 기억나십니까? 그때 교회와 소그룹의 첫인상은 어떠했는지 나누어 보십시오.

2. 그래도 지금 교회에 내가 잘 정착해서 리더로 세워질 수 있었던 이유는 무엇이었는지 함께 나누어 보십시오.

3. 지금 섬기는 소그룹이 열린 자리를 마련하고 새가족이 안착할 수 있는 구조로 변화되기 위해 내가 할 수 있는 일을 나누어 보십시오.
· 교회 전체의 변화를 위해 할 수 있는 일 :

· 소그룹의 변화를 위해 할 수 있는 일 :

4. '새가족이 쉽게 안착하는 소그룹이 되기 위한 다섯 가지 필수 요소(102-104쪽)'를 읽고 나에게 가장 와닿는 것 하나를 골라보십시오. 그것을 적용할 구체적인 실천 방안을 한 가지씩 나누어 보십시오.

12
비대면 상황 속에 필요한 소그룹 리더십

"네 하나님 여호와의 명령을 지켜 그의 길을 따라가며 그를 경외할 지니라"

신명기 8:6

우리가 직면한 현실은 새로운 삶의 방법을 불러왔다.
비대면(Un+tact) 속에서의 초연결

2020년 상반기부터 전 세계를 힘들게 한 코로나19는 모든 상황을 뒤집어 놓았다. 모든 것이 불확실한 상황이다. 그중에 가장 눈여겨보아야 할 것은 바로 비대면(Untact)이라는 상황이다.

코로나 이후 비대면은 사회전반(종교, 문화, 교육, 비즈니스, 직장생활, 여행, 의료 등)에 완전히 새로운 상황을 몰고 왔다. 결국 이 엄중한 시대변화에 어떻게 대응하는지가 성장과 쇠퇴의 분기점이 될 것으로 보인다. 이런 의미에서 교회와 신앙생활 영역 역시 절대 예외가 아니다.

사실 비대면 속에서 초연결 상황으로의 변화는 갑자기 일어난 일은 아니다. 매년 11월이면 서울대 소비자학과 교수팀이 이듬해의 사회적 현상을 전망하는 '트렌드코리아'라는 책을 출판한다. 그런데 2017년 말에 '트렌드코리아 2018'을 출판한 당시 생소한 단어인 "언택트(Un+tact)"라는 신조어를 발표했다. 이 단어는 접촉을 뜻하는 컨택트(Contact)와 반대를 뜻하는 언(Un)을 붙인 '접촉하지 않는다'라는 의미의 합성어이다. '언택트'는 사람과 사람 사이의 만남을 대체해 주는 기술이 생활 속에 확산되는 현상을 말한다. 버거킹 같은 매장에서 기계로 메뉴를 주문하거나 은행이나 음식점에 설치된 키오스크, VR(가상현실) 쇼핑, 무인 택배함 '스마일박스' 등이 언택트 속에서 초연결 기술을 활용한 예이다.

현대카드와 현대캐피탈에서 지난 2017-2019년 언택트 서비스를 제공하는 가맹점 15곳의 매출 추이를 분석한 결과, 67억원에서 359억원으로 2년간 약 5배의 성장을 기록한 것으로 나타났다. 이것은 작년까지 주로 2-30대 젊은 층 사이에서 벌어진 일이었기 때문에 50대 이상의 교회 리더십들에게는 생소한 이야기처럼 들렸다. 그러나 코로나19 확산 이후 비대면과 초연결은 가속화 그 자체의 상황을 밟고 있다. 코로나19 확산이 티핑 포인트(Tipping point) 역할을 한 것이다.

비대면 속에서의 초연결 문화 확산의 몇 가지 예를 더 들어보자.
2017년 출현한 카카오뱅크는 온라인 은행이다. 지점점포 하나 없이 온라인으로 운영되는 이 은행이 개점 1년 만에 680만 명의 가입자를 기록하더니 2018년에는 1,000만 명을 넘기고 작년 말에는 1,128만 명까지 기록했다. 은행구좌를 개설할 수 있는 인구 4,400만 명 중 26%가 눈에 보이지 않는 이 은행을 이용하고 있다.

방탄소년단(BTS)은 2018년 6월부터 2020년 2월 말까지 네 곡의 앨범을 미국 빌보드차트 1위에 올려놓았다. 모든 노래는 돈을 들여 광고를 제작하지 않았고 단지 노래하는 동영상을 찍어 유튜브에 올린 것이 전부였다. 그런데 ARMY라는 1,000만 명이 넘는 팬클럽이 자발적으로 온라인 마케터가 되어 전 세계에 BTS 노래를 퍼 나르고 즐기고 있는 것이다. 세종대왕 이후에 이렇게 많은 사람들에게 한글을 전파한 영웅은 없는 것이 문화계의 중론이다.

2017년 온라인 게임의 월드컵이라 불리는 롤드컵 결승전이 중국 상해에서 열렸다. 마침 한국 팀끼리 결승전을 치루게 되었는데 이 때 전 세계 시청자 수는 놀랍게도 8,000만 명이나 되었다. 그 해 겨울 평창에서 열렸던 동계올림픽 개막식의 전 세계 시청자 수가 1,000만 명인 점을 생각하면 롤드컵이라는 e스포츠가 어느 정도의 열기와 인기를 가지고 있었는지 짐작할 수 있다. 어떤 대학생이 이 결승전을 시청하고 있는데, 아버지가 방에 들어오시더니 "이제는 게임을 하다하다 TV 중계까지 보냐? 도대체 뭐가 되려고 그러냐?" 하고 말했다. 그러더니 아버지는 거실에서 유럽 프리미어 축구를 보셨다는 이야기가 있다. 이정도 되면 축구는 스포츠이고 게임은 마약이란 이야기는 하기 어려워진다. 앞으로 비대면 속에서 초연결로 이렇게 게임을 즐기는 세대가 다음 세대 비대면 세계를 끌고 갈 주역이 될 것이 분명하다.

비대면 속에서의 초연결 문화가 코로나 이전 어디까지 진행됐는지 단면적으로 보여주는 지표가 하나 있다. 세계 경제를 이끌어가고 있는 주요 기업의 비즈니스 유형이다. 영국의 회계컨설팅 회사인 PWC가 2019년에 발표한 자료에 따르면 마이크로소프트, 애플,

아마존, 구글, 페이스북, 알리바바, 텐센트 이렇게 전 세계 10대 기업 중 무려 7개의 기업이 비대면 비즈니스를 하는 기업이다. 결국 코로나 이전부터 세계는 이미 비대면으로 가고 있는 중이었고, 코로나가 비대면을 적극적으로 확대 심화시킨 것이다.

대세 모바일(Mobile)

대한민국 국민들은 휴식을 취할 때 무엇을 할까? 대다수가 스마트폰을 보며(92%), 심지어는 누워서 잠들기 전까지 스마트폰을 보는 경우가 87%라고 한다. 2019년 한국 언론 진흥재단에서 '언론수용자 의식조사'를 발표한 결과 미디어별 이용률은 34%에서 47%로 크게 성장한 수치를 보인다.

최근세 2020년 한국기독교목회자협의회에서 개신교인들을 대상으로 실시한 '코로나19의 한국 교회 영향도 조사'에서 주일에 집에서 온라인 또는 방송으로 예배를 드린 사람을 대상으로 이용 매체를 질문한 결과, 모바일 이용률이 41%로 PC(33%)와 TV(26%)를 넘어선 것으로 나타났다. '모바일 미디어 시대'가 도래한 것이다. 이미 모바일로 찬양하고, 모바일을 통해서 함께 기도하고, 모바일로 말씀 듣고, 모바일로 헌금하는 '모바일 크리스천'이 생겨나기 시작했는데 코로나19가 이를 크게 확산시킨 계기가 된 것이다.

최재붕 교수는 자신의 저서 '포노 사피엔스'에서 이렇게 말한다. "2007년 아이폰이 등장한 이후 10년 만에 전 세계 40% 인구인 36억 명이 스마트폰을 사용하게 되었다. 스마트폰은 '새로운 문명의 탄생'이다." 인간에게 스마트폰은 뇌이자 손이 되어 버렸기 때문에 최재봉 교수는 이 새로운 문명을 이해하느냐의 여부에 따라 앞으로 전개될 4차 산업혁명 시대에 살아남을 수 있느냐 없느냐의 명운이 달려 있다고 말한다.

※참고할 책 : 이 글은『포노 사피엔스』(최재붕, 쌤앤파커스, 2019)의 내용을 일부 발췌 및 참고하여 작성되었습니다.

이런 상황에서 과연 주님의 교회는 그리고 주님의 몸인 교회의 리더들은 어떤 목표와 방향을 설정하고 움직여 가야할 것인가?

말씀의 절대적 가치를 어떻게 효과적으로 전달할 것인가?

현재의 상황은 분명히 한국 교회에게 메시지를 준다. 예배, 교육, 행정, 소통, 구제 등 목회활동 전반에 걸쳐 기존의 오프라인 사역으로는 안 된다는 것이다. 판이 바뀌었다.

구약성경의 역사서가 오늘날 성도들에게 주는 중요한 역사적 교훈이 있다. 주전 586년 바벨론의 느부갓네살 왕에 의해서 남유다왕국이 완전히 멸망당한 이후 이스라엘 백성들은 뿔뿔이 흩어져서 흩어진 유대 공동체인 디아스포라를 중심으로 신앙과 문화를 이어갔다. 중요한 역사적 사실은 이것이다. 이스라엘은 바벨론 포로 이전까지 예루살렘 성전이라는 공간중심의 신앙생활을 했다. 그러나 바벨론 포로 이후 이스라엘은 하나님의 율법책을 가지고 어느 지역에서 모이든 율법책을 읽고 암송하는 방식으로 신앙생활과 그들의 문화를 유지해 나갔다. 결국 성전 중심의 공간종교에서 말씀내용 중심의 시간종교로 이전한 것이다.

본문에 기록된 "네 하나님 여호와의 명령을 지켜 그의 길을 따라가며 그를 경외할지니라(신명기 8:6)"는 본질적 책무를 계속 유지하되 방식을 달리한 것이다. 환경이 바뀌었다고 해서 이스라엘 백성들은 '쉐마'로 알려진 하나님의 율법을 놓치지 않으면서도 그 말씀이 효과적으로 전달될 수 있는 방안을 지혜롭게 선택했다.

여기서 교회의 리더들은 분명한 인사이트를 얻어야만 한다. 성도들과 미래세대 성도들에게 언택트와 모바일, 그리고 "주머 세대"(Zoomer, 줌을 쓰는 세대)로 대표되는 코로나19와 코로나19 이후 시대에 어떻게 온 정성을 다해 영원히 붙들고 전수되어야 할 진리의 말씀을 효과적으로 전달할 것인가?

이런 상황 속에서 적어도 리더들은 다음과 같은 열린 사고가 필요하다.

멀티미디어적 사역 확장성에 대한 이해
교회에서 진행되는 모든 사역인 예배, 교제, 교육, 봉사, 전도, 선교 등의 모든 영역에서 행해지는 설교, 특강, 기도, 찬양, 소그룹 모임(주일학교 공과공부 포함) 섬김과 나눔은 디지털을 매개로 언제든지 모든 자료들을 연결시킬 수 있다. 이것을 염두에 둘 필요가 있다.

시간과 지역을 뛰어넘는 연속성에 대한 이해
디지털은 우리로 하여금 과거와 현재의 연속성, 공간의 연속성을 가능하게 만들었다. 그렇다면 이것을 어떻게 하면 효과적으로 활용할 것인가가 우리의 과제이다. '물리적으로 같은 장소에 있는 것'보다, '함께 참석하는 것으로 인식되는 것'이 결정적인 특징이 되어가고 있다.

열려있는 접근가능성에 대한 사역 이해
좋은 컨텐츠와 메시지는 언제든지 전(全) 지구적인 관심을 받을 수 있다. 이 사실을 기억하며 사역 컨텐츠를 정교하게 작성하고 열린 플랫폼에 올릴 필요가 있다.

한 예로 한성교회 금요예배 찬양은 2020년 가을 현재 한국교회의 컨텐츠 가운데 유튜브에서 국내외적으로 가장 많은 팔로우를 자랑한다. 1억명 이상이 이 찬양 콘텐츠를 보았으며, 온라인 동영상 시청시간은 1일 평균 1시간 38분이라고 한다. 기도와 찬송이 디지털 현장에서 전(全) 세계적으로, 우리의 선교대상인 극단적 무슬림에게까지 효과적으로 뻗어나가는 현실이다. 결국 말씀의 본질을 담고 디지털 상황에 최적화된 컨텐츠가 전부인 상황이 된 것이다.

그러나 이런 상황 속에서도 결코 놓칠 수 없는 것이 있다. 아무리 디지털 미디어가 발전하고 그 속에 말씀의 본질을 담는다고 하더라도 분명 한계가 있는 키(Key) 요소가 있다. 결국 디지털 미디어를 활용하여 성도들과 비그리스도인들에게 다가서는 리더의 영성과 도덕성이 신뢰를 받고 있는가가 관건이다. 특히 대그룹을 전제로 하는 예배나 강의와 달리 근본적으로 대화를 통한 관계성에 기반하고 있는 소그룹은 더더욱 리더의 신뢰성이 중요하다. 그러므로 소그룹 리더는 적어도 다음과 같은 요소들을 꼭 점검해야만 한다.

디지털 상황 속에서 신뢰받는 소그룹 리더가 되기 위해 무엇을 준비해야 하는가?

친밀함을 추구하라.

통계청이 최근 발표한 '2019 한국의 사회지표'에 따르면 우리나라 국민의 21%가 '외롭다'고 응답했다. 우리나라 국민 5명 중 1명은 '외롭다'고 느끼는 것이다. 이것은 1년 전(16%)보다 5% 상승한 결과이다. 코로나19 이후 이 지수는 좀 더 상승했을 것이 분명하다.

아무리 원격과 화면으로 거리를 좁힐 수 있다고 해도 소그룹 친밀함을 위해서는 소그룹 리더가 구성원들과 먼저 직접적이고 진심 어린 대화를 해야 한다. 이것은 아무리 강조해도 지나치지 않다.

특히 표정이 중요한데 멤버들이 리더를 상대에 대한 존중, 호기심, 겸손의 태도를 늘 가지고 있는 사람이라고 인정하면 온라인 대화는 분명 폭발적인 효과를 볼 것이다. 그러므로 물리적 친밀성에 기반해 디지털 미디어를 효과적으로 활용하여 정신적, 감정적 가까움을 추구하는 것은 신뢰를 형성하기 위해 꼭 필요한 것이라고 말할 수 있다.

상호작용을 기억하라.

다양한 쌍방향 도구들이 있지만 여전히 우리 공동체 안에는 디지털 소외감을 느끼는 멤버가 있을 수밖에 없다. 그러므로 다양한 화상대화가 가능한 디지털미디어 상황이어도 상호작용성이 떨어지는 이들에게는 반드시 직접적인 대화와 섬김이 필요하다는 것을 잊지 말아야 한다.

참여를 유도하라.

온라인으로 소그룹이 전환되면 소그룹 멤버들은 자연스럽게 모든 것을 리더에게 의존할 가능성이 커진다. 보이지 않는 상황에서 더 많은 역할을 주지 않으면 소그룹에 대한 헌신과 애정이 줄어들 수밖에 없다. 따라서 모임에서처럼 온라인으로 모일 때에도 멤버들을 위해 찬양, 기도의 순서 또는 영상을 통해 소그룹에 보여줄 좋은 볼거리들을 각각의 멤버들에게 준비하게 할 필요가 있다. 그러나 미디어를 활용한다고 해서 자기 의도를 지나치게 강조하는 것은 주의를 줄 필요가 있다.

명확한 목표제시

 현장과 온라인 모임으로 더 편한 분위기에서 쉽게 모이는 그룹이 되더라도 항상 모임의 목적은 명확히 제시해야 한다. 왜 모임시간을 가지는가? 모일 때마다 무엇을 할 것인가? 이에 대한 가이드라인을 확실하게 제시하는 것이 필요하다. 그래야만 제한된 시간에 효과적으로 모일 수 있다.

예민한 영성이 필요하다!

 절대로 변질시키지 말아야 할 본질과 언제든지 변화시켜도 좋을 비본질적인 것을 구별할 수 있는 예민한 영성은 비대면이 심화되고 있는 상황에서 절대적으로 필요한 요소다.

나눔 질문

1. 코로나19 이후 비대면(Untact)이 일상이 되면서 내가 경험한 독특한 비대면 상황이 있다면 어떤 것이 있었는지 함께 나누어 보십시오.

2. 소그룹 리더로서 사역을 하는 가운데 내가 경험한 비대면(Untact) 사역에는 어떤 것이 있었는지 나누어 보십시오.

3. 코로나19로 인해 소그룹 모임마저 모이기 힘든 현실 속에서 서로의 친밀함을 형성하고 유지하기 위해 내가 무엇을 할 수 있을지 나누어 보십시오.

4. 소그룹이 온라인으로 진행된다고 가정해보고 소그룹 리더가 모임을 위해 준비해야 할 것에는 무엇이 있을지 생각나는 대로 적어 보고 나누어 보십시오.

5. 온라인 소그룹을 인도해야 할 리더에게 요구되는 자질을 본문 113-115쪽을 참고하여 함께 나누어 보십시오.

"리더에게는 절대로 변질시키지 말아야할 본질과
언제든지 변화시켜도 좋을 비본질적인 것을 구별할 수 있는
예민한 영성이 절대적으로 필요하다."

13
소그룹 내에서 끊임없이 잠재적인 리더를 발굴하고 세우는 리더

"15 이 모든 일에 전심 전력하여 너의 성숙함을 모든 사람에게 나타나게 하라 16 네가 네 자신과 가르침을 살펴 이 일을 계속하라 이것을 행함으로 네 자신강과 네게 듣는 자를 구원하리라"

디모데전서 4:15-16

    리콴유(李光耀, 이광요)는 1963년 말 말레이시아 연합정부에서 독립한 싱가포르 독립정부 초대 총리가 되어 26년간 총리로 일했다. 작은 도시국가인 싱가포르를 세계적인 금융·물류의 중심지로 발전시켰고, 청렴한 정부를 갖는데 기여해서 '싱가포르 건국의 아버지'라고 불리는 인물이다. 지금 싱가포르는 세계최고의 관광국이다. 1972년에 처음으로 그는 싱가포르를 관광지로 개발하려는 계획을 세운다. 관광청에서 보고서를 만들어 그에게 보냈는데 처음 내용은 이러했다. "중국에는 만리장성과 진시황릉이 있습니다. 이집트에는 피라미드가, 일본에는 후지산이 있습니다. 그러나 싱가포르에는 이렇다 할 유적이나 명소가 없고 1년 내내 햇볕만 내리쬐니 관광 산업은 발전하기 어렵습니다." 이 보고서에 대해서 이광요의 답변서는 다음과 같다. "하늘이 우리에게 많은 것을 주었군요. 햇볕이면 충분합니다." 싱가포르의 최대 장점인 햇볕을 활용하라는 뜻이다. 관광청 직원들은 연중 내리쬐는 태양 아래서 각종 나무와 꽃을 가꾸어 '보타닉 가든(Botanic Gardens)', '주롱 새공원(Jurong Bird Park)' 등 명소를 만들었다. 그 결과 싱가포르는 아름다운 원예 국가이자 세계에서 관광 수입이 다섯 번째로 많은 나라가 되었다.

리더가 보는 눈은 다르다. 또 달라야 한다. 현실 너머의 것을 볼 수 있어야 진정한 리더다. 현실은 늘 불가능하다고 말하지만 리더는 불가능 속에 감춰진 가능성을 볼 줄 알아야 한다. 그러나 리더가 가능성을 보기만 해서는 곤란하다.

자기가 본 것을 구성원들에게 설득시켜야 한다. 구성원을 설득시키기 위해서는 먼저 자기 자신이 설득되어야 한다. 자기 자신을 설득하지 못하면 아무리 위대한 생각을 하였어도 공상에 그치고 만다. 자기 자신을 설득하고 자기에게 보여주는 것을 비전이라고 한다. 그 확신을 함께 하는 사람들에게 보여주는 것이 '비전제시'다. 구성원들에게, 함께 동역하는 이들에게 구체적이고 설득력 있게 제시된 비전을 이루는 힘은 추진력이다. 따라서 리더가 갖추어야 할 기본 소양은 설득력과 추진력인 것이다. 방향을 보았다면 그 방향을 구성원들에게 이해시키고 그 방향을 향하여 과감하게 전진해야 한다. 그리고 리더에게 중요한 것은 이것이 자신이 활동하는 당대에 그치는 것이 아니라 그 다음 세대로 이어지게 하는 것이다.

성경은 이 사실을 증명해 주는 하나님의 말씀이다. 성경은 수많은 곳에서 영적 리더의 자질에 대해서 언급하고 있다. 바울이 디모데에게 보낸 편지인 <디모데전서>에서도 확인된다. 특히 <디모데전서 4:15-16>에서는 영적 리더로서 가져야 할 두 가지 중요한 행동이 발견된다.

첫째, <15절>에서는 영적 리더로서 성숙한 품격을 최대한 지키고 유지하라는 것이다. 그러기 위해서는 <13절>에서 "읽는 것과 권하는 것과 가르치는 것에 전념해야 한다"고 권면한다.

둘째는 <16절>에 자신을 뛰어넘어 구원의 역사가 계속 일어나고 확장되도록 해야 한다. 그러기 위해서는 자신의 가르침을 살펴 가르치는 일을 계속 이어지도록 해야 한다. 구원의 가르침이 계속 이어지도록 해야 한다.

어떻게 구원의 가르침이 계속 이어질 수 있도록 할 수 있을까? 자신과 같은 리더의 자질을 가진 새로운 리더를 재생산 하는 것이다. 그렇게 할 때 계속해서 우리가 가진 하나님 나라와 복음을 위한 뜨거운 열정은 더 불타오르게 될 것이고, 또 계속해서 이어질 것이다. 그리고 그 결과와 열매는 상상할 수 없이 하나님께서 영광받으시는 상황으로 나타나게 될 것이 틀림없다.

그렇다면 우리와 함께 하는 이들 가운데 영적 리더로, 특별히 소그룹 리더로 세울만한 자질을 갖춘 사람은 어떤 사람일까?

총 16가지 자질을 제시해 보고자 한다. 이 16가지 자질은 사실 이미 리더로 섬기고 있는 우리 자신을 점검하는 기준으로도 활용될 수 있다. 그리고 우리 주변에 있는 이들 가운데 특히 소그룹내에서 이런 자질을 갖추고 있는 사람들이라면 우리가 권면하고 적극적인 동기부여를 해서 리더로 세워야할 동역자들이다. 그러나 한 가지 유의할 사실은 이 모든 자질을 갖춘 완벽한 리더는 없다는 것이다. 단지 이 기준을 따라 살려고 몸부림치는 우리 자신과 또 그런 이들을 살펴내는 것이 중요하다는 것을 잊지 마라.

1. 훈련

리더는 훈련된 사람이어야 하고, 훈련하는 사람이어야 한다. 그리고 더욱 중요한 것은 훈련받는 사람이어야 한다. 스스로 게으르고 무질서함을 벗어나려는 끝없는 훈련을 할 뿐 아니라, 다른 사람들로부터의 도움을 받는 훈련도 해야 한다. 이 글을 읽고 있는 당신은 말씀으로 훈련된 리더이며, 훈련받기를 소원하는가?

2. 비전

리더는 통찰력이 있어야 한다. 리더는 현상유지만 하는 사람이 아니라 현재를 넘어 다음 시대를 생각하는 사람이다. 그래서 공동체에 희망을 제시할 줄 알아야 한다. 자신이 몸담고 있는 공동체에 비전과 희망을 제시는 사람인가?

3. 지혜

자신의 지식을 잘 활용하여 분별하고 판단하는 능력이 지혜이다. 영적이고 도덕적인 부분에 대해 바른 판단을 내릴 수 있어야만 공동체를 바른 방향으로 이끌 수 있다. 지식을 쌓기 위해 노력하며, 이를 토대로 공동체의 난제들을 분별하는 일을 제대로 할 수 있는 지혜의 소양이 있는가?

4. 결단력

리더는 지혜롭게 사리분별을 하는데 멈추지 말고 그 분별에 걸맞는 결단과 행동을 보일수 있어야 한다. 행동이 반드시 성공으로 이어지진 않는다. 실패 또한 감수할 수 있는 결단력이 필요하다. 결단력있게 계획들을 진행할 수 있는 소양을 갖추고 있는가?

5. 용기

용기가 없는 리더는 결단할 수도, 다른 사람을 그 결단에 따르게도 하지 못한다. 두려움이 없는 사람이 용기 있는 것이 아니라, 두렵고 불쾌해도 사명을 위해 노력을 지속하는 사람이 용기 있는 사람이다. 선한 일을 하며 용기를 잃지 않는 사람인가?

6. 겸손

겸손이 없다면 리더의 결단력과 용기는 과욕과 맹신으로 타인에 대한 강요와 폭력이 될 수 있다. 자신이 하나님의 종이며 공동체를 섬긴다는 겸손을 잃어버려서는 안된다. 하나님의 일을 할 때 받는 다른 사람의 인정과 칭찬이 없어도, 또 있다고 하더라도 자기만족에 휩싸이지 않고 지속성있게 자신에게 맡겨진 일을 진행하는 사람인가?

7. 순전함과 성실함

리더는 하나님과 사람 앞에 순전함을 지켜야 한다. 자신의 성공과 실패를 위장하지 않고 순전히 드러낼 수 있어야 한다. 아울러 성실함으로 다른 사람 앞에 변치 않는 인격을 보여야 한다. 자신의 부족함을 솔직히 드러내면서도, 그 부족함을 극복하기 위해 성실하게 노력하는 성향을 가지고 있는가?

8. 유머감각

건전한 유머는 공동체의 긴장을 완화하고, 어려운 상황을 헤쳐나갈 힘을 준다. 이는 단순한 즐거움 이상의 가치가 있다. 사람들을 기쁘게 하려는 의지를 가지고 있는가?

9. 의분과 배려

불의한 것을 보고 의로운 분노를 품을 줄 아는 리더는 약한 자를 사랑하고 하나님을 두려워 하는 사람이다. 공동체 안에 소외된 사람들을 위해 항상 긴장감을 가지고 행동하며 배려하는 편인가?

10. 인내

자신의 감정은 자제하며, 다른 사람을 이끌 때 다그치기보다는 천천히 설득하며 이끌 수 있는 것이 리더에게 필요하다. 여러 문제들 앞에서 분명히 열정은 가지고 있지만 냉정을 잃지 않는 차분함이 있는가?

11. 우정

지도자는 군계일학이 아니라 다른 사람의 친구가 되어야 한다. 공동체 지체들의 좋은 친구가 되기 위해 스스로 애를 쓰고 있는까?

12. 순발력

리더에게는 여러 경우의 사건들과 상황들이 일어날 수 있는 공동체 내에서 공동체의 비전이 흐트러지지 않도록 적절한 말과 행동을 할 수 있는 순발력이 필요하다. 같은 말이라도 말을 하는 시기와 형태에 따라 전혀 다른 반응을 이끌어 낸다. 재치와 순발력을 가지고 말하는 사람들을 보며 늘 배우고 실제로 그렇게 하기 위해 애를 쓰고 있는가?

13. 감화력

리더는 말로만 영향을 끼치는 것이 아니라 자신의 삶으로 다른 사람을 설득해야 한다. 오래 기다린다고 해서 공동체가 바뀌는 것이 아니라, 오랜 기다림 속에 자신의 제자된 삶을 보여주는 것이 바로 비결이 된다. 말이 아니라 삶에 감명을 받고 있다는 평가를 듣고 있는가?

14. 행정적인 능력

영적인 리더라 할지라도 영혼의 세계에서 사는 것이 아니라 이 땅에 두발을 디디고 있다. 공동체 역시 마찬가지다. 그들의 현실적인 필요를 채우고 관리하는 행정적인 능력은 영적인 일을 효과적으로 감당하기 위한 기반이 된다. 스스로는 행정적인 능력이 부족할 수 있다. 그 때는 행정력이 있는 사람을 동역자로 세워 함께 공동체의 목적을 달성할 수 있다. 그런 동역자가 주변에서 격려하는 사람인가?

15. 경청하기

리더십이 성숙할수록 말하기 보다 듣기를 많이 해야 한다. 오래 들어준 후에 던지는 한 마디의 말이 사람을 바꾼다. 말하는 시간과 듣는 시간의 비율을 따졌을 때 경청하는 사람이라는 평가를 받고 있는가?

16. 메시지 쓰는 기술

현대 사회에 더욱 필요한 기술이다. 모든 말을 입으로, 설교로만 할 수 없다. 필요한 문자 한마디, 메시지 한 줄이 더 오래 사람의 마음에 남는다. 한 줄 짧은 메시지에 온 마음 담아 보내는 능력이 있는가?

이상 총 16가지의 리더의 자질에 대해서 살펴보았다. 다시 말하지만 모든 자질을 다 갖춘 사람은 없다. 그러나 그 자질이 발전하고 강화되는 사람은 있다. 스스로를 돌아볼 때 어떤 자질이 강화되고 있는가? 남은 시간 동안 더 갖추고자 노력할 자질은 무엇인가? 그리고 주변에 그런 사람들을 보았다면 어떤 사람인가? 늘 스스로를 점검하며 좋은 리더가 되기를 바란다. 동시에 그런 사람을 눈여겨 보고 리더로 세워주기를 바란다.

나눔 질문

1. 나에게 처음 소그룹 리더를 제안했던 분은 누구였습니까? 그 제안을 받았을 때의 느낌을 나누어 보십시오.

2. 16가지 리더의 자질 중 내가 가장 강한 점 한 가지를 꼽는다면 무엇인지 그 이유와 함께 나누어 보십시오.

3. 16가지 리더의 자질 중 내가 가장 약한 점 한 가지를 꼽는다면 무엇인지 그 이유와 함께 나누어 보십시오.

4. 리더로서 나의 약점을 보완하기 위해 내가 하고 있는 것 또는 내가 할 수 있는 것은 무엇이 있을지 나누어 보십시오.

5. 우리 교회나 지금 섬기는 소그룹에서 앞으로 소그룹 리더로 세울만한 자질을 갖춘 사람을 한 명 떠올려 보고, 그 사람을 리더로 세우기 위해 내가 해야 할 일을 나누어 보십시오.

14
변화의 위기를 기회로 삼는 리더

"너희 마음에 그리스도를 주로 삼아 거룩하게 하고 너희 속에 있는 소망에 관한 이유를 묻는 자에게는 대답할 것을 항상 준비하되 온유와 두려움으로 하고"

베드로전서 3:15

소그룹 리더는 날마다 새 소망을 보여주는 사람이다.

하나님의 자녀는 아무리 힘들고 어려운 상황 속에서도 소망을 잃지 않는 사람이다. 그리고 어두움 속에서 힘겨워하는 이들을 향해 그 빛의 광도가 어떠하든 소망의 빛을 늘 발하고 새로운 대안을 제시하는 정체성을 가진다. 어느 시대나 극심한 변화들과 어려움은 있기 마련이다. 그래서 사도 베드로는 오늘 본문에서 "너희 속에 있는 소망에 관한 이유를 묻는 자에게는 대답할 것을 항상 준비하라"고 강력하게 권고하고 있다. 그러므로 어떤 위기와 극심한 변화 속에서도 흔들리지 않고 그 변화와 위기를 기회로 삼는 사람이 바로 성도요 주님의 교회라고 말할 수 있다.

어려운 시기를 어떻게 보낼 것인가?

코로나19로 전 세계와 한국 교회가 끔찍한 시간을 보내고 있다. 그런데 이 위기는 새로운 성숙과 발전의 기회가 될 수 있다. 역사적 실례가 있다. 1665-6년 페스트(페스트균의 감염에 의하여 일어나는 급성 감염병)가 영국 런던을 덮쳤다. 당시 런던 인구 46만명 중 16퍼센트인 7만 5000명이 페스트에 희생되었다.

이 때 케임브리지 대학교를 다니던 스물세 살의 청년 아이작 뉴턴이라는 인물이 등장한다. 캠퍼스가 문을 닫았기 때문에 뉴턴은 어쩔 수 없이 낙향하여 절망의 시기를 보낸다. 그런데 그 엄혹한 기간 동안 뉴턴은 고향집에서 생각의 힘을 키운다. 매일 날밤을 새면서 생각하고 또 생각하는 시간을 가진다. 그 과정에서 문명사적 3대 발견인 만유인력의 법칙과 미적분 원리, 그리고 빛의 신비를 발견하게 된다.(아널드 브로디,「인류사를 바꾼 위대한 과학」참조)' 과학계에서는 이 시기를 라틴어로 '아누스 미라빌리스'(Annus Mirabilis)라고 하는 '기적의 해'라고 부른다. 역사적으로 가장 끔찍한 해인 '아누스 호리빌리스'(Annus Horribilis)가 될 수 있었던 시기에 기적이 일어난 것이다.

인류는 코로나19로 한 번도 경험해보지 못한 끔찍한 경험들을 하는 중이다. 이 시기는 이후 우리에게 '아누스 미라빌리스'(기적의 해)가 될 수도 있고 '아누스 호리빌리스'(끔찍한 해)로 기억될 수도 있다.

주님의 교회는 하늘 문을 열어 놓고 하늘 지혜를 받아 살아가는 독특한 공동체이다. 사방이 코로나19로 꽉 막힌 것 같지만 희망 공동체인 교회는 하늘의 지혜로 새로운 길을 열어 가며, 소망을 잃어버린 우리 사회가 기적을 경험하며 살아갈 수 있는 창의적인 방법을 제시할 수 있다.

끔찍한 위기상황이지만 한국 교회가 깊이 기도하는 가운데 순간순간 하늘의 지혜를 받고, 주어진 시간 속에서 서로 마음을 합하여 이웃사랑을 실천하고 온전한 섬김을 다한다면 지금 우리가 경험하는 위기는 오히려 성숙과 발전의 기회가 되고, 한국 교회는 소망의 그루터기로 다시 자리매김 하게 될 것이라 믿어 의심치 않는다.

※ 참고영상
2020.08.28 CBS논평
"위기를 기회로 삼는 소망의 그루터기"

QR코드 촬영 시
Youtube로 연결

변화의 어려움을 기회로 삼는 7가지 방법

대면예배 금지라는 사상 초유의 위기와 변화된 상황 앞에서 공동체 모임을 중시하는 교회로서는 당황할 수밖에 없게 되었다. 당장 사역에 큰 차질이 생겨 어려움을 겪는 곳도 많다. 이처럼 아무것도 할 수 없는 것처럼 보이는 상황에서 소그룹의 리더로서 우리가 해야 할 일은 무엇일까? 어려운 상황 속에서 하반기 사역을 시작하며 주님의 교회를 건강하게 세우고 한 영혼을 목자의 심정으로 돌보는 소그룹 리더는 적어도 다음과 같은 일들을 수행해야 한다.

첫째, 나의 건강 지키기

리더로서 감염병과 같은 질병에 노출되지 않도록 철저히 주의해야 한다. 크리스천 리더의 기본은 희생과 헌신을 운운하기 전에 먼저 남에게 피해를 주지 않아야 한다. 리더의 부주의로 타인에게 폐를 끼치거나 손가락질을 당하지 않도록 하는 것은 기본 중의 기본이다.

둘째, 미래 준비하기

그동안 정말 중요하지만 긴급하지 않아서 하지 못했던 일들을 정리해 보아야 한다. 코로나19와 같이 모든 것이 정지된 상황은 미루었던 중요한 일들을 해 낼 수 있는 절호의 기회이다. 구체적인 계획 없이 흐지부지 보내는 시간은 낭비가 되고, 결국에는 허무함과 허탈함 그리고 스트레스만 남긴다. 잉여시간에 무엇을 그리고 어떻게 할 지 계획을 세우고 그것을 실천함으로 누릴 수 있는 기쁨을 맛보는 것이 필요하다.

하나님의 지혜와 은사를 받은 사람들은 위기는 늘 빠져나갈 수 있는 터널이라 생각하고 언젠가는 이 어두움의 터널을 빠져나갈 때가 반드시 올 것이라고 본다. 그 사실을 믿고 기도한다. 그러므로 미래를 미리 예측하고 면밀히 준비해야 할 필요가 있다. 이를 위해 먼저 위기 이후의 세계가 어떤 모습으로 재편될 것인지 유의해서 살펴보고 미래에 필요한 것을 준비하는 것이 진정한 리더다.

셋째, 하나 됨을 위해 앞장서기

모두가 어려운 때에 하나됨을 위하여 철저히 노력해야 한다. 언제나 싸움의 대상은 위기를 가져온 원인이지 사람이 아니다. 어떤 상황을 맞이하든지 동료를 향한 비난은 무의미하고 비전투 손실에 불과하다. 오히려 서로에게 힘과 용기가 되고, 위로와 격려가 되도록 하는 것이 바람직하다. 위기를 하나가 되는 기회로 삼아서 평안과 은혜를 누리는 것이 지혜다.

넷째, 복음 전하기

때를 얻든지 못 얻든지 복음을 전해야 하는 것은 성도의 사명이다. 세계 복음화와 하나님 나라의 확장을 위하여 수고해야 한다. 기존의 방식으로는 복음을 전할 수 없는 상황, 사회적 거리두기 속에서도 자주 만날 수밖에 없는 이들이 누군지를 살펴보는 것이 필요하다. 그리고 그 중에 복음이 필요한 이들에게 복음의 손을 내밀어 보라.

다섯째, 소망 보여주기

하나님의 살아계심은 어디서나 나타나며, 어려울수록 더 강력히 역사하신다. 특별히 위기 시대에 주시는 하나님의 은혜가 있다. 어렵다고 한탄하며 탄식하지만 말고 소망 가운데 살아가야 한다.

하나님은 교회를 통해 개인 구원과 사회 구원 그리고 더 나아가 시대를 구원하신다. 이러한 구원의 역사가 곧 교회의 부흥이다. 부흥의 진원지인 교회가 새롭게 성장하면서 환골탈태함으로 하나님의 은혜의 시대가 도래하기를 고대한다. 이 시대에 하나님께서 이루어주실 부흥을 기대하자.

여섯째, 격려의 전문가 되기

팬데믹의 영향으로 많은 성도들이 외부활동을 자제하고, 이전에는 당연히 일상적으로 여겼던 많은 일들을 하지 못하게 되면서 그 어느 때보다 큰 상실감을 느끼고 있다. 사회적 거리두기가 일상이 되었다. 이에 따라 삶의 터전 가운데서 외로움을 느끼는 사람들이 많아지고, 정서적인 안정을 찾지 못하는 사람들이 늘어나는 상황이다. 공동체 경험이 불가능해지면서 신앙생활의 도움을 얻지 못해 어려워하는 성도들이 늘어났다. 삶의 터전이 더욱 척박해질 수밖에 없는 형편이다.

이런 상황 속에 소그룹 리더는 리더로 세워져 있다. 그러므로 이 시대에 하나님께서 이뤄주실 부흥을 기대하며 함께하는 이들을 이해하며 독려하는 역할을 해야하는 것이 리더다. 소통할 때 자기 입장에서만 생각하거나 말하지 말고, 서로를 돌아보아 사랑과 선행을 격려하자. 힘든 삶을 더 힘들게 만드는 것이 아니라 서로에게 힘이 되어주어야 할 필요가 있다.

만약 공동체로 모이지 못하고 여전히 온라인 소통만 가능하다면 모임이 불가능한 상황에서 목양적인 도움과 목회적인 상담, 구체적인 양육을 (비록 제한적이라 하더라도) 온라인 환경에서 계속 진행해야만 한다.

실제로 필자가 섬기는 서현교회 소그룹 리더들에게 강조하는 실제적인 행동 지침을 정리해보면 아래와 같다.

실제적 Action 1. 주간 소그룹모임 보고서 작성 및 보고

소그룹 멤버들의 영적, 육적, 관계적인 상황을 파악하는 소그룹 모임 나눔 보고서 작성과 담당 교구 교역자들과의 보고서를 통한 소통은 매주 진행되어야 할 필수적인 사역이다.

세상은 멈추지 않고 여전히 움직이는 중이다. 지금 관계의 숨구멍을 열어 놓지 않으면 코로나 위기 이후 서로 만났을 때 신뢰를 쌓기 위해 들여야 할 비용은 더욱 클 수밖에 없다. 그러므로 모이지 않으니 방법이 없다고 체념하지 말고, 관계의 끈이 끊어지지 않도록 온라인에서 필요한 것들을 효과적으로 나눌 수 있는 방안을 찾는 것이 필요하다.

실제적 Action 2. '주간 소그룹나눔지'의 효과적인 활용

'찐큐티'에는 같은 본문을 가지고 매일 묵상한 말씀을 나누는 '소그룹나눔지'가 수록되어 있다. 이를 염두에 두고 나눔지 질문들을 온라인으로 적극적으로 활용하여 말씀을 가지고 서로 소통해 보자.

예를 들어, "이번 주에 묵상한 누가복음 2장에서 예수님을 기다렸다가 예수님을 만난 시므온과 안나처럼 저에게도 예수님이 짠 하고 나타나셨으면 좋겠는데 집사님은 어떠셔요?" 대답이 나오면 적극적으로 동의하면서 "왜 그런데?"라고 묻기만 하면 된다.

일곱째, 경건훈련하기

상기한 사역들을 효과적으로 해내기 위해서 가장 중요한 리더의 사역이 있다. 육적인 건강관리와 함께 함께 영혼의 근력을 유지하는 것이다. 소그룹 리더의 섬김은 내 영혼이 살고, 우리 교회가 흔들리지 않고 살아있도록 힘을 보태는 섬김이다. 무엇보다 가장 중요한 것은 온라인 상황 속에서도 예배를 놓치지 않는 것이다. 온라인 예배는 어디서나 예배자로 살아가는 유비쿼터스 신앙이 되도록 도와준다. 예배는 살아계신 하나님께 시간과 장소를 구별하여 드리는 산제사이다. 익숙하지 않다고 하나님께서 받지 않으시는 예배가 되는 것은 아니다.

규칙적인 말씀묵상과 기도로 하나님과 독대하는 경건 훈련은 절대적이다. 움직일 수 없을 때 하나님과 조용히 교제하는 생활은 필수불가결한 삶의 지혜이다. 그러므로 내면의 깊이를 위하여 시간을 투자해야 한다. 그동안 읽지 못했던 책을 읽고, 말씀을 통해 스스로를 돌아보며 내적 성장의 기회로 삼아야 한다. 외적인 화려함이나 소유물의 허무함을 깨닫고 정서적 그리고 정신적 성장을 추구해야 한다. 지금은 삶의 방향성 자체를 바꿔야 할 시기라는 것을 기억하자. 그동안 너무 바쁘고 분주했는가? 이제는 잠잠히 하나님만 바라보는 은혜를 누릴 시간이다.

차원이 다른 그리스도인의 삶을 준비하라

아무리 어려워도 차원이 다른 소망을 품고, 세상 사람들의 궁금증을 자아내며 구별된 삶을 사는 것이 그리스도인의 삶이다. 이것이 거룩한 경건한 삶, 일상예배의 삶, 일상 전도의 삶으로 이어진다.

사람들은 궁금하면 참지 못하는 본성을 가지고 있다. 나를 향해서 나의 삶이 왜 그런가 물어올 수 있도록 살자. 그리고 대답할 말을 항상 준비하자. 온유와 두려움으로 준비해야 한다. 내 안에 심어주신 소망을 잠잠히 묵상하고, 하나님께서 그 소망의 풍성함을 나의 삶을 통해 표현하시도록 살아가자. 우리의 삶이 소그룹 멤버들과 주변 사람들에게 선한 영향력을 미칠 수 있는 하루하루가 되길 기도한다.

하나님은 한 쪽 문을 닫으시는 순간 또 다른 한 쪽 문을 열어 두시는 하나님이시다! 모두가 어려운 이 시기에 주님께서 주시는 지혜를 통해 위기를 기회로 만들고 어려움을 극복하는 한국교회가 되기를 소망한다.

나눔 질문

1. 코로나19 이후 모두가 새로운 변화의 위기를 맞이하고 있습니다. 내가 겪고 있는 위기는 무엇인지 함께 나누어 보십시오.

2. 코로나19를 극복하기 위하여 우리 교회와 또 내가 섬기는 소그룹이 했던 효과적인 대응에는 어떤 것이 있었는지 함께 나누어 보십시오.

3. 코로나19의 어려움을 극복하기 위해 리더가 해야 할 것들이 있습니다. '변화의 어려움을 기회로 삼는 7가지 방법(131-135쪽)'을 읽고 내가 할 수 있는 일 한 가지를 나누어 보십시오.

4. 코로나19의 위기를 기회로 삼기 위한 나의 기도제목을 나누어 보십시오.

Smallgroup Leadership

| CHAPTER 2 |

영혼 돌봄을 위한
소그룹 리더십

1
한 영혼의 가치와 무게를 인식하는 소그룹 리더

"12 너희 생각에는 어떠하냐 만일 어떤 사람이 양 백 마리가 있는데 그 중의 하나가 길을 잃었으면 그 아흔아홉 마리를 산에 두고 가서 길 잃은 양을 찾지 않겠느냐 13 진실로 너희에게 이르노니 만일 찾으면 길을 잃지 아니한 아흔아홉 마리보다 이것을 더 기뻐하리라 14 이와 같이 이 작은 자 중의 하나라도 잃는 것은 하늘에 계신 너희 아버지의 뜻이 아니니라"

마태복음 18:12-14

영혼을 향한 애달파함이 있는가?

> 강아지를 찾습니다.
> "00년 00월 00일 00부근에서 없어졌습니다.
> 지금은 털을 다 깎은 상태입니다. 추운 날 떨고 있을 00이를 생각하면 가슴이 무너져 내립니다. 00이를 애타게 기다립니다...."

키우던 강아지를 잃어버린 주인이 이런 내용의 포스터를 붙인 것을 보았다. 포스터만 보아도 주인이 잃어버린 강아지를 얼마나 애타게 찾고 있는지를 느낄 수 있었다. 그런데 함께 살던 강아지를 잃어버린 것에 애달파하며 그 강아지를 찾듯이 우리는 잃어버린 영혼을 향한 애달파함을 가지고 있는가?

하나님이 더 기뻐하시는 일 : 관계의 단절 속에 있는 소그룹 지체에 대한 애달파함

예수님께서 말씀하신 잃어버린 한 마리 양 비유를 보면 하나님이 더 기뻐하시는 일이 있다. 바로 잃어버린 영혼이 다시 제자리로 돌아오는 것이다. 이런 의미에서 하나님이 힘들어 하시는 일은 작은 자 한 사람이라도 잃어버리는 것이다. 하나님은 먼저 주님을 만나 의롭다 인정을 받은 사람들, 십자가의 완전한 구속을 믿음으로 의인된 하나님의 자녀들을 물론 기쁘게 여기시고 사랑하신다. 그런데 하나님은 잃어버린 한 영혼이 돌아오는 것을 더 기뻐하신다. 제자리로 돌아와 하나님과의 관계를 회복하는 것을 정말 기뻐하신다.

이런 의미에서 하나님의 관심사는 영적으로 관계 노숙인이 된 사람들에게 있다. 분명히 하나님의 자녀인 것은 확실하지만 관계의 단절 속에 있는 사람들이 있다. 만약에 이들이 하나님과 멀어진 관계를 회복할 수 있는 효과적인 경로가 없다면 그들은 계속해서 하나님으로부터 먼 곳에 남아 있을 것이 분명하다. 그리고 교회의 성장 역시 정체될 것이 틀림없다. 너무나 많은 사람들이 하나님으로부터 먼 곳에 있다는 것을 유의해서 보라. 하나님은 이들이 사랑의 공동체로 다시 돌아와 영원한 사랑의 관계에서 진정한 안식을 누리기를 늘 마음으로 기다리고 계신다.

그런데 이 일을 하기 위해서 누구를 사용하실까? 하나님을 먼저 만나 하나님의 심정을 이해하는 소그룹 리더를 사용하셔서 유기적인 관계가 회복되기를 원하신다. 그래서 하나님으로부터 멀리 떨어진 영혼들이 서로를 배려하고 사랑하고 함께 기도해 주는 소그룹 가족으로서의 지위를 다시 가지기를 원하신다. 그러므로 관계의 단절 속에 있는 이들을 향해서 소그룹 리더들이 잃어버린 영혼들에게 다가서야 할 이유는 분명해진다. 하나님이 더 기뻐하시는 일이기 때문이다. 그렇다면 어떻게 하나님이 더 기뻐하시는 섬김 사역을 할 수 있을까?

관계 단절 속에 있는 지체를 향해 효과적으로 다가설 수 있는 방안
첫째, 여전히 '함께 있다는 마음'을 전해 주자. 그럴 때 '몸은 멀어져도 마음은 함께 할 수 있다'는 새로운 원리를 만들 수 있다.
둘째, 잦은 결석과 올 수 없는 환경에 너무 쉽게 타협하지 말자. 자칫하면 그들보다 우리가 먼저 포기해 버리는 위험이 생길 수 있다.
셋째, 기도제목을 계속해서 나누고 '기도의 흔적'들을 보여 주자. 진정한 기도는 사람을 감동시키는 힘이 있다.
넷째, 소그룹 모임 때 마다 그들을 위해 끊임없이 '기도하는 것'을 잊지 말자. 함께 기도하여 이루어지는 응답의 역사를 목격하게 될 것이다.

감옥에 갇혀 골로새교회 성도들을 위해 염려하는 바울은 이렇게 고백한다.

"우리가 너희를 위하여 기도할 때마다 하나님 곧 우리 주 예수 그리스도의 아버지께 감사하노라" - 골로새서 1:3

지금 감옥에 갇혀 있다면 현실적으로 제일 먼저 무슨 생각을 하겠는가? "재판은 언제 어떤 모습으로 진행될까? 나는 언제쯤 자유의 몸이 될까? 언제 어떤 변호사를 써서 이 답답함을 벗어날까? 언제 누가 면회를 오게 될까?" 하는 것이 궁금할 것이다.

골로새서는 바울 사도가 감옥에서 쓴 네 권의 옥중서신(에베소서, 빌립보서, 골로새서, 빌레몬서) 중에 하나이다. 그는 감옥에서 에바브라를 통해 새워진 골로새교회에 편지를 써서 보낸다. 편지의 핵심 메시지는 "내가 골로새교회를 위해 기도하고 있다."는 것이었다. 골로새서를 보면 그 교회에서 오는 좋은 소식에 대한 감사를 열거하고 있다. 골로새교회는 칭찬들을 만한 훌륭한 믿음과 성도들이 가진 사랑이 각별했다. 하늘에 쌓아둔 소망도 탁월했다. 이 일을 칭찬하며 그들을 축복하고 격려했다. 그들이 전하고 세우는 복음의 나라가 점점 확장되는 것도 기쁨의 요소였다. 그래서 골로새교회의 소식을 듣던 날부터 지금까지 쉬지 않고 교회와 성도들을 위해서 기도한다는 것이다.

이런 골로새서를 보면서 깨닫는 것은 영혼들을 섬기는 리더로서 반드시 해야 할 일은 맡겨진 영혼들을 위해서 기도하는 일이다. 사랑으로 품고 눈물로 기도하는 일은 절대로 쉬어서는 안 된다.

영적 리더는 그가 섬기는 양들을 어떻게든 푸른 초장이나 맑은 시냇가로 인도하여 배곯지 않고 목마르지 않게 이끌어 가야할 무한 책임이 있다. 이 일을 하는데 가장 필요한 것은 그들을 위하여 늘 기도하는 일이다. 그들이 대적인 이리 떼의 습격을 받지 않도록 정신 차리고 섬기는 일을 쉬어서는 안 된다. 눈에는 양을 위한 눈물이 있어야 하고, 심장에는 양들에 대한 사랑이 샘솟고 있어야 하고, 그 손길은 항상 양들을 쓰다듬어 주고 있어야 한다. 리더가 리더인 것은 섬기는 이들이 있기 때문이다.

진정한 리더라면 섬기는 이들을 위해 목숨을 버리되 자신의 생명을 바쳐 양을 살려야 하고, 자신의 안전을 버리고 양의 안전을 도모하는 것이 정상이다. 그러므로 진실한 영적 리더는 늘 양을 가슴에 품고, 기도의 눈물이 그렁그렁 고여 있는 사랑의 눈으로 양들을 바라보아야 한다. 한 사람이라도 더 하나님의 경륜을 따라 살 수 있도록 해야 한다. 그래서 바울 사도는 감옥에 갇힌 채, 만나 본적도 없는 형제자매들을 위해 기도한다고 하는 것이다.

영혼을 향한 애달픔을 품은 리더가 진짜 하나님께서 기뻐하시는 리더이다.

영혼을 향한 애달픈 마음이 있는가? 우리가 찾아야 할 영혼은 관계의 단절 속에 있는 소그룹 지체이다. 하나님은 그들이 제자리로 돌아와 하나님과의 관계를 회복하는 것을 정말 기뻐하신다. 그러므로 바울과 같이 맡겨진 영혼들을 위하여 기도하고 사랑으로 품는 리더가 되기를 소망한다.

나눔 질문

1. 소중한 것을 잃어버린 적이 있습니까? 그 때의 심정을 나누어 보십시오.

2. 예수님처럼 양들을 위해 목숨을 버리는 리더를 만난 적이 있습니까? 그 리더는 어떤 리더였습니까?

3. 하나님과의 관계가 단절되어 있고 교회 공동체와의 관계가 단절되어 있는 지체에게 다가설 수 있는 효과적인 방안에는 무엇이 있을지 나누어 보십시오.

2
격려하는 소그룹 리더

"이 세상도, 그 정욕도 지나가되 오직 하나님의 뜻을 행하는 자는 영원히 거하느니라"

요한일서 2:17

영원한 것을 붙잡으라.

　지나가는 것과 영원한 것이 있다. 잠깐 있다 사라질 것과 사라지지 않을 것도 있다. 그래서 버릴 것과 붙잡아야 할 것이 있다. 이 세상의 정욕은 지나가는 것이다. 오직 하나님의 뜻을 행하는 것이 영원하다.

　자기중심성으로 가득한 세속적인 이 세상은 하나님을 대적하고, 하나님을 배반하는 세력으로 충만하다. 하나님 나라가 하나님의 통치하심을 의미하듯 세속적인 세상은 사탄이 통치하는 상황을 의미한다. 사탄의 지배 아래 살아가는 삶의 특징은 잠시 있다 사라질 것들을 사랑하는 것이다. 그래서 요한은 요한일서 2장 15절에서 '이 세상'이나 '세상에 있는 것들'을 사랑하지 말라고 권면한다. 사탄의 지배력, 사탄의 영향력을 좋아하고 사랑하는 그리스도인은 없다.

그러나 많은 그리스도인들이 하나님의 통치하심을 갈망하면서도 세상에 있는 것들을 사랑하고 있다. 세속에 있는 모든 것이 어디에서 나올까? 하나님이 창조하신 피조의 세계를 의미하는 것이 아니라 사탄이 지배함으로 나타난 것이 세속의 것이다. 이것은 육신의 정욕, 안목의 정욕, 이생의 자랑으로 나타난다. 육신의 정욕을 채우는 일들이 우리를 넘어뜨린다. 눈에 보이는 것으로 인해 자주 넘어진다. 자꾸 이웃과 비교하며 자랑하며 넘어진다. 분명 이 세상살이에서 우리를 이끌어 가는 것들이다. 그러나 이 모든 것은 지나가는 것이다.

그러므로 성도들이 붙잡을 것은 하나님의 뜻이다. 하나님의 뜻을 행하는 삶만이 영원한다. 예수님도 우리들에게 무엇을 먹을까, 입을까, 마실까 걱정하지 말라고 하셨다. 이것은 이방인들이 구하는 것이라는 말씀이다. 대신 성도가 구할 것은 그의 나라와 그의 뜻이라고 말씀하신다. 성도라면 하나님의 다스리심이 이 땅 위에 이루어지고, 우리들의 삶이 하나님의 뜻을 이루는 삶을 살아야 한다.

이런 의미에서 성도는 잠시 지나갈 것이 아니라 영원한 것을 바라보는 사람이다. 세상 것이 아니라 하나님의 뜻을 추구하며 살아야 한다. 영적 공동체 리더로서 나의 관심사는 무엇인가? 나는 무엇을 사랑하는가? 하루의 삶을 무엇을 위해 사용하고 있는가? 내 삶의 대부분을 차지하고 있는 일이 무엇인가?(이것은 돈 쓰는 것, 시간 쓰는 것을 보면 알 수 있다.) 혹 세속의 것들은 아닌가? 세상을 사랑하고 있지는 않는가? 지나가는 것이 아니라 영원한 것을 바라볼 수 있는 안목이 열리고, 순간순간 하나님의 뜻을 이루는 것이 영적 공동체 리더의 삶이어야 한다.

그렇다면 어떻게 하면 성숙한 영적 리더의 삶을 살 수 있을까? 가장 중요한 삶의 모습 중에 하나가 공동체 구성원들을 격려하는 삶이다. 리더들은 소그룹 멤버들을 잘 격려하는 일이 무엇보다 중요하다. 리더가 구성원들을 격려하고, 구성원 서로가 서로를 격려하는 공동체만큼 아름다운 모습이 있을까? 그러므로 공동체 리더가 격려의 리더십을 갖는 것은 아무리 강조해도 지나치지 않는다.

실례를 들어보자. 2010년 칠레 산호세 광산에서 세계적으로 이목을 집중시킨 붕괴사고가 났다. 갱도가 무너지면서 작업 중이었던 33명의 광부들이 지하에 매몰되었는데, 그들은 그곳에서 70일 가까이를 지내다가 전원 구조되었다. 한 명의 희생자도 없이 모두 구조된 것만 해도 기적에 가까운데, 더 놀라운 것은 그들이 구조 당시 지치거나 사경을 헤매는 상태가 아니라 아주 밝고 건강한 모습이었다. 전문가들이 그런 일이 어떻게 가능했는지를 연구하기 시작했다. 특히 미국 ABC 방송국은 구조된 광부들을 인터뷰하면서 결론을 내리기를 그들이 그 상황에서 오래 견딜 수 있었던 것은 3명의 훌륭한 리더들 때문이라고 보도했다.

첫 번째 리더는 작업반장인 루이스 우르수아였다. 그는 33명의 광부들이 긴장된 상황에서도 규율을 지키며, 잘 지낼 수 있도록 반장 역할을 톡톡히 해냈다. 또 한명의 리더는 요나 배리어스였다. 그는 15년 전에 6개월 동안 간호사로 일한 경험을 살려서 33명의 건강을 일일이 챙기고 돌봐주었다. 전문가는 아무리 나이가 들어도 전문가인 것을 증명해주는 사례다. 흥미로운 점은 3번째 리더다. 33명 중에 가장 나이가 많은 63세 마리오 고메스는 마지막까지 광부들을 붙잡고 기도해주고 격려해주고 위로해주었다. 놀라운 것은 그가 있었기 때문에 33명의 광부들은 자살할 생각도, 포기할 생각도 하지 않고 오직 꿈과 희망을 끝까지 놓지 않았다. 사람들의 영혼을 터치해주며 격려해준 사람, 그가 진정한 리더인 것이 확인되었다. 이런 영적 리더가 공동체의 성숙을 위해 필요할 때이다.

그렇다면 구체적으로 우리가 리더로서 어떻게 구성원들을 격려할 수 있을까?

격려는 철저히 사랑에 근거해야 한다.

격려의 근본 동기는 사랑이다. 성도는 주님이 죽기까지 사랑하신 사랑의 대상이었다. 그러므로 소그룹 리더는 주님이 사랑하신 대상을 결코 함부로 대하지 않겠다는 사역의 원칙을 가져야 한다. 그러나 무한 사랑만이 아니라 때때로 권고와 경고가 필요한 때도 있다. 분명한 것은 권고와 경고 역시 사랑의 동기로 한다면 필요하다. 그래서 격려의 대상인 구성원들의 영적, 관계적, 육체적인 필요를 정확히 분별하는 지혜를 가지는 것이 필요하다. 그러므로 사랑으로 늘 격려하되 그 속에 경고와 권고, 그리고 사랑을 전제한 가르침과 꾸짖음이 필요한 것이다.

적합한 표현으로 격려해야 한다.

격려해야 할 대상이 누구인가에 따라 격려의 표현 역시 달라질 수 밖에 없다. 그러므로 격려하려고 할 때 영적인 민감함을 가지고 격려 대상에 대한 정확한 인식을 가지는 것은 대단히 중요하다. 구성원들의 마음에 공감을 일으킬 수 있는 격려가 될 수 있도록 상대방을 바라보는 시각과 표정, 그리고 적합한 언어와 말의 빠르기로 격려한다면 그 격려는 평생 잊지 못할 격려가 될 것이다. 나아가 공동체 전체에도 유익이 됨은 더 이상 말할 필요가 없다.

격려의 타이밍 포인트를 잘 찾아야 한다.

의도적으로 격려할 시점이나 기회를 찾는 것이 쉽지는 않다. 또 너무 기회를 포착하려고 애를 쓰면 의도성이 드러나 오히려 상황이 이상하게 꼬일 수도 있다. 그러므로 자연스럽게 일상의 대화를 이끌어 가는 중에 격려의 시점을 찾는 것이 대단히 중요하다. 결국 이렇게 하기 위해서 요청되는 것은 소그룹 리더가 구성원들에 대해서 근본적인 이해를 가지고 있어야 한다는 점이다. 경험상 구성원들에 대한 이해를 가지기 위해서 가장 좋은 방법은 한 주간 동안 기도의 자리에서 한 영혼 한 영혼에 대해 집중력 있게 기도하고 그들을 만나는 방법인 것을 늘 깨닫는다. 소그룹에서 만날 이들을 위해서 기도하고 그들을 만나 대화하고 소그룹을 진행해 보라. 그러면 상상할 수 없는 격려의 기회를 가지게 될 것이다.

리더는 지치지 않아야 한다.

리더들도 지칠 수 있다. 그러나 격려하기 위해서는 리더가 지치면 그 때부터 격려는 물 건너 간 것이나 다름없다. 그러므로 구성원들을 격려하기 위해서 리더들은 늘 자신의 영적, 육적, 정서적, 관계적 상황을 잘 점검하는 것이 필요하다. 리더 스스로 지치지 않도록 은혜를 공급받는 것과 목회자나 또 다른 리더들과 동역자들로부터 격려받는 환경을 조성하는 것도 대단히 중요한 일임을 잊지 않아야 한다.

격려는 소그룹을 새롭게 일으킨다.

소그룹 리더는 교회 안에서 여러 가지 중직을 맡기 마련이다. 이 가운데 영혼까지 돌보고 격려해야 할 사명이 있다. 그러므로 여러 사역 속에서 리더가 먼저 지치지 않도록 유의하고, 지쳐 힘들어하는 구성원들이 리더의 격려 때문에 다시 새 힘을 얻을 수 있도록 해 보라. 그럴 때 소그룹은 새로운 기쁨이 넘치는 공동체로 일어설 수 있을 것이다.

나눔 질문

1. 그리스도인임에도 여전히 포기하지 못하는 육신의 정욕, 안목의 정욕, 이생의 자랑이 있다면 한 가지만 서로 나누어 보십시오.

2. 나를 격려해주고 항상 나의 편이 되어 주는 사람을 떠올려 보고 그가 누구인지 함께 나누어 보십시오.

3. 누군가로부터 기도와 격려, 위로를 받을 때 어떤 기분이 드는지 함께 나누어 보십시오.

4. 타인을 세우고 격려하는 나만의 격려 기술이 있다면 나누어 보십시오.

5. 지금 내가 듣고 싶은 격려의 말은 무엇입니까? 듣고 싶은 말을 함께 나누어 보고 서로에게 격려의 말을 건네어 보십시오.

"지쳐 힘들어하는 구성원들이 리더의 격려 때문에
다시 새 힘을 얻을 수 있도록 해보라."

3
깊은 관계를 형성하는 소그룹 리더

"예수께서 그리스도이심을 믿는 자마다 하나님께로부터 난 자니 또한 낳으신 이를 사랑하는 자마다 그에게서 난 자를 사랑하느니라"

요한일서 5:1

사랑으로 섬길 때 성도는 알게 된다.

한 지역교회에 목사님이 부임을 했다. 목사님은 부임하는 주간부터 시작해서 매 주일 같은 내용의 설교를 했다. 몇 달 동안의 설교를 정리해 보면 딱 한 문장으로 요약이 되었다. "여러분, 이렇게 살면 장차 지옥에 가게 됩니다."

몇 달의 시간이 지나면서 교회가 점점 역동성을 잃고 교인들도 같은 메시지에 지쳐서 하나둘씩 교회를 떠나기 시작하는 상황이 벌어졌다. 얼마나 힘들었을까? 그래도 이 목사님은 메시지의 톤을 바꾸지 않고 계속해서 같은 메시지를 전했다. 교회가 거의 문을 닫게 될 지경이 되어 어쩔 수 없이 그 목사님이 교회를 떠났다. 그리고 새로운 목사님이 또 부임을 했다. 그런데 그 목사님도 부임하는 주일부터 전에 목사님하고 주일마다 똑같은 내용의 설교를 하는 것이었다. "여러분, 이렇게 살면 장차 지옥에 가게 됩니다."

그런데 놀라운 일이 일어났다. 시간이 지날수록 흩어졌던 교인들이 다시 모여들고 믿지 않던 사람들이 그 교회로 모여드는 것이었다. 얼마 지나지 않아 교회가 크게 성장했고 많은 선교의 열매를 맺었다.

이상한 일이 벌어지니까 주변에 있던 목사님이 그 교회를 방문해서 교인들에게 물어보았다. "아니, 두 목사님이 비슷한 주제의 설교를 한 것으로 알고 있는데, 왜 먼저 목사님 때는 교회가 문 닫을 지경이 되더니 지금은 이렇게 성장하는 겁니까?" 그 교회 장로님이 이렇게 대답을 했다. "먼저 부임하셨던 목사님은 마음속에 성도들을 미워하는 마음으로 설교를 했고, 지금 목사님은 사랑으로 설교를 하고 있습니다. 차이는 그것뿐입니다."

이 이야기를 보면서 리더로서 어떤 생각이 드는가? 사실 설교자들이 설교하는 내용은 딱 한 마디로 요약할 수 있다. "예수님을 구세주로 영접하고, 예수님처럼 살다가, 예수님처럼 죽자"는 것이다. 이것은 성경이 말씀하는 핵심 주제이다. 목회자들이 비슷한 주제의 말씀을 전하는데 왜 어떤 교회는 부흥하고, 왜 어떤 교회는 역동성을 잃어버리고 와해될까? 이유가 어디에 있을까? 요한일서 5:1 말씀이 그 이유를 밝혀 준다.

"예수께서 그리스도이심을 믿는 자마다 하나님께로부터 난 자니 또한 낳으신 이를 사랑하는 자마다 그에게서 난 자를 사랑하느니라"

결국 사랑이 전제되어 있는 말, 사랑이 전제되어 있는 교훈, 사랑이 전제되어 있는 책망인가 하는 것이다. 영적 공동체의 리더로서 어떤 전제를 깔고 지금까지 섬겨왔고 섬기고 있는가?

리더들은 예수가 그리스도이심을 믿기 때문에 교회의 소그룹 리더로, 또 각 공동체 리더로 섬긴다. 또 하나님께로부터 난 사람이기 때문에 주님의 교회를 앞장서 섬기는 특권을 가지고 있다. 내 노력과 열심이 아니다. 무슨 조건을 갖춤도 아니다. 하나님의 은혜로 주의 사역을 하는 사람들이 바로 영적 공동체의 리더들이다.

근본적으로 나를 리더로 세워주신 하나님이 바로 사랑의 하나님이다. 그러므로 교회에서 섬기는 모든 일은 언제나 사랑을 전제로 하지 않으면 안 되는 일인 것이다. 결국 하나님의 사랑으로 세워진 사람들이기 때문에 섬기는 영혼들을 사랑으로 대하고, 사랑하는 것은 소그룹 리더들에게 당연한 일이다.

그렇다면 소그룹 리더로서 맡겨진 영혼들을 사랑으로 대하고 섬길 때 어떤 일이 일어나야 할까?

깊은 관계 형성을 위한 사전 점검사항을 기억하라.
인터넷, SNS와 같은 온라인 인간관계망이 발달하면서 사람들은 더 쉽게 서로의 소식을 주고받고, 옛 친구가 어떻게 사는지, 그 사람의 사생활은 어떤지 더 쉽고 빠르게 아는 세상이 되었다. 그래서 처음 만난 사람이라도 페이스북에서 보았다면 예전부터 잘 아는 아주 익숙한 사람이라는 생각이 들고, 서로를 더 잘 알게 된 것 같은 느낌을 가지게 된다. 그러나 정작 이야기를 나누어 보면 기대했던 것과는 다른 사람인 것을 발견할 때가 많다.

사실 쉽게 서로의 소식을 알게 되고, 마음만 먹으면 더 쉽게 연락하고 볼 수도 있는 시대에 살면서 많은 인맥을 관리하지만 좀 더 자주 만나고, 좀 더 보고 싶은 사람을 가지기는 어려운 것이 현실이다. 결국 많은 만남 속에 얕은 관계를 유지할 수밖에 없는 현실 속에서 사람들은 저마다 좀 더 깊이 있는 사귐을 가질 수 있는 곳이나 사람은 없을까 하는 관계의 갈증을 가지고 있다.

그래서 삶의 자리에서 피상적인 관계 때문에 그 누구도 신뢰하지 못하고, 또 신뢰 받지도 못한다는 생각 속에 사로잡혀 사는 이 시대의 상처 많은 영혼들을 소그룹을 통해서 깊이 있는 관계로 이끄는 것이 절대적으로 필요하다. 상처받지 않으려고 상상할 수 없는 두께의 마음의 갑옷을 입고 있는 영혼들이 그 갑옷을 하나씩 하나씩 벗고 서로 신뢰할 수 있는 깊은 관계로 나아갈 수 있도록 하는 현장이 소그룹이 되어야 하는 것이다. 그래서 먼저 다음 사항들을 점검해 보라.

성령의 임재하심과 교통하심을 갈망하는지 점검하라.
서로 깊은 관계를 유지할 수 있는 가장 중요한 비결은 역시 오랜 시간을 함께 공유하는 방법밖에 없다. 그런데 문제는 새로 만나는 사람들에게는 오랜 시간이라는 전제가 깔려있지 않기 때문에 쉽게 깊이 있는 관계를 유지하기 어렵다는 점이 난제이다. 특히 새로운 멤버가 계속 들어오는 소그룹 내에서는 참 어려운 문제다.
그러나 교회 내에서 모이는 소그룹은 영적인 공동체이다. 비록 함께 한 시간이 절대적으로 부족해도 영적 공동체 내에서의 만남은 성령의 교통하심 가운데 예수님과 그 성품, 그리고 그분의 부르심과 십자가의 죽으심을 중심에 두고 만나는 경험이기 때문에 세상

공동체와는 차원이 다르다는 것을 인식할 필요가 있다. 결국 성령의 임재하심 가운데 만날 때 모든 한계를 뛰어넘을 수 있는 것이다. 그래서 맴버 각자가 가진 개인의 경험을 초월하여, 태초부터 지금까지, 그리고 장차 영원히 이어가실 하나님의 사랑에 대한 경험을 공유하는 독특한 만남의 장이 영적 공동체인 교회의 소그룹이다. 그러므로 개인 간의 차이가 크고, 짧은 만남의 시간 밖에 가지지 못했다고 하더라도 더 깊은 만남, 더 깊이 있는 연대의식을 경험할 수 있는 것이 우리가 함께 하는 영적 소그룹이다.

우리의 만남에 분명한 목표가 있는가를 점검하라.
왜 모였는가? 모여서 무엇을 하고자 하는가? 여기에 대해서 동일한 대답을 할 수 있다면 그 소그룹은 더욱 깊이 있는 소그룹을 유지할 수 있을 것이다. 실제로 상기한 두 가지 질문에 같은 대답을 할 수 있을 때 더 깊은 관계로 나아갈 수가 있다.

깊이 있는 만남이 되기 위하여 함께 노력하고 있는가를 점검하라.
누구나 좋은 소그룹, 깊은 유대가 있는 만남을 원하지만 정작 깊이 있는 만남을 위해, 또 좋은 소그룹이 되기 위해 자신을 드리지 않는다면 절대로 그 소그룹은 깊이 있는 만남을 이루지 못할 것이 분명하다. 그러므로 리더가 먼저 노력해야 하지만 소그룹 멤버들에게 공동의 노력이 필요한 것을 효과적으로 주지시키는 것이 중요하다.

소통과 공감을 위한 정보를 수시로 제공하는가를 점검하라.
결국 서로를 잘 알기 위해서는 서로를 알려주고 정보를 공유하는 것이 절대적으로 필요하다. 교회에서 공식적으로 전달되는 광고와 사역들을 공유하고 소그룹 모임을 통해 서로가 알고 기도해야 할 제목들을 꾸준히 나누는 것이 필요하다. 그래서 공동으로 인식해야 하는 것이 있다면 반복적으로 주지시켜야 한다.

동기부여를 잘 하고 있는지 점검하라.
깊이 있는 관계를 유지하기 원한다면 내면세계를 드러내 놓을 수 있는 동기부여가 필요하다. 동기부여를 위해서 리더라면 아이스 브레이크와 같은 내면을 드러내 보일 수 있는 동기부여 자료를 잘 활용하는 것도 한 방법이다. 그러므로 리더는 효과적인 동기부여를 위한 자료를 찾고 제공하는 부지런함이 필요하다.

예수님의 제자로 함께 자라가야 함을 반드시 점검하라.
피상성을 넘어서 더 깊이 있는 관계를 유지한다는 것은 결국 멤버들이 서로 예수님의 제자가 되겠다는 말이다. 제자들이 주 안에서 함께 긴밀히 삶을 나눴던 것처럼 말씀 안에서 서로 성장하고 관계를 유지하는 것이 제자의 길임을 늘 기억해야 한다.

깊은 관계 형성을 위한 실제적인 방법을 적용하라.
각자의 인생을 나누어 보라.
자신의 삶을 나누는 것만큼 깊은 인간관계를 형성하는데 좋은 방법은 지금까지 없었다. 그러므로 자기 삶의 의미 있던 사건과 잊지 못할 경험을 3-5가지 적어보고 함께 나누어 보라. 삶의 스토리를 알고 나누는 것만큼 서로에 대해 나눌 때 깊이 있는 관계가 자연스럽게 맺혀질 것이다.

함께 섬길 수 있는 시간을 가져보라.

단순하게 밥을 먹고 웃고 떠드는 것을 넘어 소그룹이 교회를 위하여 섬길 수 있는 의미 있는 시간을 가져보라. 공동의 목표를 향해 힘을 모으게 된다면 서로가 격려하며 사역을 진행하고 성취감과 만족감을 느끼는 시간이 이루어질 것이다. 결국 함께 의미있고 보람 있는 일은 성취한 후에 오는 관계의 긴밀함을 경험할 때 깊은 관계를 형성할 수 있다.

기념할만한 사건이나 기념일을 적극적으로 찾아보라.

개인의 생일과 축하할 일들을 정리해 보고 서로 축복하는 것을 소그룹 내의 당연한 문화로 만들어 보라. 선행되는 리더의 헌신에 따라 서로가 서로를 돌보는 기쁨과 위로가 있는 소그룹이 자연스럽게 세워질 것이다.

소그룹 안의 소그룹을 만들어 보라.

소그룹을 둘셋 으로 조금 더 작은 모임으로 나누고 그 안에서 서로 간의 교제와 기도, 말씀 나눔을 해보라. 개인과 개인의 관계가 더 깊어지면서 소그룹 안에서 나눌 수 없던 어려운 주제들을 더 쉽게 나눌 수 있을 것이다.

절대시간을 투자하여 만나기를 힘쓰라.

관계를 위해 가장 먼저 해야 하는 것은 만남이다. 내가 맡은 멤버들의 상태를 알기 위해서는 다른 누구의 소식보다 직접 만나고 부딪히는 것이 중요하다. 시간과 에너지를 적극적으로 들이며 힘써 만날 때 관계가 변화될 것이다.

인간관계의 2:7:1 법칙

공동체의 인간관계에는 2:7:1의 법칙이라는 것이 있다. 10명이 모임 구성원이라면 그 속에 반드시 2명은 친구, 7명은 평범한 관계의 사람, 적어도 1명은 관계망 속에 잘 스며들지 않는 사람이라는 것이다. 깊은 관계는 단숨에 생기지 않는다. 동시에 시간이 해결해 주지도 않는다. 소그룹을 통해 서로가 깊은 관계를 맺고 성장하기 위한 노력이 없다면 절대 불가능한 일이다. 하나님의 뜻은 사랑으로 형제 자매를 대하여 그들도 사랑의 사람이 되도록 하는 것임을 명심하고, 긴밀한 관계의 기쁨을 누려보기를 바란다.

나눔 질문

1. 누군가에게 내가 자주 사용하는 사랑의 말이 있다면 어떤 말인지 함께 나누어 보십시오.

2. 깊은 관계 형성을 위해서는 만남의 분명한 목표가 있어야 합니다. 내가 섬기는 소그룹구성원들은 다음 두 질문에 어떤 대답을 할 수 있을지 함께 나누어 보십시오.
   · 왜 모였는가?

   · 무엇을 얻고자 하는가?

3. 나의 삶을 돌아볼 때 가장 의미 있었던 사건으로 꼽을 수 있는 것 한 가지가 있다면 무엇인지 서로 나누어 보십시오.

4. 깊은 관계 형성을 위해서는 절대시간이 필요하지만 바쁜 현대사회 속에서 함께하는 시간을 가지기는 어렵습니다. 이런 현실 속에서 만남을 지속적으로 가지기 위한 효과적인 방법에는 무엇이 있을지 함께 나누어 보십시오.

4
진정한 기쁨이 넘치도록 섬기는 소그룹 리더

"너의 하나님 여호와가 너의 가운데에 계시니 그는 구원을 베푸실 전능자이시라 그가 너로 말미암아 기쁨을 이기지 못하시며 너를 잠잠히 사랑하시며 너로 말미암아 즐거이 부르며 기뻐하시리라 하리라"

스바냐 3:17

"내가 복음을 부끄러워하지 아니하노니 이 복음은 모든 믿는 자에게 구원을 주시는 하나님의 능력이 됨이라 먼저는 유대인에게요 그리고 헬라인에게로다"

로마서 1:16

잠깐의 재미와 영원한 기쁨을 구별하라.

코로나19 재난을 경험하면서 마음을 다스리기가 쉽지 않다는 것을 처절하게 깨달았다. 감염확산도 경계해야 했지만 심리적인 방역붕괴가 더 큰 문제였다. 기쁨을 잃어버리고 낙담하고 좌절 가운데 빠진 것이다.

전문가들은 "오랫동안 행동의 제약과 여러 가지 제한에 억압되면서 스트레스가 만성화되고, 불안과 분노 그리고 우울증이 늘어나면서 상상할 수 없는 사회적 일탈이 발생할 수 있다"고 경고했다. 실제로 펜데믹 상황에서 성도들의 형편을 살펴봐도 너무나 마음 안타까운 일들이 많았고, 안팎에서 들려오는 소식들도 우울한 소식들이 대부분이었다.

일반적으로 세상은 우울한 상황들이 계속될 때 재미를 추구하라고 제안한다. 아이들에게 "왜 공부하지 않느냐?" 물으면 "재미가 없어요"라고 말한다. 직장을 그만 둔 청년에게 왜 그만두었느냐고 물으면 "좀 다녀보았는데 일이 재미가 없어서요" 라고 말한다. 예배 시간에 떠드는 아이들에게 "왜 떠드냐?"고 물었더니 "재미가 없어요" 라고 대답한다. 어떤 분에게 "왜 교회에 나오지 않느냐?"고 물었더니 재미가 없어서 안 나온다는 답변을 들었다. 대부분의 사람들은 재미있는 것을 찾는다.

그러나 진짜 그리스도인에게는 재미가 아니라 기쁨이 있다. 성도가 정말 눈떠야 하는 것은 일시적인 재미가 아니라, 지속적이고 영원한 기쁨이다. 세상에 있는 대부분의 것은 순간적인 재미를 줄 수는 있지만 그러나 영원한 기쁨은 줄 수 없다. 순간적인 재미가 주는 기쁨은 시간이 지나면 더 깊은 우울함에 빠지게 만든다.

그러므로 필요한 것은 순간적인 재미가 아니라 영원한 기쁨이다. 이 영원한 기쁨을 주시기 위해서 하나님께서 그리스도인들에게 주신 것이 있다. 바로 기쁨의 근원인 복음이다. 말 그대로 복음은 기쁜소식이다. 로마서 1장 16절을 보면 복음의 내용을 정확하게 밝혀준다. "이 복음은 모든 믿는 자에게 구원을 주시는 하나님의 능력이 됨이라"

이 복음을 주신 하나님이 어떤 분이신지 스바냐 선지자는 이렇게 선포한다. "너의 하나님 여호와가 너의 가운데에 계시니 그는 구원을 베푸실 전능자이시라 그가 너로 말미암아 기쁨을 이기지 못하시며 너를 잠잠히 사랑하시며 너로 말미암아 즐거이 부르며 기뻐하시리라 하리라(스바냐 3:17)"

성경의 하나님은 기쁨의 하나님이시다. 하나님 자신이 기쁨 자체이시고, 그 기쁨을 온 세상에 넘치도록 하시기 위해 기쁨의 실체인 복음을 죄인들에게 허락해 주신 분이 바로 하나님이시다. 그러므로 우울한 그리스도인은 없다! 우울한 교회는 하나님께서 기뻐하시는 교회가 아니다. 이 기쁨의 공동체 안에 소그룹은 존재하는 것이다. 그러므로 소그룹은 모일 때나 흩어져 있을 때나 또 상황이 아무리 어두워도 늘 기쁨이 흘러넘치는 공동체여야 한다.

그렇다면 유사 기쁨인 재미에 물들지 않고, 복음 안에서 진정한 기쁨을 유지하는 소그룹이 되려면 어떻게 해야 할까?

기쁨이 넘치는 소그룹을 세우는 방안을 적용하라.
말씀 안에서 살아가라.

예수님께서 직접 말씀하신 요한복음 15장 9-11절은 우리에게 놀라운 기쁨의 비결을 알려준다. "9.아버지께서 나를 사랑하신 것 같이 나도 너희를 사랑하였으니 나의 사랑 안에 거하라 10.내가 아버지의 계명을 지켜 그의 사랑 안에 거하는 것 같이 너희도 내 계명을 지키면 내 사랑 안에 거하리라 11.내가 이것을 너희에게 이름은 내 기쁨이 너희 안에 있어 너희 기쁨을 충만하게 하려 함이라(요한복음 15:9-11)"

이 구절을 '현대인의 성경'은 이렇게 번역한다. "9.아버지께서 나를 사랑하신 것처럼 나도 너희를 사랑하였으니 내 사랑 안에서 살아라 10.내가 아버지의 계명을 지키고 그분의 사랑 안에 있는 것과 같이 너희도 내 계명을 지키면 내 사랑 안에서 살게 될 것이다 11.내가 이 말을 너희에게 한 것은 내 기쁨이 너희 안에 있게 하고 너희 기쁨이 넘치게 하기 위해서이다(현대인의 성경, 요 15:9-11)"

예수님은 아버지의 말씀을 따르며 아버지의 사랑 안에 살면 기쁨을 유지할 수 있다고 밝히신다. 또한 우리가 하나님의 사랑 안에서 말씀대로 살아갈 때 참 기쁨이 충만하며 기쁨의 잔이 넘치게 된다는 약속을 해주신다.

우울한 상황 속에서 이 말씀을 묵상하면 이런 깨달음이 온다. "너는 사랑하는 내 아들이다. 복음으로 내가 너를 낳았다. 이미 너는 내 안에서 참 기쁨을 누리고 있는데 또 무엇을 원하니?" 인정할 수밖에 없다. "하나님 그렇군요. 주님 사랑 안에 사는 삶, 또 아버지 말씀대로 순종하는 삶이 참 기쁨이군요." 하나님께 투정부리듯 기도했던 것을 회개한 적이 있다. 그 때 오히려 감사기도를 드리면서 하나님께서 내 안에 허락하신 기쁨을 나누는 것에 더 집중하며 살겠다고 다짐했던 경험이 있다.

우리는 영원한 기쁨을 주신 하나님 안에만 있으면 된다. 그것뿐이다. 그러면 아무리 상황이 어렵고 우울해도 하나님 주시는 기쁨을 누리며 살아갈 수 있다. 그러므로 하나님께서 주신 생명의 말씀 안에 있어야 하는 것이다.

웃음을 위해 헌신하라.

TV의 예능 프로그램들을 보면 녹음된 웃음소리를 덧씌운 것을 볼 수 있다. 왜 그럴까? 보통 사람들은 하루에 18번쯤 웃는다는 통계가 있다. 그런데 이 18번의 웃음 중에 97%는 혼자 있을 때가 아니라 다른 사람과 함께 있을 때 일어난다고 한다.

다른 사람과 함께 있을 때 나오는 이 웃음은 사실 실제로 웃긴 일도 아닌 일에 남들을 따라 웃는 사회적 현상이다. 한 사람이 하품을 하면 주변 사람에게 전염되듯이 웃음도 실제로 웃을 일이 없는 사람에게까지 전염되는 특징을 가지고 있다. 그래서 TV의 예능 프로

그램에서 녹음된 웃음소리를 덧씌우는 것이다.

웃음이 만병통치약이라는 것은 이미 기정사실화가 되었다. 웃을 때 우리 몸에서 엔도르핀이 나오고, 이를 통해 통증완화와 일에 대한 의욕은 물론이고 주의력이 집중되는 효과까지 나타난다고 전문가들은 말한다.

대부분의 사람들이 팍팍한 세상살이 속에서 웃을 일이 없다고 말한다. 정말 좋지 않은 소식들 때문에 웃을 일이 없다. 그러나 정작 웃을 일이 없고, 기쁨이 상실된 이유는 가만히 보면 사람들이 서로 만나지 못함으로 인해 "이유 없이 따라 웃는 웃음"이 크게 줄어들었기 때문이다.

그러므로 소그룹 리더라면 소그룹 식구들이 기쁨을 회복할 수 있도록 웃음이 나는 일들을 더 많이 만들어야 할 필요가 있다. 그렇다면 어떻게 해야 소그룹 식구들이 더 많이 웃고 기쁨을 경험할 수 있을까?

첫째, 지속적으로 교류하되 속도를 늦추라.

대한민국은 지금까지 목적달성을 위해 속도전을 치루면서 발전해왔다. 이런 사회 풍토 속에서 가만히 돌아보면 목표달성에만 집중하느라 달려가기에만 급급한 성향이 우리들 안에 은연중에 깔려 있다.

코로나19 상황 속에서 정말 고통스러운 것은 전화나 온라인으로 모임을 진행할 수밖에 없는 상황이다. 이럴 때 온라인 모임에 부담을 가지고 있는 소그룹 식구가 있다면 철저히 배려하는 것이 원칙이다. 모두가 가능한 방식의 소통방법을 택하는 것이다. 그래서 그 누구도 심리적, 감정적으로 소외되지 않도록 배려해야 비로소 얼굴에 웃음이 번질 수 있다는 것을 명심하는 것이 필요하다.

둘째, 소통의 방법과 채널들을 확보하라.

서로의 표정을 볼 수 있는 방안을 많이 사용해야 한다. 웃음은 소리와 표정이 함께 감지될 때 제대로 감지된다. 소그룹 멤버들의 웃음이 더 잘 감지되도록 소통할 수 있는 방법과 채널을 가능한 많이 확보하자. 대면할 수 없는 상황이 지속된다면 화상통화 방법도 있고, 모든 소그룹 식구들의 얼굴을 함께 볼 수 있는 방법(Zoom 등)들을 익혀 놓으면 좋을 것이다.

셋째, 목소리의 톤을 높여라.

리더가 되는 순간 늘 멤버들의 주목 속에 있다는 것을 의식해야 한다. 모임 중에 사람들은 누구든지 무의식적으로 리더를 쳐다보게 되어 있다. 리더에게 웃음과 기쁨이 없으면 모임은 자연스럽게 미궁과 침묵으로 빠져들 것이다. 지금 이 모임시간은 크게 웃어도 되는 상황이라는 것을 알려야 한다. 가장 간단하고 강력한 방법은 리더의 목소리 톤이다. 살짝 높은 톤의 목소리는 심각하고 엄숙한 분위기가 아니라 가볍고 편안한 분위기를 원한다는 신호가 된다.

넷째, 웃는 모범을 보여라.

하품이 전염되는 것처럼 웃음 역시 전염된다. 팀원들을 웃게 만드는 가장 강력한 방법은 리더가 직접 웃는 것이다. 그러나 사람들이 진짜 웃음과 가짜 웃음을 금새 구별한다는 것 역시 잊지 말아야 한다.

그러므로 진짜 웃음을 위해서는 모임을 하기 전에 리더 자신이 먼저 심리적, 상황적으로 기쁨의 상태에 있어야 하는 것이 매우 중요하다. 기쁜 마음이 잘 들지 않는다면 단지 몇 초 만이라도 의도적으로 웃고 난 후에 웃음을 연습하고 모임에 참석하는 것이 좋다.

기쁨을 유지하기 위한 합의된 규칙을 세워라.

특별한 경우(고난주간 등)가 아니라면 영적 공동체는 모일 때마다 기쁨 가운데 있어야 하는 것이 필수적이다. 이 필수적인 상황을 유지하기 위해서는 소그룹 멤버들이 다함께 동의할 수 있는 기쁨을 유지하는 규칙을 세우는 것이 효과적이다.

그런데 소그룹 내에 규칙을 세울 때 꼭 기억해야 할 것이 있다. 이것은 교회가 은혜의 공동체인 것을 기억하며 교회 내 어떤 공동체이든 규칙을 세울 때 가져야할 기초 전제이기도 하다.

첫째, 소그룹 전체가 함께 세우라.

규칙은 리더 혼자 세우는 것이 아니라 소그룹 전체가 함께 만들어야 한다. 모두가 함께 생각하고 동의한 규칙이라면 그 앞에 소그룹멤버들은 그 어떠한 말로도 변명할 수 없다. 최소한의 규칙을 통해 서로를 화평하게 하고, 규칙과 사랑의 균형을 유지하면서 소그룹원 스스로 규칙을 지키기 위해 노력할 때 소그룹은 비로소 건강한 소그룹의 열매를 맺어갈 수 있다.

둘째, 서로를 세워주고 보호하는 규칙이어야 한다.

소그룹에 필요한 규칙은 규제하기 위한 규칙이 아니다. 소그룹 전체의 목표와 비전을 이루고, 소그룹원들이 갖고 있는 기대를 충족시키도록 돕는 것이어야 한다. 그런 점에서 올바른 소그룹 규칙들은 서로 간에 인격과 성품을 성숙시켜주는 역할을 한다.

예를 들면 "토론 중 남의 말 무시하지 않기" 또는 "소그룹 안에서 나온 이야기들은 소그룹 밖에서 절대로 말하지 않기" 등과 같은 것들이다. "소그룹에 결석할 경우 반드시 소그룹 리더나 멤버들에게 연락하기" 등과 같은 규칙들은 소그룹원들에게 꾸준한 출석을 강조할 뿐만 아니라 다른 소그룹원들에게 양해를 구하는 습관을 들이게 한다. 결국 이런 규칙들은 소그룹원들 상호간에 질서와 존중심을 키워주며, 서로 화목하게 하는 좋은 기능을 감당한다.

셋째, 세운 규칙을 강요하지 말고 효과적으로 강조하라.
  꼭 짚고 넘어가야 할 중요한 사실이 하나 있다. 어떤 사람도 규칙을 좋아하지 않는다는 것이다. 사람들은 규칙을 강요하면 권위적으로 자신들을 지배하려 한다고 생각한다. 규칙을 강조하는 것은 분명히 필요한 일이지만 너무 규칙만을 강요한 나머지 소그룹원들의 상황과 형편을 무시해서는 안된다. 자칫하면 '화목케 하는' 규칙의 근본 목적을 놓칠 수 있다. 물론 누군가가 싫어한다는 이유만으로 꼭 필요한 규칙을 없애버려서도 안된다. 때로는 확고한 가치관으로 소그룹원에게 분명한 원칙을 제시할 필요도 있다.
  이 때 중요한 것이 바로 자세이다. 즉, 사랑으로 부드럽게 수용하면서도 분명하고 확실하게 규칙을 제시하라는 것이다. 무리 없이 바꿀 수 있는 부분은 바꾸겠다는 수용적인 태도를 취하면서 한편으로는 또 다른 소그룹 멤버들의 의견을 수렴하는 자세도 잊어서는 안 된다.

넷째, 가능하면 최소한의 단순한 규칙을 세우라.
  소그룹원들이 성숙하고, 수준이 높고, 소그룹에 대한 경험이 많을수록 기본 규칙의 내용들은 점점 적어질 것이다. 왜냐하면 굳이 규칙을 세우지 않아도 자발적으로 소그룹을 세우기 위해 노력하기 때문이다. 그런 점에서 소그룹의 기본 규칙은 소그룹의 기능을 지키는데 꼭 필요한 최소한의 틀만을 제시하는 것이 가장 좋다. 규칙의 수는 적고 간단하면 간단할수록 좋다.

진정한 기쁨을 회복하자.

'복음'은 '기쁜소식'이라는 뜻을 가지고 있다. 무엇이 복음인가? "모든 믿는 자에게 구원을 주시는 하나님의 능력"이 바로 복음이다. 하나님은 우리에게 복음을 허락하신 기쁨의 하나님이시다. 서로의 표정까지 읽어낼 수 있는 소그룹이 웃음기 잃은 세상 속에서 복음을 통해 진정한 기쁨을 회복하고, 기쁨의 전달자가 되어야 할 때이다.

나눔 질문

1. 교회에서 경험한 (단순한 재미가 아닌) 기쁨의 경험이 있다면 함께 나누어 보십시오.

2. 그리스도인의 기쁨은 하나님의 말씀을 따르며 그 사랑 안에 사는 것입니다. 기쁨의 삶을 위한 자신의 기도제목을 함께 나누어 보십시오.

3. 웃음을 전염시키기 위한 네 가지 방법(168-170쪽)을 읽고 교회와 소그룹 모임에 적용할 구체적인 실천 방안을 한 가지씩 나누어 보십시오.

4. 소그룹 모임에서 구성원들이 서로를 세워주고 보호하는 규칙을 세운다면 어떤 규칙을 세우고 싶습니까? 그 이유는 무엇입니까?

5. 우리 교회와 내가 섬기는 소그룹 모임의 분위기를 한 번 점검해 보십시오. 다음 보기 중 하나를 선택해 보고 그 이유를 나누어 보십시오.
☐ 기쁨   ☐ 만족   ☐ 평온함   ☐ 어색함   ☐ 지루함
☐ 활발함   ☐ 기타 _____

"하나님은 이 세상에 복음을 허락하신 기쁨의 하나님이신 것을 늘 인식하며 사역할 때 우리가 섬기는 소그룹은 기쁨이 충만할 수 있다."

5
치유와 회복이 일어나도록 섬기는 소그룹 리더

"14 예수께서 베드로의 집에 들어가사 그의 장모가 열병으로 앓아 누운 것을 보시고 15 그의 손을 만지시니 열병이 떠나가고 여인이 일어나서 예수께 수종들더라"

마태복음 8:14-15

한 영혼을 돌보는 대안공동체는 소그룹이다.

대그룹이 아닌 작은 수의 사람들이 서로의 표정까지 읽어낼 수 있는 소그룹으로 모이는 이유는 우리의 눈앞에 있는 형제자매를 세밀하게 돌볼 수 있게 하기 위함이다. 소그룹은 한 영혼의 영적, 육적, 사회적 필요를 돌보고 충족시킬 수 있도록 최적화된 대안공동체이다.

모두가 마음의 거리감을 느끼며 눈물의 국에 상처의 밥을 말아먹고 사는 세상 속에서 따뜻한 돌봄이 있는 공동체를 경험하는 것은 무엇보다 중요하다.

그래서 뜻이 있는 모든 목회자들은 "부흥의 불씨가 꺼져버린 것 같은 한국교회에 다시 부흥의 불씨를 살려낼 수 있는 마지막 부흥의 불씨는 진정한 영육간의 돌봄이 있는 소그룹사역이다"라고 이

구동성으로 외치고 있다. 그러므로 소그룹으로 모일 때마다 우리는 늘 다음과 같은 인식을 해야 한다.

돌봄 공동체인 소그룹이 인식해야 할 것은 무엇인가?
위로와 고침을 주는 곳

예수님께서 베드로 장모의 열병을 고쳐주신 사건은 안식일에 일어난 일이다. 안식일 오전에 예수님께서는 큰 무리들을 가르치시고 귀신들린 자를 고치신 후에 제자 베드로의 가정을 방문하여 장모를 고치셨다. 대그룹 사역에서 소그룹 사역으로 전환하신 것이다. 그리고 아주 사적인 소그룹에서 위로와 치유의 기적을 행하신다. 예수님의 치유를 체험한 베드로의 장모는 그 후에 어떻게 했을까? 아마 예수님의 모든 사역의 후원자로 그리고 예수님의 승천 후에는 베드로가 복음을 전할 때 가장 큰 후원자가 되었을 것이다. 소그룹에서 위로와 고침을 경험한 자들이 다른 이들을 섬기는 성숙한 제자로 거듭나게 되는 것을 우리는 늘 보게 된다.

그러므로 소그룹에서 치유를 경험해야 한다는 사실을 잊지 말아야 한다. 소그룹 자체가 위로와 치유 그리고 회복과 필요를 채워주는 현장이 되면 소그룹 식구들은 절대로 다른 곳에 기웃거리면서 시간을 낭비하지 않을 것이다. 그러기 위해서 소그룹 리더가 기억해야 할 것을 정리하면 다음과 같다.

구체적 모범을 보이는 장(場)

대그룹인 예배 공동체에서 선포된 말씀이 성도들의 삶 속에 어떻게 적용되는지 확인할 길은 사실 요원하다. 그러나 소그룹은 함께 나눈 말씀이 소그룹 식구들에게 구체적으로 어떻게 적용되는지 확인할 수 있는 아주 효과적인 장이다. 그러므로 리더가 먼저 함께 나눈 말씀을 자신의 삶에 어떻게 적용하는지 나누고, 변화된 삶을 살아가는 모습을 보여 주고, 소그룹 멤버들이 그것을 보고 자연스럽게 따라할 수 있도록 한다면 그보다 더 좋은 일은 없다. 듣는 것을 넘어서 구체적인 섬김의 모범(은사활용, 말씀적용, 사랑의 섬김, 말하는 것, 그리스도인의 태도 등)을 소그룹 식구들이 보게 하고, 자신을 변화시키는 동기부여를 얻도록 사역해야 한다.

영적 가족임을 경험하는 현장

소그룹 식구들은 영적 가족이다. 그런데 이 영적 가족임을 경험하는 것은 단순히 감정적 위로를 주는 것으로만 이룰 수 없다. 그러므로 어려움을 돌보는 정도의 공동체로 만족하지 말아야 한다. 이를 넘어서 영적으로 함께 성장하는 구성원들이 될 때 영적 가족인 것을 경험할 수 있다. 시간의 흐름에 따라 부모와 자녀가 모두 자라가는 가정처럼 소그룹에서 시간을 함께 보내면서 함께 성장하고 있음을 경험하게 해야 한다.

그러므로 공통된 영적 성장을 위해 소그룹이 소홀히 하면 안 될 세 가지의 노력이 있다.

첫 번째 노력 : 영적 절대체험을 공유하라.

영적 상대체험은 방언과 같이 누구는 체험하고 누구는 체험하지 못하는 서로 다른 상대적인 은사이다. 반면에 영적 절대체험은 공동체의 모든 구성원이 필수적으로 가져야 하는 공통된 체험, 즉 예수님을 구주로 영접하는 거듭남의 체험이다. 소그룹 식구임에도 불구하고 자신이 구원 받은 영적 절대은혜의 공유가 없다면 그 공동체는 사교집단이나 친목단체로 전락할 가능성이 크다.

두 번째 노력 : 함께 힘써 예수님을 알아가라.

결혼한 부부가 혼인신고를 하면 법적인 부부가 된다. 그러나 진정한 사랑이 있는 부부, 향유내음이 가득한 사랑의 가정이 되기 위해서는 당연히 법적 요건도 갖추어야 하지만 서로 더욱 알아가기를 힘써야만 한다. 소그룹으로 구성되었기 때문에 소그룹이 아니다. 함께 예수님을 알아가며 진정한 소그룹이 되는 것이 중요하다.

세 번째 노력 : 같은 영적인 꿈을 공유하라.

단순히 성경말씀을 읽고 내용을 나눈다고 영적 소그룹이라고 말하기는 어렵다. 영적 지식의 전달에 그치는 것은 성경공부 모임일 뿐이다. 소그룹은 교회의 일부분으로서 교회가 예수님께 받은 영적인 꿈을 공유하는 최전선이다. 교회의 공예배만 비전을 선포하는 공동체가 아니다. 소그룹 또한 비전을 선포하는 사명공동체가 되어야 한다. 모든 구성원들이 복음의 능력으로 하나님께 영광을 돌려야 진짜 성숙한 소그룹이다.

친숙함의 함정에 빠지지 않아야 한다.

소그룹을 진행하다 보면 종종 친숙한 것에 대하여 잘 알고 있다는 착각에 빠지게 된다. 이런 현상이 생기는 이유는 인간은 자신이 무엇에 대해 알고 있는지 여부를 객관적인 자료와 지표보다는 친숙함에 기초해서 판단하기 때문이다. 실례로 매번 소그룹으로 모일 때마다 모든 지체들에 대해서 익숙하다고 여긴다. 그러나 실제로는 그들이 어떤 기도제목을 가지고 있고, 어떤 삶의 여정을 거쳐서 지금 이 자리에 와 있는지 잘 모르는 경우가 많다. 그래서 어떤 말을 좋아하고 어떤 태도를 싫어하는지 잘 몰라 관계의 영역에서 실수할 때도 있다.

<스마트 싱킹(Smart Thinking)>의 저자이자 미국 텍사스 주립대 심리학과 교수인 아트 마크먼(Arthur B. Markman)에 따르면 지식에는 두 가지 종류가 있다. 첫째, 알고 있다는 느낌은 있지만 남에게 설명할 수 없는 지식이다. 둘째, 알고 있다는 느낌도 있고 남에게 설명도 할 수 있는 지식이다.

진정한 지식은 후자이다. 전자는 친숙함의 함정에 빠져 스스로를 속이는 것뿐이다. 소그룹 리더는 흔히 자신의 의중을 소그룹 구성원들이 잘 알고 따라줄 것이라고 생각한다. 그러나 소그룹 구성원들과 소그룹 환경이 리더 자신에게는 친숙하지만 멤버들은 전혀 그렇지 않을 수 있습니다.

진짜 준비된 리더는 먼저 자신이 알고 있다고 생각하는 바를 소그룹 구성원들에게 명확히 설명할 수 있어야 한다. 그래야만 자신이 어디를 어떻게 모르고 있는지 파악하고 해결해야 하는 문제점이 무엇인지 이해할 수 있다. 그래서 최대한 친절하게 여러 번 설명해서 소그룹 구성원들이 실제적으로 이해하도록 도와야 한다. 그래야 구성원들이 친숙함을 넘어 실제적인 지식을 쌓을 수 있다.

결국 건강하고 역동적인 소그룹은 소그룹 멤버들이 반드시 치유받고 회복되어야 할 문제가 무엇인지, 그리고 그들이 하나님 앞에 날마다 부르짖는 간절한 마음의 소원인 기도의 제목이 무엇인지를 서로 알고 함께 기도하고 섬길 때 응답받고 해결되는 경험을 하는 소그룹이다.

나눔 질문

1. 모든 사람들은 삶 속에서 크고 작은 상처를 안고 살아갑니다. 나의 상처를 품어주고 돌보아주는 사람이나 공동체가 있습니까? 있다면 어떤 사람 또는 어떤 공동체인지 나누어 보십시오.

2. 특별히 영적 공동체인 교회와 소그룹 모임을 통해 치유와 회복을 경험한 적이 있다면 함께 나누어 보십시오.

3. 영적 성장을 위해 소그룹이 함께 해야 할 노력(179-180쪽)을 읽고 지금 나의 소그룹이 잘하고 있는 것과 더욱 노력해야 할 것을 한 가지씩 나누어 보십시오.

4. 하나님의 치유와 회복이 필요한 영혼이 있다면 그 영혼을 위한 기도제목을 함께 나누어 보십시오.

"부흥의 불씨가 꺼져버린 것 같은 한국교회에 다시 부흥의 불씨를
살려낼 수 있는 마지막 부흥의 불씨는 진정한 역육간의
돌봄이 있는 소그룹사역이다."

6
함께의 은혜를 경험하도록 인도하는 소그룹 리더

"9 두 사람이 한 사람보다 나음은 그들이 수고함으로 좋은 상을 얻을 것임이라 10 혹시 그들이 넘어지면 하나가 그 동무를 붙들어 일으키려니와 홀로 있어 넘어지고 붙들어 일으킬 자가 없는 자에게는 화가 있으리라 11 또 두 사람이 함께 누우면 따뜻하거니와 한 사람이면 어찌 따뜻하랴 12 한 사람이면 패하겠거니와 두 사람이면 맞설 수 있나니 세 겹 줄은 쉽게 끊어지지 아니하느니라"

전도서 4:9-12

살아있는 공동체에는 공존(共存), 공생(共生), 공영(共榮)의 원리가 있다.

연세대 철학과 김영철 교수는 자신의 저서 <꿀벌은 꿀을 절대 혼자 먹지 않는다> 중에서 닭과 꿀벌의 다른 삶이 주는 교훈에 대해 이렇게 말한다.

"닭장은 이기적 공동체의 표본이다. 어느 농가이든 새벽이 되면 닭들이 운다. 그런데 어떤 날은 아직 새벽이 되기도 전에 닭들이 운다. 그것도 비명을 질러가며 운다. 화들짝 놀란 주인은 닭장으로 간다. 그랬더니 무려 600마리가 죽어 있다. 원인은 금방 밝혀진다. 닭장 저쪽 구석에서 닭들의 천적인 수리부엉이 한 마리가 닭 한 마리를 낚아채 여유롭게 먹고 있다. 수리부엉이 한 마리가 무려 600마리를 죽인 것이다. 아니 엄밀히 말하면 수리부엉이가 죽인 것이 아니라 닭들이 서로 먼저 살겠다고 출구 쪽으로 달려가다가 압사한 것이다. 수리부엉이는 닭 한 마리만 죽이고 나머지 닭들은 동료 닭들이 죽인 것이다. 자기만 살겠다는 이기심을 가진 이기적 집단의 안타까운 최후이다. 반면 꿀벌 공동체는 상생하는 공동체의 표본이다. 꿀벌은 꿀을 절대 혼자 먹지 않는다. 꿀벌 한 마리가 밖에 나갔다가 꿀을 발견하면 벌집에 돌아와 동료들 앞에서 춤부터 춘다. 이 춤은 사실 소통이다. 그 벌은 동료 벌들에게 꿀이 얼마나 멀리 있는지, 얼마나 많이 있는지, 어느 방향으로 가야 하는지를 날갯짓으로 알리는 것이다. 소통의 춤을 본 다른 꿀벌들은 어느 방향으로 꿀벌 몇 마리를 파견해야 할지 결정한다. 그렇게 꿀벌들은 협력해서 같이 꿀을 모아가고, 저장하고 함께 꿀을 먹는다.

그런데 이 꿀벌의 집에 천적인 말벌이 침입하면 어떤 일이 벌어질까? 말벌 한 마리는 꿀벌보다 대개 5~6배가 크다. 말벌이 침입하면 일단 꿀벌들은 말벌 주위를 뺑 둘러싸고 빠져나갈 수 없는 포위망을 만든다. 그리고 열심히 날갯짓을 한다. 바로 실내 온도를 높이기 위해서이다. 말벌이 고온에 약하다는 사실을 꿀벌들은 안다. 그래서 45도까지 온도가 상승하면 말벌은 죽고 만다. 이 과정에서 꿀벌 중 몇 마리는 말벌의 공격을 이기지 못하고 죽기도 한다. 그러나 자신이 죽는 한이 있더라도 포위망을 풀지 않는다. 말벌이 죽고 나면 또 다시 꿀벌들은 날갯짓을 열심히 해서 온도를 낮춘다. 48도가 되면 자신들도 죽는다는 사실을 알기 때문이다.

닭들과 확연히 다른 DNA를 꿀벌들은 가진 것이다. 닭들은 천적인 수리부엉이의 공격에서 자신이 살아남기 위해 발버둥을 치다가 동료 닭들도 죽이고 자기도 죽는다. 그야말로 '너 죽고 나 죽자'는 식으로 공멸한다. 이것은 '제로섬(zero-sum) 게임'이다. 승자와 패자의 이익을 합치면 '영'이 된다는 것이다. 누군가는 이익을 얻고 누군가는 손해를 보게 되는데 전체 공동체로 따지면 이익은 아무 것도 없다. 나 혼자 살려고 발버둥 치면 당장은 이익이 될 것 같은데 결국 전체적으로는 무익하게 된다.

반면 꿀벌들은 자기 한 몸 희생을 각오한 결과 천적인 말벌을 죽이는 데 성공한다. 그렇게 '나 죽고 우리 살자'는 식으로 생존해간다. 이것은 공동체로 함께 사는 것이다. 당장은 내가 손해인 것 같지만 전체적으로는 자신과 모두에게 유익이 되는 것이다. 이렇게 꿀벌들은 자신의 행동을 공동체적 관점에서 조율한다. 닭들은 개죽음(아니 닭죽음)을 당하지만 벌들에게는 명분 있는 희생이 있을 뿐이다."

좀 길게 인용했지만 공동체를 섬기는 리더에게 이 이야기가 주는 교훈은 정말 크다. 어떤 일을 성취하는 공동체와 무너지는 공동체의 차이는 개개인 한 명 한 명이 공동체 중심의 자세로 일하느냐 일하지 않느냐에 달려 있다. 꿀벌은 절대 꿀을 혼자 먹지 않기 때문에, 그리고 자기의 몸을 던지기 때문에 천적을 이길 수 있는 것이다.

우리는 하나님 나라의 관점에서 닭 같은 크리스천일까? 아니면 꿀벌 같은 크리스천일까? 이를 진지하게 물어보고 점검해야 한다. 자기밖에 모르는 이기적인 사람은 결코 미래의 축복을 누릴 수 없고 꿈을 성취하지 못한다. 닭과 같은 자세는 자기의 이익만 보고 공동체 전체의 유익을 보지 못하게 한다. 결국에는 서로를 깎아먹을 뿐 자신과 자신이 속한 공동체 모두 무너지게 된다. 신앙생활을 하면서 자신만 생각하는 사람들은 그 순간에는 자기 마음대로 하니까 괜찮은 것 같아 보인다. 하지만 결국 다른 사람들에게 상처를 주게 된다. 교회 전체적으로는 영적 공동체성이 무너져 교회가 힘들어지고, 결국 자신에게도 좋지 않은 결과를 가져오게 된다.

'치킨 처치'의 한계를 극복하는 것이 절대적으로 필요하다. 우리 교회는 어떤 교회일까? 치킨 처치일까, 아니면 꿀벌과 같은 신앙인들이 모인 '허니비 처치'일까? 솔로몬은 "세 겹 줄은 쉽게 끊어지지 아니하느니라"라는 비유를 통해 꿀벌들이 모인 생명을 살리는 교회가 되어야 함을 강조한다. 공존, 공생, 공영이 있는 '허니비 처치'로 가기 위한 실천적 사역이 무엇일까? 바로 서로를 향한 신뢰를 바탕으로 사랑으로 섬기고, 함께 나누고 기도하며 성장하는 소그룹 사역이다.

함께 인생여정을 걸어가야 할 결정적 이유가 있다.

성경은 인생을 여행 또는 여정에 자주 비유한다. 한 번 밖에 걸어갈 수 없는 인생이라는 여정 속에 하나님은 결코 우리가 혼자 걸어가기를 원하지 않으신다. 그래서 가장 가깝게는 피를 나눈 가족을 주셨고, 영적 공동체를 만나게 하셔서 영적 가족들을 허락하셨다. 그렇다면 하나님께서는 왜 우리에게 가족들을 허락하신 것일까?

더 안전하기 때문에

밤에 혼자서 길을 걸어본 적이 있는가? 칠흑같이 어두운 밤에 인적이 없는 곳을 혼자 걷다 보면 누구나 무서움을 느낀다. 인생이라는 여정 역시 마찬가지이다. 우리의 인생도 늘 밝은 대낮과 같은 시간만 있지 않다. 만약 한밤중과 같은 어둠 속에서 누군가 우리와 함께 걸어준다면 우리의 가는 길은 더욱 안전할 것이다. 내가 힘들고 지쳤을 때 나를 돌보아 주고, 내가 겪게 될지도 모를 위험이 존재함을 사전에 알려주고, 나의 잘못에 대해 진실하게 이야기해 줄 사람이 모든 사람에게는 필요하다.

  이 세상에서 내가 위험에 처해있을 때 선뜻 보호와 도움의 손길을 내밀어 줄 사람이 누구일까? 이런 사람은 어디로 가야 만날 수 있을까? 바로 소그룹이 그 역할을 감당할 수 있는 최적화된 공동체다. 모두가 위험사회 속에서 두려움에 젖어있는 세상이다. 이 때 소그룹식구들에게 힘들지만 함께 걸어감으로 안전하다는 것을 알려주는 소그룹 리더가 되자!

더 멀리 갈 수 있기 때문에

  잠비아 속담 중에 이런 속담이 있다. "혼자 뛰면 빨리 뛴다. 하지만 함께 뛰면 멀리 뛴다." 장거리 달리기를 해보면 어느 순간 숨이 막히고 옆구리에 통증이 오면서 포기하고 싶어질 때가 있다. 이 때 옆에 함께 뛰고 있는 사람이 없으면 십중팔구는 계속 뛰지 못하고 쉽게 포기한다. 그러나 누군가 나의 페이스에 맞추어 같이 뛰어준다면 훨씬 더 멀리 갈 수 있다.

  인생이라는 여정은 단거리 경주가 아니라 장거리 경주이다. 그렇기에 후원해 주는 사람이 없다면 그 누구도 멀리 뛸 수 없다. 기러기가 왜 V자형으로 날까? 그 형태가 상승기류를 형성해 덜 힘들고 서로를 격려하고 후원해 줄 수 있는 최적화된 비행 형태이기 때문이다. 소그룹만큼 쉽게 후원자를 발견할 수 있는 최적화된 공동체는 없다. 서로를 향한 마음의 후원, 관계의 후원, 실제적인 필요의 후원, 기도의 후원을 지속성을 띠고 할 수 있는 공동체가 바로 소그룹이다. 이런 공동체를 앞서 섬기는 리더로서의 자부심을 가져야 한다!

더 현명해 질 수 있기 때문에

"네가 스스로 지혜롭게 여기는 자를 보느냐 그보다 미련한 자에게 오히려 희망이 있느니라(잠언 26:12)"는 성경말씀은 리더들이 꼭 기억해야 하는 말이다.

논어에 이런 말이 있다. "세 사람이 함께 길을 걸어가면 그 중에 한 사람은 반드시 나의 스승이다." 소그룹의 유익은 나의 경험과 세계관을 뛰어넘어 또 다른 경험과 지식을 가지고 있는 다른 사람의 도움을 받을 수 있다는 것이다.

다른 사람의 도움이 필요 없을 정도로 현명한 사람은 이 세상에 아무도 없다. 다른 사람과 함께 할 때 우리는 더 많은 것을 배우고 성취할 수 있다. 삶 속에서 단순한 친구 이상의 사람을 만난다는 것은 진정한 교제를 나누는 사람들과의 만난다는 것이다. 자신이 잘못된 방향으로 가고 있을 때 그 사실을 알려줄 수 있는 관계, 주변에 이런 관계를 가진 사람들이 많으면 많을수록 지혜가 더욱 커지게 된다.

소그룹으로 모이기 힘쓸 때 변화는 시작된다.

인생길을 누군가와 함께 걸어갈 때 혼자일 때는 배우지 못했던 것을 배울 수 있다. 함께 걸을 때 더욱 안전하고, 더욱 멀리 걸을 수 있고, 더 현명하게 된다. 위험 사회로 규정된 세상의 어두운 터널을 통과하면서 어찌할 바를 모르는 이들에게 소그룹 사역만큼 중요한 것은 없다. 소그룹식구들이 이 놀라운 사실을 깨달을 수 있도록 전화하고, 연락하고, 소통하자! 오랜만에 얼굴이나 한 번 보자고, 예배의 자리에서 만나자고 해보는 것은 어떨까?

이런 이야기가 있다. 한 목사님이 다른 성도들과 교제를 하지 않는 성도의 집으로 겨울철에 심방을 갔다. 그 집에 도착한 목사는 말없이 벽난로 앞에서 불꽃만 한참동안 바라보고 있었다. 그런데 갑자기 불집게를 가지고 활활 타고 있던 석탄하나를 집어서 화로 앞쪽에 따로 놓았다. 홀로 떨어진 석탄은 곧 빛을 잃고 식어가면서 검게 변했다. 잠시 후 목사님은 또 말없이 검게 변한 석탄을 불타고 있던 석탄 무더기 위에 다시 옮겨 놓았다. 그랬더니 그 석탄은 곧 전처럼 힘차게 타오르기 시작했다. 활활 타던 석탄도 혼자서는 빛을 잃게 되고 불씨가 점차 사라지지만, 함께 있으면 다시 빛을 발하고 불이 활활 타게 된다는 것을 보여준 것이다.

영적인 불꽃의 힘은 사랑의 나눔과 깊은 관계가 있다. 깊이 있는 교제는 하나님께서 공급하시는 영적인 불꽃을 유지하게 한다. 신앙생활은 혼자서는 할 수 없다. 영적 공동체 안에서의 교제가 필수적이다. 소그룹을 통한 영적인 교제는 영적 성장과 건강을 위해 매우 중요하다. 소그룹은 주님께 받은 것들을 서로 나누는 교제, 친밀한 교제들을 통해 모이기를 힘쓰고 서로 돌아보며 격려해야 한다. 그러므로 진짜 영혼을 돌보는 소그룹 리더는 소그룹 멤버들로 하여금 '함께'의 은혜를 경험하도록 하는 리더이다.

나눔 질문

1. 서로가 서로를 죽이는 닭들과 힘을 모아 적을 몰아내는 꿀벌들의 이야기를 보며 느낀 점을 자유롭게 나누어 보십시오.

2. 신앙의 여정 가운데 혼자가 아닌 함께 함으로 얻은 기쁨과 유익을 나누어 보십시오.

3. 인생을 홀로 걸어가는 이들에게 소그룹이 어떤 역할을 할 수 있을지 나누어 보십시오.

4. 지금 내가 함께해 주어야 할 영혼이 혹시 떠오르십니까? 그 영혼을 위해 내가 지금 할 수 있는 일을 나누어 보십시오.

"깊이 있는 교제를 통해서 하나님께서 공급하시는 영적 교제의 불꽃을
늘 유지하는 소그룹이 되게 인도하라"

7
습관적인 결석자를 향한 대책을 가진 소그룹 리더

"인자가 온 것은 잃어버린 자를 찾아 구원하려 함이니라"

누가복음 19:10

모든 리더들의 가장 큰 골칫거리 '장기결석자'를 어떻게 인도할까?

소그룹 사역에서 리더를 가장 힘들게 하는 멤버는 다름 아닌 장기결석자이다. 습관적으로 결석하고 우선순위를 두지 않고 있는 이들은 지도자의 열정과 의욕을 꺾어놓을 뿐만 아니라 다른 멤버들에게 부정적인 영향력을 준다. 이들을 어떻게 섬기느냐 하는 것은 모든 리더들이 과거에도 고민해 왔고, 현재에도 미래에도 고민해야 할 문제이다.

그런데 습관적으로 결석하는 이들을 자세히 분석해 보면 개인적인 문제로 모임에 우선순위를 두지 않는 경우도 있지만 많은 경우 '관계의 문제'인 경우가 많다. 이런 문제에 직면했을 때 그들 역시 "내 양이 아니라 하나님의 양"임을 꼭 기억할 필요가 있다. 한 마리의 양이라도 하나님의 양인 것을 생각한다면, 잃어버려서는 안 되는 것이다. 그래서 예수님께서도 누가복음 19:10에서 이렇게 말씀하시는 것이다.

"인자가 온 것은 잃어버린 자를 찾아 구원하려 함이니라"

그렇다면 이른바 소그룹을 딜레마에 빠뜨리는 존재인 장기결석자들을 어떻게 해야 할까? 그들을 향한 대책과 전략을 몇 가지로 나누어 보면 다음과 같다.

습관적인 결석자를 효과적으로 섬기는 방안
그 영혼을 위해 기도하라.

그리스도의 이름으로 올려드리는 기도는 성령의 힘과 도우심을 실제적으로 경험할 수 있는 유일한 통로다. 땅에서도 매면 하늘에서도 맬 수 있고, 땅에서도 풀면 하늘에서도 풀릴 수 있게 만드는 것이 기도이다. 습관적으로 결석하는 영혼을 위해 집중적으로 기도하고 그 영혼과 접촉해 보라. 분명히 나를 대하는 태도가 다를 것이다.

잃어버린 한 영혼을 위해 온 마음과 영혼을 쏟는다면 그 영혼을 성령께서 만지실 수밖에 없다. 그러므로 무엇보다 기도가 우선이다.

소그룹 사역은 영적으로 예민한 사역이기 때문에 성령의 인도하심과 역사하심이 있느냐 없느냐가 성공과 실패를 가름한다. 자주 결석하는 멤버가 어떤 문제가 있어서 결석하는지 리더는 세세히 알 수 없다. 하나님께 열정적인 마음과 영혼을 쏟는 기도를 올려드릴 때 하나님께서 먼저 그 사람에게 찾아가셔서 상한 마음을 만져주시고 온전히 회복시켜주실 것이다.

끝까지 인내하라.

소그룹 리더를 어떻게 정의하면 좋을까? 한 목사님은 "리더는 인내하는 사람이다."라는 정의를 내렸다. 대부분의 리더가 이 부분에서 연약한 모습을 보인다.

가끔은 약속을 쉽게 깨드리고, 노-쇼(NO SHOW)하는 멤버가 얄밉기도 할 것이고, '내가 저에게 어떻게 했는데'하는 생각 때문에 마음이 상하기도 한다. 이런 상황에 직면할 때 우리에게 필요한 것이 인내이다. 인내하는 가장 좋은 방법은 예수님을 끝까지 바라보는 것이다. 우리 주님이 한없는 사랑으로 죄인 되었던 나를 구원하시기 위하여 십자가에 죽기까지 참으신 것을 기억하고 본받을 필요가 있다.

소그룹 리더 스스로 자신을 돌아보면 아직도 멀었지만 그럼에도 불구하고 예수님을 바라보며 함께 걸어가자.

개인심방을 하라.

'심방'(尋訪)의 원어적 의미는 '보살피다'(히브리어로 '파카트'), '돌보다'(헬라어로 '에피스켑토스')라는 뜻이다. 국어사전에서는 '심방'을 가리켜 '방문해서 찾아봄'이라고 설명하고 있다. 교회에서는 심방을 '목회자가 신자의 가정을 방문하는 것', '신자의 가정을 방문하여 대화하며 집안 형편을 살펴보고 신앙적 상담과 위로를 주는 행위', 또는 '어려움 당한 성도의 가정을 방문하여 하나님의 말씀으로 위로·권면하며 교제하고 도와주는 목양 활동 중에 하나'로 본다. [네이버 지식백과] 심방 [尋訪, pastoral visitation] (교회용어사전 : 올바른 용어, 2013. 9. 16., 가스펠서브) 참고.

개인심방은 가장 보편적이고 잘 통하는 방법이다. 결석하는 기간이 오래되면 서로가 힘들어지기 때문에, 매주 정기적으로 모이는 소그룹이라면 세 번 이상 빠지면 바로 연락해서 만남을 가져야 한다. 무작정 집으로 찾아가는 경우도 있고, 점심 한 번 같이 먹자고 연락하는 경우도 있을 수 있다. 심방을 통해 만나게 되면 결석한 이유를 바로 묻기보다 일반적인 이야기를 하면서 자연스럽게 대화를 나누며 '당신을 위해 기도하고 있다'고 격려하는 것이 필요하다. 그리고 "혹시 짐을 진 것이 있다면 나에게도 좀 나누어 달라"고 말씀하는 것은 더욱 효과적이다.

그리고 스스로 이야기 하도록 기다리고, 이야기가 나오면 무작정 각오를 하고 그의 이야기를 들어주는 것이다. 습관적인 결석자가 나에게 뭔가를 이야기하고 있다면 아직은 돌아올 가능성이 남아 있다는 증거이다. 만약에 만남이 부담스럽게 느껴진다면 문자 메시지나 카톡도 효과가 있다. 그냥 날씨가 좋다든지, 잘 지내라고 격려한다. 보고 싶다고 메시지를 보내는 것은 답을 하지 않아도 마음에 편지처럼 새겨진다. 물론 거부감을 느끼는 사람도 있지만 하나님의 자녀는 은혜의 물을 결코 떠나지 않는 속성이 있다.

은혜를 경험하는 모임으로 이끌라.

영적 공동체인 교회의 소그룹에 사람들이 오는 궁극적인 이유는 그 모임에 은혜가 있기 때문이다. 그래서 한 주간에 생활 간증과 말씀을 통해서 우리가 어떤 삶을 살아야 할지를 깊이 나누는 것이다. 특히 나눔을 가질 때 리더 자신이 삶 속에서 경험한 하나님의 도우심과 나에게 고통을 허락하셨을 때 느꼈던 점 등을 스스럼없이 오픈하면 은혜에 눈을 뜨기가 훨씬 쉽다.

그리고 임상 경험을 통해서 보면 오랜만에 나왔을 때 이전에 모이던 식구들 외에 새로운 멤버가 보이면 빠지지 않고 다음 모임에 나오기가 훨씬 쉽다. 새로운 영혼이 왔으니까 호기심도 생기고 "아~ 이 모임은 정체된 모임이 아니라 새로움이 있는 모임이구나" 하고 느끼기 때문이다. 특히 새로운 멤버가 들어와서 자신이 경험한 하나님의 은혜를 나눌 수 있다면 더 할 나위 없이 좋다.

내 양이 아니라 하나님의 양이다.

소그룹에 결석자들이 생기는 까닭은 다양하다. 그리고 실질적으로 이들을 책임지는 것은 소그룹 리더이다. 리더는 '내 양이 아니라 하나님의 양'이라는 사실을 기억하며 하나님의 도우심을 매일 구해야 한다. 끊임없이 기도하며 섬기려는 관심을 지속적으로 갖다보면 지체들에게 긍정적인 영향력이 전해져서 다시금 멤버가 되어 열심히 소그룹에 참여할 것이라 확신한다.

나눔 질문

1. 지금 섬기는 소그룹에서 장기결석자가 있습니까? 장기 결석 중인 이유로 짚이는 것이 무엇인지 함께 나누어 보십시오.

2. 장기결석자를 심방하는 것은 어렵지만 꼭 필요한 일입니다. 장기결석자를 심방하고 그 이후 경험했던 긍정적인 결과가 있다면 함께 나누어 보십시오.

3. 장기결석자 중에는 연락을 피하거나 거부하는 이들도 종종 있습니다. 이들과 지속적으로 관계를 이어갈 수 있는 효과적인 방안에는 무엇이 있을지 나누어 보십시오.

4. 섬기는 소그룹의 장기결석자들을 위한 기도제목을 나누어 보고 그들을 위해 함께 기도하며 마무리하시기 바랍니다.

"리더는 내 양이 아니라 하나님의 양이라는 사실을 기억하며
하나님의 도우심을 매일 구해야 한다."

8
신실한 동역의식을 확보하는 소그룹 리더

"1 내가 겐그레아 교회의 일꾼으로 있는 우리 자매 뵈뵈를 너희에게 추천하노니 2 너희는 주 안에서 성도들의 합당한 예절로 그를 영접하고 무엇이든지 그에게 소용되는 바를 도와 줄지니 이는 그가 여러 사람과 나의 보호자가 되었음이라 3 너희는 그리스도 예수 안에 있는 나의 동역자들인 브리스가와 아굴라에게 문안하라 4 그들은 내 목숨을 위하여 자기들의 목까지도 내놓았나니 나뿐 아니라 이방인의 모든 교회도 그들에게 감사하느니라"

로마서 16:1-4

동역자일까? 아니면 동업자일까?

예수님의 부활승천 이후 기독교 역사 속에서 가장 중요한 인물을 꼽으라면 누구를 꼽을 수 있을까? 바로 바울이다. 바울은 주님의 몸 된 교회를 세우면서 신약성경 27권 중 14권을 기록해 복음의 핵심을 후대에 전달했고, 세 차례의 선교여행을 통해서 열방을 향해 복음선교의 기초를 놓았다. 사도 바울은 복음의 능력으로 말씀을 선포하고 성령의 능력을 직접 행한 신학자요, 설교자요, 목회자요, 전도자였다.

그런데 사도 바울이 이렇게 귀하고도 많은 사역을 감당할 수 있었던 비결이 어디에 있었을까? 고린도전서 15장 10절에 기록된 바울의 고백을 보자. "그러나 내가 나 된 것은 하나님의 은혜로 된 것이니 내게 주신 그의 은혜가 헛되지 아니하여 내가 모든 사도보다 더 많이 수고하였으나 내가 한 것이 아니요 오직 나와 함께 하신 하나님의 은혜로라" 바울은 절대로 이 많은 사역들이 자신의 실력이나 인격, 수고로 이루어진 것이 아니라고 고백한다. 또한 바울의 이런 겸손한 고백은 단순히 한 순간의 고백이 아닌 평생의 고백이었다. 그런데 바울은 이렇게 겸손한 자기고백과 함께 수많은 사역들을 감당할 수 있었던 이유를 자신이 기록한 편지 내용들 속에서 순간순간마다 밝히고 있다. 바로 바울 자신과 함께한 동역자들의 수고라고 고백하는 부분이다.

사도 바울은 '자신을 위하여 기도해주고, 물질적 필요를 채워주고, 잠자리를 제공하고, 선교여행에 동참하고, 허물을 감싸주고, 부족한 것을 채워주고, 아플 때는 지켜주고, 계속해서 고통 받는 안질 때문에 눈이라도 빼어 주려 했던 동역자들의 수고와 헌신'이 아니었다면 자신의 사역은 절대로 불가능했을 것이라고 고백한다.

자신과 친밀한 관계를 맺고, 하나님 나라 운동에 동역해 주었던 동역자들에 대한 감사가 너무나 컸던 바울은 로마서를 마치면서 무려 30여 명이 넘는 동역자들의 이름을 하나하나 부른다. 로마서 16장의 시작인 로마서 16장 1절부터 한 번 보라.

보호자가 되어 주었던 뵈뵈 자매부터 시작해서 바울을 위하여 목숨이라도 내놓으려 했던 브리스길라와 아굴라 부부, '너희를 위하여 많이 수고한 마리아(6절)', '내 친척이요 나와 함께 갇혔던 안드로니고와 유니게(7절)', '그리스도 안에서 인정함을 받은 아벨레(10절)', '주 안에서 많이 수고했던 사랑하는 버시(12절)', '주 안에서 택하심을 입은 루포와 그의 어머니(13절)' 등 누구 하나 소홀이 말할 수 없고, 잊을 수 없는 이름들을 하나하나 부르면서 감사하고 축복한다.

　이들 모두는 쓰임 받은 시기, 장소, 환경, 직업, 신분, 지식의 깊이가 다 달랐다. 그러나 한결같이 주님을 향한 사랑 때문에, 주님의 복음 때문에 사도 바울과 함께 평생을 동역했던 사명자로 살아갔다.

　지금은 헌신과 충성이라는 말이 쉽게 나오지 않는 세대이다. 세상살이가 어렵다 보니 내 믿음 하나 지키기도 힘들다. 교회를 위한 헌신, 교회를 위한 충성이 메말라 가는 세대이다. 더구나 악한 마귀 사단은 이런 환경을 정확하게 간파하고서 틈만 있으면 비집고 들어와 성도들의 힘을 빼고, 복음과 주님의 교회를 위해 헌신하고 동역하는 길목을 막아서고, 걸림돌을 놓는다. 그러므로 지금 우리에게 붙여 주신 믿음의 사람들이 어떤 상태에 있는지 잘 살펴보아야 한다. 그리고 그들을 섬기는 가운데 친밀한 동역자의 관계를 형성하는 것은 무엇보다 중요하다.

　그러므로 무슨 일을 하든지 나는 동역자의식을 가지고 사역하는지 아니면 동업자인지를 잘 점검하고 또 점검해야 한다. 이런 말이 있다. "동역자는 어떻게 하든 내가 짐을 더 지려고 하고, 동업자는 어떻게든 덜 지려고 한다. 동역자는 고난에 관심을 갖는 사람이고, 동업자는 영광에 관심을 갖는 사람이다. 동역자는 일을 많이 하려고 하고, 동업자는 이익을 많이 가지려고 한다. 동역자는 고난을 나누려고 하고, 동업자는 이익을 나누려고 한다. 동역자는 상대방의 수고에 관심을 갖고, 동업자는 자기의 수입에 관심을 갖는다. 그러므로 동역자는 고난 속에서도 끝까지 함께하고, 동업자는 이익의 빛이 사라지면 가차 없이 떠난다."

　목사(성도)는 서로 동역자일까 아니면 동업자일까? 목사와 성도가 다투면 하나님은 누구의 편을 들까? 성도와 성도가 다투면 하나님은 누구 편을 드실까? 하나님은 누구의 편도 들지 않으신다. 울고 계신다. 고난에 동참하고, 수고의 멍에를 메고 끝까지 함께 갈 동역자가 영적 공동체인 교회에는 언제나 필요하다.

누가 좋은 리더인가?

이런 의미에서 소그룹 사역을 성공적으로 감당하는 리더는 어떤 사람일까? 소그룹 사역 현장에서 두 종류의 스타일을 가진 리더를 만난 적이 있다.

*A타입 : 리더십은 그저 그랬지만 사람들의 이야기를 잘 들어주는 타입

잘 봐줘서 그냥 괜찮은 사람이었다. 부드러운 사람도 아니었고, 생각이 창의적이거나 영감이 넘치지도 않았고, 멤버들에게 지도력을 잘 발휘하기 보다는 그냥 잘 들어주는 사람이었다. 그러나 그 그룹에는 항상 사람이 넘쳤다. 그리고 소그룹도 매 주일 지속적으로 모였다.

* B타입 : 교과서적으로 소그룹을 인도했지만 삶에는 관여하지 않는 타입

정말 교과서적으로 소그룹을 인도했다. 한 주간 나눔 질문에서부터 통찰력 있는 성경공부, 그리고 기도까지 소그룹을 참 매끈하게 인도할 줄 아는 기술을 가졌다. 그러나 이상하게 그의 그룹에는 결석자들이 많았고 소그룹 모임도 매주 정기적으로 모이지 못했다.

어느 타입의 리더가 소그룹을 역동적으로 그리고 계속해서 섬길 수 있었을까? 나중에 두 리더의 차이점을 정리할 수 있었다. B타입 리더는 모임 시간에만 모든 포커스를 맞추었다. 주중에 모이는 시간에만 자신의 의무를 잘 감당하면 된다고 생각했던 것이다. 주중 90분 동안의 모임을 잘 이끌기 위해서 미리 준비하는 것에는 철저했다. 그러나 이후의 시간에는 소그룹 멤버들의 상황과 삶에 전혀 관여하지 않았다. A타입 리더는 멤버들의 삶 전체에 관여하고 있었다. 주중모임은 단지 그룹에 대한 섬김의 시발점이었을 뿐이었다.

좋은 리더는 모임이 전부가 아니라는 것을 아는 리더이다. 멤버들의 실제적인 삶이 변화하고 그들과 동역의식을 형성하기 위해서는 멤버들이 가지고 있는 자기 보호의 벽을 허물어야만 한다. 그런 일은 리더가 자신들을 사랑하고 진정으로 자신들의 삶에 관여하기를 원한다는 것을 알 때 가능하다. 결국 훌륭한 소그룹 리더는 동역관계의 중요성을 아는 리더이다. 좋은 리더와 그렇지 않은 리더를 구별하는 기준은 가르치는 기술이 아니라 멤버들의 삶에 뛰어들 필요를 느끼고 있느냐에 달려있다.

동역의식 확보를 위해 꼭 이해해야 할 두 가지 전제

펜데믹 경험 이후 사회적 유대관계를 끈끈하게 해주었던 공동체들이 여기저기서 깨어지고 있는 것을 본다. 이대로 가다가는 가족공동체 외에는 아무런 공동체도 남지 않을 것이라 경고하는 사회학자들도 있다. 그러나 가족마저도 낮은 출산률로 인한 소가족으로, 싱글가구의 증가로 파편화되고 있다는 것은 주지의 사실이다. 서로를 불안하게 바라보는 시선 속에서 과연 우리 사회는 건강성을 유지할 수 있을까? 불가능한 일이다.

인간은 누구나 소외를 근본적으로 두려워하고 싫어한다. 근본적으로 관계지향적으로 피조된 인간의 본성은 건강한 공동체 내에서 친숙한 관계를 요청하고 갈망한다. 사회학자 니스벳(Richard E. Nisbett)은 소외가 번져 나가는 사회 속에서 유일한 대안은 "작은 규모와 안정된 구조의 공동체"라고 밝힌다. 코로나19 상황 속에서 "사람들이 예전의 공동체를 그리워하고 공동체 안에 안주하려는 욕구가 심화되기 때문에 이들에게 공동체를 제공함으로써 소외를 극복할 수 있다"고 전언한다.

공동체예배를 마음껏 드릴 수 없는 상황에 직면하고 자유로운 모임이 어려워지는 펜데믹을 경험한 사회적 환경 속에서 성도들 역시 관계의 어려움을 호소한다. 결국 친밀감을 느낄 수 있는 작은 공동체 안에서 안정감과 편안함을 느껴야 하는데 그 대안이 바로 소그룹이다. 소그룹 안에서의 동역의식을 느끼는 관계형성만이 사회적 불안을 씻어 낼 수 있는 것이다.

동역의식은 서로를 신뢰할 때 형성되는 감정이다. 신뢰는 장기간의 교제에 근거한 "공동의 틀(common framework)"을 구성원들이 함께 가지고 있을 때 가능하다. 곧 한 집단에 속하여 반복적으로 상호작용을 하는 과정에서 사람들은 각자의 가치관과 생활 습관에 대하여 알게 되고, 서로에 대한 신뢰가 형성되는 것이다. 이런 신뢰를 통해 상호 친밀감을 넘어 효과적인 동역의식까지 형성할 수 있는 대안공동체가 바로 빠르게 소통과 공감이 일어날 수 있는 소그룹이다.

이런 점에서 한 사람이 새롭게 예수를 믿고, 교회 공동체 안에서 불확실성을 제거하고, 제대로 안정감을 누리며 정착하기 위해서는 소그룹에 편성되고 리더를 비롯한 멤버들과 계속적인 관계를 가지는 것은 필수적이다.

친밀감을 넘어 동역의식을 확보할 수 있는 결정적인 시기

소그룹 사역 과정 중에 간혹 리더들이 찾아와서 소그룹의 친밀도에 대한 고민을 털어놓을 때가 있다. 자신이 인도하는 소그룹의 멤버들은 이상하게도 서로가 좀 냉랭하다는 것이다. 그 때마다 나의 대답은 단순하다. 가능한 비공식적인 교제(Informal Relationship)를 많이 가지라고 조언한다. 어느 정도의 시간이 지난 뒤 피드백을 받아보면 비공식적인 교제를 통해서 친해질 수 있는 시간을 많이 가졌음에도 불구하고, 이상하게 별로 진전이 없다는 실망스러운 대답을 듣는다. 과연 이유가 무엇일까?

바로 소그룹이 친밀감을 형성하는 결정적인 시기가 있기 때문이다. 이 시기를 놓치게 되면 그 후에 아무리 노력해도 별 진전이 없다. 이런 결정적인 시기를 알기 위해서 소그룹 활동의 성장과정을 이해해야 한다.

소그룹에는 크게 3단계가 있다. 탄생기, 성장기, 재탄생기이다. 이것을 좀 더 세분화해서 5단계로 나누어 볼 수도 있다. 형성기, 갈등기, 안정기, 성장기, 새로운 변혁기가 그것이다.

소그룹 멤버들이 친밀감을 형성할 수 있는 결정적인 시기는 탄생기, 즉 형성기에 있다. 이 시기는 멤버들이 관심을 가지고 그룹에 참여할 것인지 말 것인지를 결정하는 시기이다. 그렇기에 이 시기에 친밀감이 형성된다면 그 뒤에 이어지는 모든 성장과정은 동역의식 확보의 주요 경점이 될 수 있다.

결국 보다 깊은 연대와 동역의식 확보를 위해 소그룹을 새롭게 시작하는 성장기에 가장 신경써야 할 것은 바로 친밀감 형성이다. 특별히 1년 단위로 소그룹 멤버들을 교체하는 청년대학부 경우는 1-2월이 친밀감 형성에 주력하는 때임을 기억하고 최대한 소그룹이 친해지도록 여건을 조성해야만 한다.

동역의식 형성을 위해 필요한 ACTION
두려움을 극복하라!

사실 '친밀함, 투명성, 상처받는 것을 감수함' 등 이런 말들이 부담스럽게 들리는 것은 사실이다. 그러나 분명한 사실이 있다. 자신을 투명하게 드러내고 친밀감을 형성하지 못하는 이상 함께 울고 함께 웃는 진정한 영적 공동체를 만들 수도, 경험할 수도 없다.

더 나아가 멤버들이 서로 직접적으로 상호반응 할 수 있는 소그룹에서 친밀함을 형성하지 못하면 또 하나의 가족이라고 말하는 영적 가족공동체로서의 교회가 건강하게 세워지기는 어렵다. 친밀감이 없는데 동역의식이 생길리도 만무하다.

사회학자들은 서로 얼굴을 대면하여 볼 수 있는 소그룹을 '일차 그룹(primary group)'이라고 일컫는다. "일차 그룹인 소그룹은 친밀하게 대면하는 관계 그리고 동역의식을 가지고 사역까지 감당하는 협력이라는 특징을 갖고 있다. 그런데 일차 그룹인 소그룹이 투명하지도 친밀하지도 않으면서 그보다 범위가 넓어지는 2차, 3차 그룹이 서로를 돌아보고 함께 울고 함께 웃는 공동체로 발전하는 것은 불가능한 일이다." 그러므로 진정한 돌봄과 섬김이 있는, 사랑이 넘치는 건강한 교회를 꿈꾼다면 1차 공동체인 소그룹이 먼저 고립이라는 담장을 허물고 동역의식을 확보해야 한다.

먼저 모범을 보여라!

그렇다면 누가 먼저 이 친밀함과 동역의식을 막아서는 두려움을 벗어던지는 1번 타자가 되어야 할까? 누구나 자신만이 가지고 있는 비밀이 알려져서 다른 이들에게 거부당하거나 비판을 받을까봐 두려워한다. 그러나 성장은 고립된 상태에서 일어나지 않는다. 내가 섬기는 소그룹 멤버들이 친밀함을 넘어 동역하기까지를 원한다면 리더가 먼저 모범을 보여야 한다. 리더가 더 많이 정직하고 투명할수록 멤버들은 그 정도에 따라 정직하고 투명해질 것이다. 리더로서 먼저 자신을 오픈하라! 그렇지 않으면 멤버들은 입을 꽉 다물고 절대로 자신을 오픈하지 않을 것이다.

멤버들이 가면을 벗게 하라!

성도들은 거룩을 지향하는 죄인들이다. 사도 야고보는 야고보서 5장 16절에서 "너희 죄를 서로 고하며 병 낫기를 위하여 기도하라"고 권면한다. 그러나 멤버들이 서로의 영적, 육적, 관계적 상황을 솔직하게 고백하는 것은 정말 쉽지 않다. 긴 시간이 걸리는 일이다. 그러나 시간만 보낸다고 되는 일도 아니다.

소그룹 구성원들과 함께 시간을 보내면서 투명성을 넘어 친밀함 그리고 동역으로까지 나아가기 위해서는 다음과 같은 요소들을 점검해야 한다.

첫째, 의도적으로 시간을 가지라!

서로를 안다는 것은 절대 시간도 필요하지만 준비도 필요하다. 가장 쉬운 준비는 마음열기가 잘 준비된 자료를 사용하는 것이다. 성경공부를 할 때 사람들에게 각자의 의견이나 느낌을 물어보는 적용 문제도 도움이 된다. 사람들이 서로를 잘 알아감에 따라 서로에 대해 더욱 편안해질 것이다. 그렇게 되면 서로를 신뢰하기 시작할 것이고, 자연스럽게 가면을 벗어 던지는 자리로까지 나아가게 될 것이다.

둘째, 비밀을 지키라!
만일 자신의 이야기가 그룹 밖으로 새어나갈 것이라고 생각한다면 멤버들은 절대로 자신의 속내를 열지 않을 것이다. 그룹 내에서 나누어진 내용은 절대 비밀이 지켜질 것이라고 확신할 수 있게 하라. 혹시 멤버 중에 누군가가 염려하는 기색이 보이거든 이 점을 분명히 상기시켜주어야 한다.

셋째, 서로의 짐을 지라!
사람들은 나와 함께하는 누군가가 진짜로 자신에게 관심이 있다고 확신할 때 쉽게 이야기를 털어놓는다. 육체적으로나, 감정적으로나, 영적으로나 언제든지 자신의 필요를 요청할 수 있고 기꺼이 도와줄 수 있다는 인식을 형성시켜준다면 그 사람은 스스럼없이 마음의 빗장을 열 것이다.

넷째, 책임감을 가지게 하라!
사실 서로에 대한 책임감은 지키기 힘든 원칙이다. 그러나 독불장군 그리스도인은 없다. 우리는 서로가 필요하다. 처음에는 모임 시간 정각에 도착하는 일에 책임감을 가지게 하고 그 다음에는 기도생활과 성경공부 같은 일에 책임감을 가지게 해야 한다. 그러다 보면 신뢰감이 쌓여감에 따라 마음속의 여러 가지 사안들에 대해서 서서히 고백하기 시작할 것이다. 그리고 자연스럽게 같은 목표를 향한 선한 동역이 시작될 것이다.

동역의식 형성을 위한 핵심 요소가 있는지 점검하라!

도심 속에 살다보면 "군중속의 고독"이라는 말을 늘 떠올리게 된다. 실존주의 철학자 키에르 케고르의 말이다. 아무도 없는 외딴 섬이나 타 문화권 가운데 느끼는 소외와 고독이 아니다. 수없이 많은 사람들 가운데서 소외와 고독을 느낄 때 적용되는 말이다. 이 소외와 고독의 질병은 다른 것으로 해결할 수 없다. 오직 친밀한 관계를 통해서만 해결이 가능하다. 그렇다면 친밀한 관계를 형성할 수 있는 유일한 대안공동체인 소그룹 안에서 구체적으로 친밀감을 형성하고 더 나아가 동역자를 만나기 위해 점검되어야 할 요소는 무엇인가?

첫째, 시간공유의 요소

시간을 들이지 않고 친밀감을 유지하는 것은 불가능하다. 멤버들과 함께하는 시간을 공유함으로, 기도하는 시간을 공유함으로, 사역하는 시간을 공유함으로 소그룹 멤버들은 서로 동역자로 자라갈 수 있다. 예수님께서는 가장 고독한 시간(겟세마네 동산에서의 기도시간)에 의도적으로 그의 절친한 제자인 베드로와 야고보 그리고 요한과 함께 시간적 공유를 하셨다. 시간공유를 위해서 대면심방, 전화통화, 힘을 주는 메시지(시편성구), 쪽지 보내기 등을 활용할 수 있다.

둘째, 민감성의 요소

누군가와 소통하고 공감한다는 것은 그 사람의 말이나 행동에 대해 민감해졌다는 것을 의미한다. 결국 멤버들 한 사람 한 사람의 모든 변화에 대한 민감성이 소그룹 멤버들 사이의 친밀감을 도모할 수 있는 구체적인 요소로 작동하게 되어 있다. 리더가 멤버에게 더 나아가 멤버들 상호간에 세미한 영역까지 함께한다는 느낌을 공유한다면 절반 이상을 성공한 셈이다.

셋째, 신실함의 요소

즉흥적이고 감각적인 사람이 아니라 지속적이고 성실한 사람으로 인식된다는 것은 친밀함을 넘어 동역의식을 가지기 위해서 대단히 중요하다. 구약성경을 보면 엘리야가 활동하던 시대에 엘리야를 알고 있었던 선지생도들은 다수였지만 끝까지 엘리야를 따르고 함께 있었던 사람은 개인적인 신실함을 가지고 계속해서 엘리야와 상호관계를 맺었던 엘리사밖에 없었다. 친밀함을 넘어 동역자를 만나고 싶은가? 그렇다면 신실해야 한다! 특별히 시간을 지키는 것부터 시작해라.

> "소그룹을 소그룹 되게 하는 친밀감과 동역은
> 결코 저절로 형성되지 않는다."

나눔 질문

1. 바울은 로마서를 마치면서 자신의 동역자들의 이름을 하나하나 부릅니다. 나를 도와주고 지지해 주는 동역자들의 이름을 생각나는 대로 적어보고 바울처럼 그들을 향한 수식어도 붙여 보십시오.
   예) 내 친척이요 나와 함께 갇혔던 안드로니고와 유니게

2. 본문 203쪽에 나오는 동역자와 동업자의 차이점을 적어보고 나는 동역자인지 동업자인지를 점검해 보십시오.

3. 소그룹 내에서 서로 동역자로 세워지기 위해서는 친밀감이 필요합니다. 나의 소그룹에서 친밀감을 형성할 수 있는 시기와 방법은 무엇일지 함께 나누어 보십시오.
· 친밀감을 형성할 수 있는 시기:

· 친밀감을 형성할 수 있는 방법:

4. 친밀한 소그룹으로 나아가기 위해 다음 요소들을 점검해 보고 보완할 부분을 나누어 보십시오.

친밀한 소그룹으로 세우기 위한 요소	○: 잘하고 있음 △: 보통 ×: 잘 못하고 있음
의도적으로 시간을 가지라	
비밀을 지키라	
서로의 짐을 지라	
책임감을 가지게 하라	

9
모이는 교회와 흩어지는 교회의 정체성을 이해하고 사역하는 소그룹 리더

"46 날마다 마음을 같이하여 성전에 모이기를 힘쓰고 집에서 떡을 떼며 기쁨과 순전한 마음으로 음식을 먹고 47 하나님을 찬미하며 또 온 백성에게 칭송을 받으니 주께서 구원 받는 사람을 날마다 더하게 하시니라"

사도행전 2:46-47

"사울은 그가 죽임 당함을 마땅히 여기더라 그 날에 예루살렘에 있는 교회에 큰 박해가 있어 사도 외에는 다 유대와 사마리아 모든 땅으로 흩어지니라"

사도행전 8:1

'모이는 교회'와 '흩어지는 교회'

　서현교회 원로목사이신 김경원 목사님께 '서현교회' 역사 속에 가장 힘들었던 때가 언제였는지 물어 본 적이 있다. 목사님의 대답은 1983년 예배당에 화재가 났을 때였다. 예배당이 홀랑 타버렸으니 목사님을 비롯해서 온 성도가 얼마나 힘들었을까? 그 때 아마도 교회 주변에 예수를 믿지 않는 사람들은 이런 이야기를 하지 않았을까 싶다. "이제 서현교회는 없어졌네!" 예배당이 불탔다. 서현교회가 정말 예수를 믿지 않는 사람들의 말처럼 없어졌을까?

　서현교회는 이제 없어졌다고 말하는 사람들 사이에서 한 사람이 이런 이야기를 한다. "아니야. 서현교회 예배당은 불타서 없어졌지만 서현교회는 다른 장소에서 다시 모일걸? 그리고 교회가 다시 새 예배당을 지을거야."

이후에 서현교회의 역사는 어떻게 진행되었을까? 1983년 8월 예배당 기공예배를 드리고 이듬해 1984년 12월 20일 새로운 예배당에서 입당예배를 드렸다. 그리고 서현교회는 계속해서 하나님께 영광 돌리는 예배, 말씀으로 일꾼을 세우는 교육, 사랑의 공동체로서의 교제, 지역사회를 섬기는 봉사, 복음을 듣지 못한 이들에게 전도와 선교하는 사명을 다하면서 성숙과 성장을 지향하고 있다.

 펜데믹을 경험하면서 교회들은 예배당에서 모이지 못하는 상황을 경험했다. 예배당에 모이지 못한다고 해서 교회가 없어진 것일까? 모이지 못하고 함께 얼굴을 대하지 못하는 어려움을 당했지만 교회가 없어진 것은 결코 아니다. 조금 적극적으로 표현하면 주님이 다시 재림하시는 그 시간까지 어떤 상황이 오더라도 주님이 직접 세우신 교회는 절대로 무너지지 않고 영원히 존재한다. 다만 교회의 존재형식과 방식만 다를 뿐이다. 건물로서의 교회는 잠시 문을 닫아도 사람으로서의 교회는 결코 문을 닫지 않는다.

 초대교회의 상황을 보여주는 사도행전은 교회의 존재양식과 정체성을 보여주는 아주 중요한 말씀이다.

모이는 교회의 정체성(행 2:46-47)

 교회가 함께 모이기를 힘쓰는 것은 교회의 첫 시작부터 두드러진 특징이었다. 오순절에 성령이 믿는 자들에게 임하신 영광스러운 장면으로 시작된 교회는 날마다 마음을 같이하여 성전에 모이기를 힘쓰고 집에서 떡을 떼며 기쁨과 순전한 마음으로 음식을 먹고 하나님을 찬미하며 또 온 백성에게 칭송을 받았다. 사도행전 2장 41절은 예루살렘 교회가 첫 날 세워지고 교회로 들어온 성도의 수가 삼천 명이나 되었다고 증언한다. 그리고 47절은 '주님께서 그 많은 무리에 구원받는 사람을 날마다 더하게 하셨다'고 한다. 모이는 것,

이것이 초대교회의 특징이었다.

흩어지는 교회의 정체성(행 8:1)

날마다 이 많은 숫자의 성도들이 어떻게 모였을까? 사도행전 2장 42절은 날마다 말씀을 듣고, 교제하고, 떡을 떼며 오로지 기도하기를 힘썼다고 기록하고 있다. 음식을 나누며 교제하는 것은 누군가 수고해야만 하는 아주 귀찮고 힘든 작업이다. 이런 일이 날마다 어떻게 가능했을까? 물론 사도행전 2장 46절에 기록된 대로 먼저는 많은 수가 함께 예배드리던 성전에서 했을 것이다. 그리고 더욱 중요한 것은 성전 주변에 거주하던 성도들이 여러 집을 활용해서 모였다는 것이다.

초대교회의 상황은 신약성경이 완전히 기록되기 전이라는 것을 염두에 둘 필요가 있다. 이제 막 거듭난 영적 아기 같은 성도들은 3년 동안 예수님께 특별훈련을 받은 사도들로부터 신령한 하나님의 말씀을 받으며 매일매일 무럭무럭 자랄 수 있었다.

그런데 사도행전 7장에 스데반이 순교하는 역사적 기록이 나온다. 이후 교회에는 큰 박해가 불어 닥친다. 사도행전 8장 1절은 사도 외에 모든 성도들이 유대와 사마리아 모든 땅으로 흩어졌다고 증언하고 있다. 또 오순절(칠칠절)에 맞춰 각지에 흩어져 살던 유대인들이 예루살렘에 찾아왔다가(신 16:16) 사도들이 전해준 말씀을 들었다. 이때 구원 받은 성도들은 일정 기간이 지난 후에 자신의 집으로 돌아가기도 했을 것이다. 사도행전 2장 9-11절은 그 속에는 바대인, 메대인, 엘람인, 메소보다미아, 유대, 갑바도기아, 본도, 아시아, 브루기아, 밤빌리아, 애굽, 구레네, 리비야, 로마, 그레데, 아라비아 등 각지에서 온 사람들이 있었다고 증언한다. 모든 사람들이 예루살렘에만 모여 있지 않고 자신이 살던 곳으로 그리고 핍박을 피해서 각지로 흩어졌다. 이것이 바로 초대교회가 보여주는 또 하나의 존재양식이고 정체성이었다.

초대교회는 '흩어진 성도들(디아스포라)에게 누가 영적양식을 제공할 것인가?'하는 현실적인 문제에 직면하게 되었다. 과연 누가 유대와 사마리아 그리고 세계 각지에 흩어진 성도들을 영적으로 섬기고 인도해야 했을까?

복음의 능력을 먼저 깨달은 자들에게 주어진 책임이 있다.

펜데믹을 경험하면서 교회는 온 성도들이 모이는 교회로 사역하지 못하고 모든 상황이 180도 변화된 상황을 맞이하게 되었다. 이런 기가 막힌 상황 속에서 스데반의 순교 이후 모든 성도들이 유대와 사마리아 모든 땅으로 흩어진 사도행전 8장을 다시금 묵상하게 된다. 그 때 초대교회는 어떻게 그 위기상황을 극복했을까?

모든 성도가 각처에 흩어져 있는 상황에서, 영적인 양식을 제공하는 일과 영혼을 돌보는 일과 기도하는 일을 온전히 수행하기 어려운 때, 그 책임과 역할을 담당할 사람은 도대체 누구일까? 사도행전 8장 4-5절은 성령의 능력으로 변화된 후 복음의 감격을 가지고 각 지역으로 흩어진 성도들과 제자들이 흩어진 각지에서 복음의 내용을 계속해서 전했다고 증언한다. "그 흩어진 사람들이 두루 다니며 복음의 말씀을 전할새(행 8:4)"

복음의 능력을 체험했다면 그 누구도 예외 없이 복음의 능력을 전해야 할 책임이 있다. 특히 영적 공동체가 인정하여 세운 소그룹 리더라면 더 말할 필요가 없다.

소외된 자들에게 생명의 양식을 공급하는 것은 소그룹 리더이다.

코로나19 재난 속에서도 직장, 학교, 기관, 시설 등이 정지된 것처럼 보였지만 사람들이 음식 먹는 것을 멈출 수 없었다. 매장방문은 반 토막으로 줄었지만 배달은 두 배가 늘어났고 식료품점의 배송은 더 늘어났다.

그만큼 먹는 일이 중요했던 것이다. 영적 양식도 역시 마찬가지이다. 성도는 영혼의 양식을 먹지 않고서는 살아갈 수 없다. 영적 금식은 육신의 금식만큼 길어질수록 해롭게 된다. 그래서 예수님께서는 제자들을 훈련시키셨고, 성령께서 능력을 더하신 사도들을 세우셔서 자신이 하시던 영적양식의 공급을 계속하셨다.

사도행전 8장 5절에서 예수님의 제자 빌립은 당시 유대인들이 이방인들보다 더 천하게 취급당했던 사마리아 지역까지 가서 생명의 양식을 공급하는 역할을 감당한다. "빌립이 사마리아 성에 내려가 그리스도를 백성에게 전파하니." 그리고 더 나아가 광야까지 간다. "주의 사자가 빌립에게 말하여 이르되 일어나서 남쪽으로 향하여 예루살렘에서 가사로 내려가는 길까지 가라 하니 그 길은 광야라 (행 8:26)"

여기에서 광야는 사마리아성으로부터 약 100km나 떨어져 있는, 아무도 살지 않는 것 같은 곳이었다. 그러나 빌립은 성령에 이끌려 가장 소외된 지역까지 간다. 그리고 생명의 양식이 필요한 사람이라면 단 한 사람도 생명의 양식이 공급되는 은혜에서 소외되지 않도록 섬기는 모습을 보여준다.

효과적으로 영적 양식을 나누고 섬길 수 있는 방안을 기억하라.

위험사회 속에서 모든 사람들의 마음은 두려움과 불안함으로 하루하루를 살아간다. 이 때 죽음을 이기고 부활하신 예수 그리스도라는 소망을 가진 소그룹 리더는 과연 어떤 사역들을 해야만 할까?

복음으로 확신과 기쁨에 찬 삶을 살라.
　이렇게 사는 것만으로도 우선은 소그룹 리더로서의 역할을 다할 수 있다. 펜데믹 상황속에서도 이단인 여호와의 증인들이 웃으면서 포교를 계속하는 모습을 거리에서 본 적이 있다. 잘못된 교리와 동기로 하는 것이 분명하나 그들의 사역을 코로나19조차도 막지 못하는 것을 보면서 많은 생각을 했다.
　그렇다면 참된 교리와 올바른 동기를 가진 예수 그리스도의 제자는 각자에게 맡겨진 말씀 사역에 얼마나 더 충성해야 할까? 리더는 성도들이 흩어져 있더라도 자기에게 맡겨진 영혼을 먹이고 돌보는 일에 충성해야 한다. 건물로서의 교회는 잠시 문을 닫아도, 사람으로서의 교회는 결코 문을 닫지 않는다.
　마스크를 착용해야 하고, 악수 또는 신체 접촉을 피해야 하고, 사람이 많이 모인 곳은 안전을 위해 되도록 가지 말아야 한다. 하지만 동시에 주님께서 나에게 맡겨주신 영혼들, 계속해서 기도하고 전화하라고 부담을 주시는 소그룹 식구들에게 연락하는 일은 피할 수 없다. 그들과 말씀을 나누고, 함께 기도하고, 따뜻한 위로의 말과 삶으로 영적 양식을 전달하는 일은 멀리할 수 없다. 상황이 위급하면 위급할수록 죽음을 두려워하는 이들에게 죽음을 이기신 분을 지혜롭게 소개할 수 있는 절호의 기회이다. 영적인 갈급과 굶주림을 호소하는 자녀들과 가족들, 이웃들에게 할 수 있는 한 최대한 영적 양식을 준비하고 나누어야 하는 것이 소그룹 리더의 책임이다. 그러기 위해서 구체적으로 다음의 사실을 기억하라

교회가 제공하는 자료들을 최대한 활용하라.
　교회 홈페이지와 유튜브 계정에 업로드 되어있는 자료들, 교회에서 문자로 보내는 자료들, 음성기도, 주일학교 자료들 등을 자신도 활용할 뿐만 아니라 그것을 소그룹 식구들이 잘 활용하고 있는지 확인해보아야 한다.

개인 말씀묵상과 기도에 집중하라.
　복 있는 사람은 "오직 여호와의 율법을 즐거워하여 그의 율법을 주야로 묵상하는(시 1:2)" 사람이다. 그럴 때 "의인의 삶이 형통(시 1:3)"하다. 리더로서 그리고 성도로서 "모든 지혜로 피차 가르치고 권면하는 것"과 "시와 찬송과 신령한 노래를 부르며 감사하는 마음으로 하나님을 찬양하는 것"과 "무엇을 하든지 말에나 일에나 다 주 예수의 이름으로 하는 것"은 각자 속에 "그리스도의 말씀이 풍성히 거할 때(골 3:16-17)" 가능한 일이다. 그러므로 나의 삶을 말씀으로 풍성히 채우는 일 곧 말씀을 묵상하고 아는 일에 힘써야 한다.
　일주일에 한두 번 설교를 들으면 영적 양식을 충분히 공급받은 것일까? 보통 사람들은 하루 세 끼나, 일주일이면 스물한 번 식사를 하고서도 간식을 먹는다. 성도는 죄로 물든 세상 속에서 하루 24시간씩 일주일 내내 사탄과 어둠의 세력에 맞서 치열하게 영적 전쟁을 치르며 살아간다. 일주일에 한두 번 말씀으로 이 세상을 맞서보려고 하는 것은 가당치 않은 일이다. 할 수 있는 한 말씀을 묵상하는 일에 힘써야 한다. 매일 시간을 내서 "예수 그리스도의 은혜와 그를 아는 지식에서 자라가야"(벧후 3:18)한다.
　풍랑이 심한 바다에서 제자들은 예수님께 호소했다. 위기의 때일수록 주님께 더욱 부르짖고 주님의 말씀을 잘 듣고 그 말씀이 하시는 일을 기대하며 간구해야 한다. 매일 시간을 정해놓고 하는 기도는(필자가 섬기는 서현교회에서는 '매일 10시 한마음 기도'라는 타이틀로 기도제목을 성도들에게 읽기만 해도 가능한 기도제목을 매주 보낸다. 서현교회 홈페이지에서 기도제목들을 볼 수 있다.) 이런 점에서 우리에게 정말 필요한 시간이자 하나님께 나아갈 갈 수 있는 중요한 통로이다.

리더가 예수 그리스도의 말씀으로 채워질 때, 우리는 비로소 말씀 사역자로 가정과 이웃에게 소망을 확신 있게 말할 수 있다. 리더는 질병과 어떤 위험도 앗아갈 수 없는 소망을 가진 자이다. 바쁠수록 더욱 기도와 말씀에 충성해야 한다. 여유가 있다면 헛된 곳에 시간을 허비하지 말고 말씀 사역자로서 말씀으로 풍성히 자신을 채우는 일에 그 시간을 사용해야 한다.

영적 동지들과 소통하라.

'레베카 솔닛(Rebecca Solnit)'은 『이 폐허를 응시하라』(펜타그램. 2012.)라는 책에서 이렇게 말한다. "재난 이후 폐허 속에서 공동체 경험이 없는 이들은 이기주의 속에서 야만적인 인간들이 되며 디스토피아(지옥)를 경험한다. 반면 공동체 경험이 있는 이들은 이타주의 속에서 나눔과 섬김, 격려와 위로, 극적인 헌신으로 유토피아(천국)를 경험한다."

위기는 견고한 도약대를 만들 수 있는 기회이다.

존 맥아더 목사는 코로나19가 생기고 온라인 예배로 대체하는 결정을 내리면서 51년 그레이스 커뮤니티 교회에서 사역하며 처음 겪는 일이라고 말했다. "정말 그렇다. 우리 모두 처음 이런 일을 겪는다. 하지만 우리 모두 이 일은 하나님의 주권 아래 일어난 일임을 안다. 또한 모든 것을 합력하여 선을 이루신다고 약속하신 하나님을 우리는 모두 신뢰한다." 필자는 존 맥아더 목사님이 "We are so excited!(우리는 매우 흥분된다!)"라고 말한 부분에 동의한다. 사람들이 고통 받고 어려운 환경이 된 것에 기쁘다는 말이 결코 아니다. 모든 것이 하나님의 주권 아래 주어진 것과 하나님께서 이번 일을 통해 선을 이루실 것을 믿기 때문이다. 이 사실을 믿는다면 하나님께서 이루실 일에 대해 기대하고 기뻐하며 나아가 감사할 수 있어야 한다.

필자가 기대하는 하나님의 선하신 뜻 중 하나는 성도들이 각자의 역할을 다시 한 번 깨닫고 흩어진 그곳에서 각자 그 역할에 충성을 다하는 것이다. 그동안 교회에 자신의 자녀에 대한 영적 양육을 거의 대부분 양도한 성도가 있다면 부모로서 자신이 그 역할을 담당해야 한다는 것을 깨닫고 적극적으로 임하는 계기를 맞이할 수 있다.

그동안 영적 끼니를 강단설교를 듣는 것으로만 때운 사람이 있다면 이번 기회에 스스로 각성하고 날마다 풍성히 하나님 말씀을 먹어야 한다! 더 나아가 내게 맡겨주신 영혼(소그룹식구)들을 먹이는 일에 충성하는 기회가 될 수 있다고 본다.

필자 역시 그 어떤 제약도 없이 다함께 예배하는 그날을 꿈꾸며 기다린다. 하지만 다시 모일 때 영적인 기아 상태로, 허기지고 굶주린 상태로 만나는 것이 아니라 각자가 영적 양식을 잘 섭취하고 먹여서 튼튼하고 건강한 모습으로 만나기를 소망한다.

"주 예수 그리스도의 은혜와 하나님의 사랑과 성령의 교통하심이 너희 무리와 함께 있을지어다(고후 13:13)" 멀리 떨어져 사도의 가르침을 받을 수 없는 성도들에게 바울이 왜 이렇게 반복해서 편지를 마무리했는지 이해가 된다. 삼위일체 하나님께서 각 성도가 흩어져 있는 그곳에 말씀을 통해 은혜로 교통하시기를 간절히 기도한다.

나눔 질문

1. 본문 217-220쪽을 읽고 '모이는 교회'와 '흩어지는 교회'를 각자 자신의 말로 정의해 보십시오.

· 모이는 교회 :

· 흩어지는 교회 :

2. '모이는 교회'로서 우리 교회와 섬기는 소그룹이 해야 할 역할에는 무엇이 있습니까?

3. '흩어지는 교회'로서 우리 교회와 섬기는 소그룹이 해야 할 역할에는 무엇이 있습니까?

4. 코로나19 팬데믹 이후 가정과 직장에서 신앙을 위해 활용할 수 있는 온/오프라인 자료들이 많이 준비되고 있습니다. 지금 우리 교회와 내가 섬기는 소그룹에서 성도들과 멤버들이 효과적으로 사용할 수 있는 자료에는 어떤 것들이 있으며 어떻게 활용할 수 있습니까?

5. 대면접촉이 용이하지 못한 상황에서도 하나님의 은혜와 성령의 교통하심이 교회와 소그룹 내에 있기 위해 꼭 필요한 기도제목을 함께 나누어 보십시오.

Smallgroup Leadership

| CHAPTER 3 |

사역을 위한
소그룹 리더십

1
소그룹의 유익과 은혜를 정확하게 아는 소그룹 리더

"46 날마다 마음을 같이하여 성전에 모이기를 힘쓰고 집에서 떡을 떼며 기쁨과 순전한 마음으로 음식을 먹고 47 하나님을 찬미하며 또 온 백성에게 칭송을 받으니 주께서 구원 받는 사람을 날마다 더하게 하시니라"

사도행전 2:46-47

건강한 교회는 건강한 소그룹에서 시작한다.

  소그룹이 중요한 이유는 소그룹이 교회를 건강하게 성장시키기 때문이다. 건강하다는 표현은 생명체에만 사용한다. 건강한 교회라는 표현은 교회를 생명체로 여긴다는 뜻이다. 에베소서는 교회를 그리스도를 머리로 한 지체라고 말씀한다. 몸의 특징이 무엇인가? 바로 생명체다. 생명체가 건강한지 아닌지 어떻게 알 수 있을까? 몸이 건강하게 유지되기 위해서는 생명체의 기본 단위인 세포가 잘 자라야 한다. 건강한 세포는 자가 번식을 하며 몸을 건강하게 유지한다. 마찬가지로 교회의 기본단위는 성도 한 사람 한 사람이다. 그렇다면 교회를 큰 공동체라고 생각할 때 공동체로서의 교회의 기본단위는 무엇일까? 교회가 그리스도의 몸으로서 건강하게 자라기 위해서는 공동체로서 가장 기본단위인 소그룹이 건강해야 한다. 교회의 건강성은 누가 책임지고 있는 걸까? 바로 소그룹이다. 건강한 소그룹이 전제되지 않고는 교회가 지속적으로 건강하게 자라갈 수 없다. 건강한 교회성장을 이야기 할 때마다 늘 등장하는 '나무물통 이론'이란 것이 있다. 물통을 구성하는 나무기둥들 중에 하나라도 높이가 낮으면 물이 물통 끝까지 채워지지 못하고 새고 만다. 마찬가지로 교회가 예배 잘 드리고, 선교와 전도도 잘 하고, 지역사회도 잘 섬기고, 다음세대 교육까지 잘 한다 하더라도 소그룹이 건강하지 않으면 물은 그곳으로 새고 만다. 건강한 소그룹이 건강한 교회를 만든다. 그러므로 소그룹을 책임지고 있는 소그룹 리더가 소그룹의 중요성을 깨닫기 시작하면 교회는 은혜 위의 더 큰 은혜를 경험하게 될 것이다.

소그룹은 사람의 근본적인 욕구를 충족시킨다.

소그룹이 중요한 또 한 가지 이유는 사회학적인 필요 때문이다. 세상 사람들이 살아가면서 꼭 느끼고 싶어 하는 네 가지 감정이 있다. 첫 번째는 소속감으로 어떤 공동체에 속하고 싶은 감정이다. 두 번째는 수용감으로 소속된 공동체에게 받아들여지고 있다는 것을 느끼고 싶은 감정이다. 세 번째는 안정감으로 소속감과 수용감이 충족되었을 때 자연스럽게 따라오는 감정이다. 마지막은 자존감으로 자신의 존재 가치를 인정받고 싶은 감정이다. 이 네 가지는 모든 사람들이 살아가면서 삶 속에 느끼고 싶어 하는 감정이다.

새가족반을 수료하는 새가족이 있다고 생각해보자. 수료식을 마치고 성도들 앞에서 인사하고 수료증을 받았다고 교회의 소속감이 생길까? 전도회 모임에 갔는데 아무도 말을 걸어주지 않고, 말을 시키지도 않고, 회비만 내고 끝나는 모임에서 소속감과 수용감, 안정감을 느낄 수 있을까? 당연히 그렇지 않을 것이다. 소속감을 느끼지 못한 사람들은 결국 교회를 떠날 수밖에 없다. 서로에 대해 알아주고, 격려하고 칭찬하기 위해서는 대화와 경청이 필요하다. 내 마음을 나눌 때 진지하게 들어주고 반응해줄 수 있는 사람들이 필요하다. "교회 가면 내 이야기를 들어주는 권사님, 집사님이 계셔. 내 마음을 알아주는 사람들이 있어." 이런 마음이 들어야 교회 나올 마음이 생긴다. 자신의 전문성을 살릴 수 있는 소통 창구가 있어야 교회에 나오고 싶지 않을까? 오랜 역사를 가진 교회일수록 새로운 사람들이 오면 불편해 한다. 지금 있는 사람들끼리 있는 것이 좋고 편하고, 새로운 사람이 오면 그들과 함께 해야 하는 불편을 감수해야 하기 때문이다. 이런 상황 속에 있는 교회를 출석하는 사람은 소속감을 느끼기가 어려울 수밖에 없다. 그러나 교회에 나온 사람들이 소속감과 수용감, 안정감, 자존감을 효과적으로 느낄 수만 있다면 공동체는 변화할 것이다.

사실 앞서 언급한 네 가지 감정을 가장 효과적으로 느끼게 해주는 공동체는 가정이다. 그런데 사회를 보면 가장 안정적인 공동체여야 할 가정이 깨지고 있다. 해마다 출산률이 떨어지고 있는 것은 주지의 사실이다. 대부분의 가정은 아이가 한 명이나 두 명이다. 맞벌이 부모가 많아지고 있고, 가정에서 아이들은 부모, 형제, 자매와의 대화보다는 스마트폰을 보는 시간이 절대적으로 많다. 아이들은 스마트폰 세상 안에서 소속감과 안정감을 느낀다. 그런데 그렇게 자란 아이들이 사회의 구성원으로 성장해 있고, 또 성장해 가고 있다. 네 가지 감정을 제대로 경험해보지 못한 이들이 양산되어 있는 것이다. 그러므로 많은 사람들에게 누군가와 살을 맞대고, 공동체를 꾸리는 것은 어렵고 생소하다.

그러나 근본적으로 하나님은 사람을 창조하실 때 관계지향적으로 만드셨다. 사람은 근본적으로 다른 사람과 관계를 맺지 못하면 제대로 살지 못한다. 그런데 가장 안정적인 관계를 맺어야 할 가정에서 그런 관계를 맺지 못하니까 사람들이 돈을 주고서라도 안정적인 관계를 맺고 싶어 한다. 가정뿐만 아니라 안정적인 인간관계를 맺을 수 있는 사회 구조망 자체가 붕괴된 결과다. 이웃사촌이라는 말은 사전 속에만 있는 말이 되었다. 평생직장이라는 단어도 죽은 단어가 된지 오래다. 조금이라도 더 받을 수 있고, 조금이라도 편한 곳이 생기면 직장을 옮기는 것은 다반사다. 같이 일하는 사람이라도 이제는 쉽게 신뢰할 수가 없다. 이런 사회 속에서 성도들이 한 주 내내 살다가 교회에 오는 것이다. 이런 성도들을 생각하면서 교회는 과연 어떻게 사역해야 할 것인가를 고민해야 하는 상황이다. 이런 고민을 효과적으로 해결해낼 수 있는 사람이 바로 소그룹 리더다.

소그룹에 오면 나만 이런 문제를 안고있는 것이 아니라는 것을 느낄 수 있다. 예를 들어, 지난 한 주간 자녀와의 문제가 있었던 사람이 있다면 그 문제를 소그룹에서 기도제목으로 나누었을 때 다른 누군가가 동일한 문제를 고백하는 상황을 만날 수 있다. 자신의 문제가 공통의 문제로 인식되는 것이다. 나와 같은 문제로 씨름하는 동지가 있다는 것만으로도 안도감을 느끼는 것이 관계지향적으로 피조된 사람의 특징이다.

함께의 유익과 은혜를 효과적으로 누릴 수 있는 것이 소그룹이다.
소그룹은 하나님의 은혜를 사모함에서 시작한다. 소그룹이 단순한 모임 이상을 넘어 영적 가족을 형성하기 때문에 소그룹에 참여하는 성도는 함께의 은혜를 풍족하게 누릴 수 있다.

 구체적인 유익을 간단하게 열거하면 다음과 같다. 첫째는 문제 상황에 함몰되지 않고 문제를 객관적으로 보고 일반화 시킬 수 있다. 둘째는 서로에게서 배울 수 있다. "세 사람이 길을 가면 그 중에 한 사람은 스승이다." 셋째는 한 팀으로서의 에너지가 성숙될 때 새로운 사역과 섬김의 전망을 가질 수 있다. 넷째는 자연스럽게 닮고 싶은 삶의 모범을 만날 수 있다. 마지막 다섯 번째로 자신의 느낌과 감정을 속 시원하게 털어 놓을 수 있는 마음의 해방구를 만날 수 있다.

 소그룹은 이 시대가 꼭 필요로 하는 모임이다. 소그룹 리더가 이것을 깨닫고 구성원들의 필요를 채워줄 때 우리가 섬기는 소그룹은 영혼을 살리는 상상을 초월하는 기쁨이 넘치는 모임이 될수 있을 것이다.

나눔 질문
1. 내가 경험하고 알고 있는 소그룹의 유익을 자유롭게 나누어 보십시오.

2. 소속감, 수용감, 안정감, 자존감은 인간의 근본적인 욕구입니다. 소그룹 모임이 이 네 가지 욕구를 각각 어떻게 충족시켜 줄 수 있는지 본문 232-234쪽을 참고하여 각각 정리해 보십시오.

· 소속감:

· 수용감:

· 안정감:

· 자존감:

3. 소그룹이 이 시대에 꼭 필요한 대안적인 모임인 것을 다른 누군가에게 설명한다고 가정해 보고 그 이유를 적은 후 서로 나누어 보십시오.

4. 소그룹의 유익과 은혜를 나누는 소그룹이 되기 위한 기도제목을 함께 나누어 보십시오.

"소그룹원 한 명도 소외되지 않고 어디에서도 느낄 수 없는
영적 안전망이 되는 소그룹으로 거듭나라!"

2
공동체 영성을 추구하는 소그룹 리더

"14 내가 너희를 부끄럽게 하려고 이것을 쓰는 것이 아니라 오직 너희를 내 사랑하는 자녀 같이 권하려 하는 것이라 15 그리스도 안에서 일만 스승이 있으되 아버지는 많지 아니하니 그리스도 예수 안에서 내가 복음으로써 너희를 낳았음이라"

고린도전서 4:14-15

한밤중에 벨이 울릴 때 리더는 어떻게 반응해야 할까?

아주 가끔 새벽기도를 위해 잠자리에 들려는 순간 휴대폰 전화가 걸려 오거나 카톡이 올 때가 있다. 10시가 좀 넘은 시간 목회자에게 걸려오는 이런 연락들은 십중팔구 긴급한 내용(급작스런 입원, 하나님의 부르심을 받는 순간 등)일 가능성이 크다. 이럴 때 어떻게 반응해야 할까? 순간적으로 갈등한다. 그러나 고민할 것도 없이 곧바로 연락을 확인하고 재빠르게 반응하는 것이 목회자의 당연한 행동이다. 정말 다급해서 연락하는 성도들은 목회자에게 단순히 같은 시간, 같은 공간, 같은 신앙의 길을 가는 길동무 정도가 아니라 하나님께서 만나게 하신 가족이기 때문이다.

함께 가는 길동무는 마음 상하지 않게 적당히 기분만 맞춰주면 된다. 그러나 가족은 나와 운명을 같이하는 운명공동체이다. 가족이 되면 상대방의 마음을 먼저 헤아려야 하고, 보이든지 보이지 않든지 함께 기쁨과 슬픔을 나누는 공감의 당위성을 가지는 관계가 된다.

고린도전서 4:14-15은 그리스도 안에서 함께 십자가의 복음을 나눈 성도들이 바로 영적 가족인 것을 확인시켜 주는 대표적인 말씀이다. 지식을 전수해 주는 선생님의 수가 아무리 많아도 본능적으로 자녀들을 사랑하는 아버지 한 사람을 당해낼 수 없다.

조창인 작가가 쓴 소설『가시고기』(밝은세상. 2007)라는 책을 보면 백혈병을 앓고 있는 아들(다움)과 아버지가 등장한다. 아버지는 아들의 골수이식 수술비를 마련하기 위해 장기매매 업자에게 자신의 신장을 팔려고 한다. 이 때 아버지는 자신이 간암 말기인 것을 확인하게 된다. 아버지는 할 수 없이 각막을 팔게 된다. 한 쪽 각막을 팔면 다른 눈도 실명이 온다는 것을 알고도 아들을 위해 아버지는 희생한다. 그 후 건강해진 아들은 엄마에게 억지로 돌려보내고 아버지는 아들과의 추억이 있는 고향집에 혼자 남아 쓸쓸하게 죽음을 맞이하는 이야기이다. 이 소설은 가시고기가 새끼를 낳기 위해서는 아빠 가시고기가 죽어야 한다는 것을 잘 투영해서 아버지의 사랑에 대해 깊이 생각하게 한다. 아버지와 아들, 가족의 관계는 이런 것이다.

그런데 바울은 바로 이런 관계가 고린도교회 성도들과 자신의 관계라고 말한다. 성도들은 단순히 믿음의 길을 가는 길동무가 아니라 서로 서로가 영적 피붙이, 영적 가족이다. 그래서 긴급한 일, 어려운 일, 기쁜 일, 슬픈 일이 있을 때 가장 먼저 연락할 수 있는 관계는 영적 가족인 영적 공동체 내의 성도들이다. 그렇기에 '교회 가족, 교회 가족'이라고 하는 것이다.

그러므로 인생길을 걸어가는 가운데 진정한 기쁨을 누리며 살아가기 위해서는 개인의 신앙을 지키는 수준에서 그쳐서는 결코 안 된다. 그렇다면 어떻게 해야 할까?

개인경건과 공동체성의 균형이 절실하다.

어느 교회이든 개인경건을 강조하지 않는 교회는 없다. 예배와 개인기도, 말씀묵상을 강조하고 또 강조한다. 그런데 하나님과의 수직적인 관계를 유지하기 위한 개인적인 경건훈련만으로는 결코 충분하지 않다. 개인 경건의 강조가 잘못된 것이 아니다. 그러나 개인 경건의 강조가 자칫 개인주의적 세태 속에서 공동체 경건의 중요성을 약화시키는 부작용을 낳을 수 있다.

냉정하게 봤을 때, 개인 영성에 열심인 성도가 때때로 그다지 건강하지 않은 신앙을 가진 경우를 발견한다. 성경을 지식적으로 많이 알기 위해서 다양한 훈련에 참여한다. 한마디로 '스펙 쌓기'와 '훈장 달기'를 하는 것이다. 심지어 교회에서 하는 봉사조차도 다른 이들과 함께 동역해야 하는 것은 하지 않고 개인으로 하는 것에만 관심을 기울이는 성도들도 있다. 개인주의적 경건이 과도하게 되면 진짜 위험한 상태에 빠지게 된다.

영적 공동체를 허락하신 이유

많은 성도들이 자신이 은사를 체험했다고, 소위 불을 받았다고 하는 경우를 종종 보았다. 그런데 혼자서만 불을 받았지 다른 사람에게는 전혀 선한 영향력을 끼치지 못하는 경우를 본다. 엄밀하게 말하면 이것은 성령 충만한 것이 아니다.

개인의 영성훈련과 경건훈련만으로는 자신이 구원받은 사람으로 성숙해 가는 것을 검증할 길이 없다. 동시에 지속성을 가지고 성경에서 요청하는 선한 일(서로 사랑하는 일, 나보다 연약한 자를 섬기는 일, 악한 것에 대항하는 일 등)을 감당하기가 어렵다. 그래서 하나님은 영적 가족들이 모이는 공동체를 허락해 주신 것이다.

그리스도인은 세상과 구별되어 살면서 동시에 적극적으로 다른 사람과의 관계에서 선한 일을 추구해가면서 살아 가야하는 정체성을 가지고 있다. 이것이 구원받은 하나님의 백성을 향한 하나님의 명령이다. 이 명령을 따라 산다는 것은 엄밀하게 말하면 세속의 흐름에 역행하며 살겠다는 자기 선언이다. 세상문화에 대한 반대론자가 되는 것이다. 그러나 이 일은 분명히 쉽지 않은 일이다. 이 힘들고 어려운 일을 어떻게 혼자서 다 감당할 수 있을까?

그래서 하나님은 소그룹이라는 공동체를 허락하신 것이다. 극단적으로 개인화 된 상황에서 절대 진리를 부정하는 흐름 속에 떠내려가지 않기 위해서는 서로 붙잡아주는 사람이 필요하다. 또한 선한 일과 행동이 지속될 수 있도록 격려하는 것이 필요하다. 그래서 히브리서 기자는 히브리서 10장 24절에서 "서로 돌아보아 사랑과 선행을 격려하며(라)"고 권고한다.

이런 격려와 힘을 공급해 줄 수 있고, 힘들고 지칠 때 안전하게 쉬도록 만들어 주는 것이 영적 공동체이다. 바로 주님이 머리이신 교회는 이런 특징을 가지고 있고, 더 구체적으로 이 진리가 효과적으로 적용될 수 있는 곳이 서로를 신뢰할 수 있는 소그룹이다.

안전 울타리로서의 공동체

복잡다난한 인생살이 속에서 공동체를 형성하고, 공동체 의식을 가지고 살아가는 것은 무척 어려운 일이다. 특히 도시생활을 하는 경우 이사도 자주 다니고, 이동거리 역시 복잡하고 대단히 길다. 일하는 시간도 들쭉날쭉하다. 그래서 도시 거주민들은 '어떤 곳이든 잠시만 머문다'는 인식을 가지고 있다. 나의 유익을 위해 잠시 머물면서 얻을 것을 얻고, 충전되면 떠나는 것이 일상다반사가 되었다.

그러나 이런 형편 속에서도 본질적으로 사람이라면 가지는 기본적인 본성이 있다. 바로 '관계지향성'이다. 삶 속에 건강이나 경제적인 문제, 어려움이 생겼을 때 '가족', '연인', '친구', '이웃', '전문가' 등 누구에게 도움을 요청하는지 조사한 결과가 나왔다. 결과는 다음과 같다. 문제가 발생하면 대부분 '가족'을 최우선적으로 찾았고 그 다음은 '친구'였다. '전문가'는 3위였다. 특히 흥미로운 것은 '친구'는 감정적, 심리적 문제에서 '가족'과 동일한 수준으로 가장 많이 찾는 대상으로 나타났다. '가족' 아니면 '친구'라도 있어야 한다는 것이다.

그러므로 우리가 영적 공동체의 리더, 특히 소그룹 리더라면 자신의 마음을 가장 솔직하게 드러낼 수 있는 소그룹 모임에 소그룹 가족들이 더 많이 그리고 더 자주 모일 수 있도록 독려하는 것이 필요하다. 함께할 것을 적극적으로 요청해야 한다.

경험적으로 볼 때 공동체를 형성하기 위한 가장 실제적이고 적극적인 요청방법은 긍정적인 관점의 비전을 제시하는 것이다. 함께 형성할 공동체와 이에 참여할 개인의 역할에 대한 비전이 제시되어야 머무르라는 요청이 힘을 얻는다. 6개월만 있으려고 하는 사람에게 1년을, 1년만 있겠다는 사람은 2년을, 2년 동안 있겠다고 하면 4년을 요구해야 하는 것이다. 만약 서울 지역에 있는 한 교회의 대학부 학생들이 학업을 마칠 때까지만 머무르려고 한다면 서울에 더 남아서 첫 직장을 가지도록 권면할 수도 있다.

더 나아가 한 가지 더 생각해야 할 것이 있다. 10명 이하가 만나는 소그룹 뿐만 아니라 좀 더 큰 수의 공동체인 3-40명의 공동체(전도회 등)나 100여명 모이는 중대형 공동체(교수 모임 등)에도 추가적으로 연결될 수 있도록 하면 더욱 안정적이고 지속적으로 같은 꿈을 꿀 수 있다. 이렇게 하는 이유는 소그룹이 신앙의 역동을 끌어내기에 가장 적합한 형태지만, 한둘이 떠나면 금방 해체될 수 있기 때문이다. 그래서 중그룹 단위의 모임과 교제의 장이 필요한 것이다. 중그룹과 소그룹에 참여하는 사람들이 주일예배와 훈련에 참여하는 사람의 절반에 못 미친다면 그 교회의 연대의식은 실종된 것이다. 공동체가 아니라 구청이 운영하는 지역 문화센터보다도 못할 수 있다.

공동체 영성을 견고히 하라!

언택트(Untact) 시대가 강조되는 시대속에 접촉(Contact)과 연대(Conjunction)의 욕구는 더욱 커지고 있다는 것을 눈여겨보아야 한다. 진짜 주님의 몸 된 교회는 개인의 경건 뿐 아니라 소그룹, 중그룹, 대그룹의 3중 울타리가 제대로 작동하는 교회이다. 개인을 넘어 소그룹, 중그룹, 대그룹의 안전망을 견고히 해야만 한다.

나눔 질문

1. 교회의 성도들을 '영적 가족'이라고 부르는 이유가 무엇인지 자유롭게 나누어 보십시오.

2. 신앙생활은 개인경건과 공동체성의 균형이 중요합니다. 내가 하고 있는 개인경건을 위한 활동과 공동체성을 위한 활동을 각각 적어보고 어느 쪽에 더 치우쳐 있는지를 점검해 보십시오.
   · 개인경건활동:

   · 공동체성활동:

3. 하나님께서 소그룹 공동체를 허락하신 이유는 혼자서는 세상의 어려움들을 다 감당할 수 없기 때문입니다. 소그룹을 통하여 격려와 힘을 공급받았던 경험을 함께 나누어 보십시오.

4. 도시화와 개인화, 펜데믹 등으로 공동체성이 약화 되어가는 사회 분위기 속에서 교회와 소그룹이 어떤 유익을 끼칠 수 있을지 나누어 보십시오.

3
친밀함이 넘치는 공동체를 세우는 소그룹 리더

"13 사람이 친구를 위하여 자기 목숨을 버리면 이보다 더 큰 사랑이 없나니 14 너희는 내가 명하는 대로 행하면 곧 나의 친구라 15 이제부터는 너희를 종이라 하지 아니하리니 종은 주인이 하는 것을 알지 못함이라 너희를 친구라 하였노니 내가 내 아버지께 들은 것을 다 너희에게 알게 하였음이라 16 너희가 나를 택한 것이 아니요 내가 너희를 택하여 세웠나니 이는 너희로 가서 열매를 맺게 하고 또 너희 열매가 항상 있게 하여 내 이름으로 아버지께 무엇을 구하든지 다 받게 하려 함이라 17 내가 이것을 너희에게 명함은 너희로 서로 사랑하게 하려 함이라"

요한복음 15:13-17

친구와 수명의 상관관계

한 사람이 인생을 살면서 친밀한 관계를 맺을 수 있는 친구를 몇 명이나 사귈 수 있을까? 옥스퍼드 대학의 진화인류학 교수인 로빈 던바(Robin Dunbar)는 "한 사람이 인생을 살면서 긴밀한 사귐의 관계를 가질 수 있는 최고치의 수는 150명정도."라고 추정한다. 이것을 던바 넘버(dunbar's number)라고 한다. 대뇌의 신피질 크기와 친구의 숫자가 관련이 있는데 침팬지의 경우는 30마리가 상한선이라고 한다. 그런데 신기하게도 사람들이 친밀하게 알고 지내는 전체 친구의 수는 평균적으로 던바 넘버(dunbar's number)인 150명 정도라고 한다.

친구가 많을수록 건강하고 오래 산다고 하는 것이 주지의 사실이다. 호주에서 노인들을 대상으로 10년간 추적해온 한 연구에 따르면 친구가 많은 노인들은 친구가 없거나 적은 노인에 비해 10년 후 사망률이 22% 감소했다. 하버드 의대에서 실시한 연구에서도 친구가 많은 사람은 나이가 들어도 대뇌의 건강상태가 양호한 결과가 나타났다. 2006년 간호사 3000여명을 대상으로 실시한 연구결과 또한 친한 친구가 없는 여성은 10명 이상의 친구가 있는 여성에 비해 유방암으로 사망할 확률이 4배나 높은 것으로 나타났다.

친밀한 관계를 만들 수 있는 4가지 원리를 기억하라.

정말 마음을 활짝 열고 긴밀하게 관계를 맺고 살아가는 좋은 사람들을 옆에 두는 것은 복중의 복이다. 일평생을 살면서 수많은 사람들을 만나게 되는데 어떻게 하면 사람들과 친해질 수 있을까?

심리학자들은 사람들과 서로 친밀한 관계의 친구가 되는 4가지 조건을 아래와 같이 제시했다.

근접성(proximity)의 원리

자주 만날수록 더 가까워지고 친밀해지게 된다. 분명히 사람들은 먼 곳에 있는 사람보다 가까운 곳에 있는 사람과 친해지는 경향이 있다.

유사성(simlarity)의 원리

비슷한 것이 있는 사람들끼리는 쉽게 친구가 된다. 여러 사람들을 한 집에 살게 하고 서로 친해지는 것을 조사해 보니 비슷한 사람들끼리 친해지는 것을 발견했다. 성격, 기질, 사회적 지위, 경제적 능력, 학교 동문, 같은 지역 출신 등 비슷할수록 더욱 친밀해진다.

보상성(rewardingness)의 원리 (긍휼의 원리)

좋아하게 만드는 말과 태도는 서로를 친밀하게 만든다. 아무리 가까운 곳에 살고 늘 접촉하는 사람이어도 모두 친구가 되지는 않는다. 상대가 나에게 항상 친절하게 대한다든지, 칭찬의 말을 던진다든지, 도움을 준다든지 또는 어떤 다른 모양으로 자신을 섬겨 줄 때 상대를 좋아하게 된다.

그러므로 친해지고 싶으면 선물을 자주하는 것이 참 좋다. 하지만 선물과 뇌물의 차이가 있다. 무엇인가를 주는 사람의 손을 보면 뇌물이고 주는 사람의 마음을 보면 선물이다. 조건이 있는 것은 뇌물이고 없는 것은 선물이다. 선물을 주는 입장에서 주고도 오랫동안 기억하면 뇌물이고 주고 나서 잊어버리면 선물이다.

외모성(physical attractivess)의 원리

매력적인 스타일이 친밀함을 가져온다. 성격이나 지능과는 상관없이 상대의 용모가 친밀함을 만든다. 축제 때 처음 만난 대학생들이 다시 데이트를 하게 되는 비율을 조사해 보았다. 그런데 외모가 가장 많은 영향을 주더라는 것이다. 그 이유는 후광 효과 때문이라고 한다. 한 가지 좋은 점을 가지고 모든 것을 좋게 보는 것이 후광 효과이다.

예수님은 자신을 믿고 따르는 성도들을 향해 친한 친구로 여기시겠다고 선포하시는 내용이다. 성도의 정체성은 예수님의 친구이다. 진정한 친구는 자신의 생명과도 맞바꿀 수 있어야 한다. 예수님께서는 이 진리를 몸소 실천하셨다. 그러므로 그리스도인들이 함께하는 영적 공동체인 소그룹에서 친구이신 예수님과 함께 사귐을 갖는다는 것은 그 친밀함의 밀도가 십자가 사랑으로까지 나아가야 하는 것이 정상이다. 그렇다면 이런 친밀함을 유지하기 위해서 어떻게 해야 할까? 서로에 대해 다음과 같은 헌신과 책임이 필요하다.

진정한 친밀함을 위해 소그룹 멤버 서로에게 요청되는 헌신

소그룹은 단순히 친교 공동체가 아니라 그리스도를 머리로 하는, 그리고 진정한 친밀감을 경험하는 영적 가족들의 모임이다. 이 사실을 전제할 때 우리가 헌신해야 할 요소들은 다음과 같다.

대계명을 향한 헌신

"37.예수께서 이르시되 네 마음을 다하고 목숨을 다하고 뜻을 다하여 주 너의 하나님을 사랑하라 하셨으니 38.이것이 크고 첫째 되는 계명이요 39.둘째도 그와 같으니 네 이웃을 네 자신 같이 사랑하라 하셨으니 40.이 두 계명이 온 율법과 선지자의 강령이니라"

- 마태복음 22:37-40

소그룹 멤버들 모두가 망설임 없이 하나님을 사랑해야 한다. 하나님을 향한 사랑이 우선되지 않으면 절대 서로를 사랑할 수 없다. 하나님을 사랑하면 모든 것을 새롭게 정의하게 된다. 하나님을 사랑하면 어떤 사람이 되어야 하는지, 붙들고 살아가야 할 약속은 무엇인지, 헌신해야 할 삶의 목적이 무엇인지 쉽게 정할 수 있다. 하나님께서 주신 대계명을 따르기 위해 철저히 헌신할 때 하나님을 사랑하고 이웃을 사랑하게 되고 건강한 소그룹 공동체를 세워나갈 수 있는 토대가 비로소 놓일 수 있다.

대위임명령을 향한 헌신
"19.그러므로 너희는 가서 모든 민족을 제자로 삼아 아버지와 아들과 성령의 이름으로 세례를 베풀고 20.내가 너희에게 분부한 모든 것을 가르쳐 지키게 하라 볼지어다 내가 세상 끝날까지 너희와 항상 함께 있으리라 하시니라"

- 마태복음 28:19-20

소그룹은 영적 재생산이 일어나는 공간이다. 단순히 사교적인 모임을 갖는 공동체가 아니라 예수님께서 맡겨주신 복음전파의 사명을 감당하는 공동체이기 때문이다. 예수님께서 주신 대위임령에 대한 헌신은 일생의 과정이면서 동시에 매일의 사건이다. '가서 제자를 삼으라'는 소명을 성취하기 위해서는 많은 시간을 투자해야 하고, 힘써야 하며, 기도하고 눈물을 흘려야 하며, 전적으로 희생해야 한다. 소그룹 구성원들이 예수님께서 주신 대위임령을 이루기 위해 헌신할 때 소그룹 본연의 기능을 회복하고 건강한 공동체로서 쓰임 받게 된다.

가치전환을 위한 헌신
"너희는 이 세대를 본받지 말고 오직 마음을 새롭게 함으로 변화를 받아 하나님의 선하시고 기뻐하시고 온전하신 뜻이 무엇인지 분별하도록 하라"

- 로마서 12:2

소그룹은 가치전환을 가져오는 공동체이다. 외적 변화와 함께 내적 변화를 위해 함께 애쓰는 공동체이기 때문이다. 소그룹의 현장은 한 사람의 세계관과 신념체계 그리고 핵심가치가 사람 중심에서 예수 그리스도 중심으로 바뀌게 되는 현장이 되어야 한다. 한 사람이 하나님의 말씀과 약속, 목적과 우선순위에 집중하게 되면 오랫동안 지속될 수 있는 행동의 변화가 뒤따르기 시작한다. 소그룹 구성원 모두가 자신이 따르고 있는 가치를 세상 중심에서 예수 그리스도 중심으로 전환하기로 헌신할 때 소그룹은 변화한다.

본질에 충실하기 위한 헌신 : 말씀 중심으로 모임
"주의 말씀은 내 발에 등이요 내 길에 빛이니이다" - 시편 119:105
"오직 주의 말씀은 세세토록 있도다 하였으니 너희에게 전한 복음이 곧 이 말씀이니라"
- 베드로전서 1:25

소그룹은 본질에 집중하는 공동체가 되어야 한다. 여기서 말하는 본질은 '하나님의 말씀'이다. 리더는 소그룹 구성원들이 그 어떤 상황에도 이 본질을 놓치지 않도록 노력해야 한다. 매일 경건의 시간을 통해 영의 양식을 먹고 그 영의 양식을 소그룹 모임에서 나누어야 한다. 생명의 양식이 없는 소그룹은 잘못된 방향으로 나아가기 쉽다. 모두가 먼저 본질에 충실하기 위해 헌신할 때 소그룹 공동체의 전체 건강을 지킬 수 있다.

상호책임감을 가지기 위한 헌신
"너희가 짐을 서로 지라 그리하여 그리스도의 법을 성취하라"
- 갈라디아서 6:2

소그룹은 다양한 종류의 사람들로 구성되어 있는 모임이다. 이런 모임에서 상호책임감(accountability)을 가지는 것은 대단히 중요하다. 상호책임감은 영적인 성장에 있어 필수불가결한 요소이기 때문이다. 멤버들 서로가 상호 책임을 지는 태도를 가질 때 보다 긴밀한 공동체가 유지될 수 있다. 넘어지고 아픔을 겪는 구성원에게 책임감을 가지고 그를 세워주고 아픔을 나눈다면 그 공동체는 생명력을 가지게 된다. 서로를 책임져주는 제자 공동체로 바로 세워질 때 소그룹은 건강한 공동체로 쓰임 받게 된다.

결국 기독교가 위대한 이유는 기적이나 표적을 보거나 경험하기 때문이 아니라 진정한 사랑과 헌신이 그 안에 있기 때문이다. 세상의 어느 공동체에서도 누릴 수 없는, 주님이 허락하신 대위임명령에 대한 공동의 목표의식과 진정한 가치를 향한 의식 전환, 그리고 본질의 충실함 속에서 상호책임감을 가지고 서로를 세워주는 진정한 친밀함을 누리는 것이 영적 공동체인 소그룹이다.

나눔 질문
1. 나와 가장 친밀한 사람은 누구입니까? 그가 어떤 사람인지 소개해 보십시오.

2. 우리 교회와 내가 섬기는 소그룹의 친밀도에 점수를 준다면 각각 몇 점을 주시겠습니까? 그 이유는 무엇입니까?

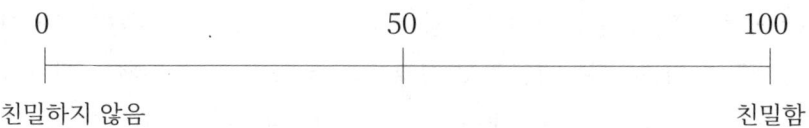

3. 친밀한 관계를 만들 수 있는 4가지 원리(248-249쪽) 중 내가 섬기는 소그룹 구성원들과의 친밀함을 위해 적용할 수 있는 원리 한 가지를 선택해 보고 구체적인 실천 방안을 나누어 보십시오.

4. 친밀함을 위해서는 소그룹 맴버 서로에게 다섯 가지 헌신이 요청됩니다. 내가 섬기는 소그룹에 가장 요청되는 헌신은 무엇이며 그 이유는 무엇입니까?
① 대계명을 향한 헌신
② 대위임명령을 향한 헌신
③ 가치전환을 위한 헌신
④ 본질에 충실하기 위한 헌신
⑤ 상호책임감을 가지기 위한 헌신

"소그룹을 소그룹 되게 하는 가장 중요한 요소는
소그룹 구성원들의 친밀감에 달려있다.
그러나 이 친밀감은 시간이 흐른다고 저절로 형성되는 것이 아니다."

# 4
동역의 기쁨을 누리는 소그룹 리더

"9 그 때에 내가 너희에게 말하여 이르기를 나는 홀로 너희의 짐을 질 수 없도다 10 너희의 하나님 여호와께서 너희를 번성하게 하셨으므로 너희가 오늘날 하늘의 별 같이 많거니와 11 너희 조상의 하나님 여호와께서 너희를 현재보다 천 배나 많게 하시며 너희에게 허락하신 것과 같이 너희에게 복 주시기를 원하노라 12 그런즉 나 홀로 어찌 능히 너희의 괴로운 일과 너희의 힘겨운 일과 너희의 다투는 일을 담당할 수 있으랴 13 너희의 각 지파에서 지혜와 지식이 있는 인정 받는 자들을 택하라 내가 그들을 세워 너희 수령을 삼으리라 한즉 14 너희가 내게 대답하여 이르기를 당신의 말씀대로 하는 것이 좋다 하기에 15 내가 너희 지파의 수령으로 지혜가 있고 인정 받는 자들을 취하여 너희의 수령을 삼되 곧 각 지파를 따라 천부장과 백부장과 오십부장과 십부장과 조장을 삼고 16 내가 그 때에 너희의 재판장들에게 명하여 이르기를 너희가 너희의 형제 중에서 송사를 들을 때에 쌍방간에 공정히 판결할 것이며 그들 중에 있는 타국인에게도 그리 할 것이라 17 판은 하나님께 속한 것인즉 너희는 재판할 때에 외모를 보지 말고 귀천을 차별 없이 듣고 사람의 낯을 두려워하지 말 것이며 스스로 결단하기 어려운 일이 있거든 내게로 돌리라 내가 들으리라 하였고 18 내가 너희의 행할 모든 일을 그 때에 너희에게 다 명령하였느니라"

신명기 1:9-18

소그룹은 모두가 함께 하는 동역사역이다.

"하나님은 모든 것을 혼자 하실 수 있지만,
아무것도 혼자 하시지 않는다."(어거스틴)

지도자 모세는 일찍이 이스라엘 백성을 돌보는 일이 혼자서는 불가능하고 힘들다는 사실을 깨달았다. 하루 종일 백성들의 문제를 처리하고 또 처리해도 다 해결해 줄 수 없는 현실에 직면하고 그들의 짐을 홀로 질 수 없음을 깨닫는다. 그래서 천부장, 백부장, 십부장, 조장들을 세운다. 동역사역을 하는 것이다.
모든 것을 혼자 하실 수 있지만 아무 것도 혼자하지 않으시는 하나님의 사역원리를 통해서 동역이 얼마나 중요한지를 깨닫는다. 지혜와 왕 솔로몬도 전도서 4:9-10에서 이렇게 말한다.

"9.두 사람이 한 사람보다 나음은 그들이 수고함으로 좋은 상을 얻을 것임이라 10.혹시 그들이 넘어지면 하나가 그 동무를 붙들어 일으키려니와 홀로 있어 넘어지고 붙들어 일으킬 자가 없는 자에게는 화가 있으리라" - 전도서 4:9-10

소그룹 모임을 시작하면서 꼭 기억해야 할 것이 있다. 혼자 달리는 것 보다는 함께 동역하는 것이 필요하다는 것이다.

그렇다면 어떻게 해야 효과적으로 사역을 감당하기 위해서 동역자들을 세우고, 또 동역의 기쁨을 누리며 사역할 수 있을까? 가장 먼저 동역은 "자신이 누구인지"발견하는 일로부터 시작된다. 자신의 '능력과 한계'를 정확하게 알아야 한다. 그래야 무엇을 동역할 것인지, 어떤 지도력을 가지고 이끌 것인지, 또 섬길 것인지 바른 판단을 할 수 있다.

모세는 자신에 대해 잘 알았고 결코 홀로 짐을 질 수 없음을 알았다. 그래서 함께 짐을 질 적임자를 세워 같은 길을 걸어간다. 동역의 기쁨을 누린 것이다.

소그룹 사역도 하나님께서 붙여주신 귀한 영혼들과 더불어 하는 사역이다. 그러므로 홀로 모든 것을 감당하려고 하는 것 보다 어떻게 하면 동역할 것인가를 생각하는 것이 중요하다.

"빨리 가려면 혼자 가고, 멀리 가려면 함께 가라"는 경구를 꼭 기억하라! 그러므로 새롭게 출발한 소그룹에 참여한 지체들이 처음부터 자신의 은사와 훈련된 전문성을 가지고 서로 동역할 수 있도록 분위기를 만들라. 그래서 각자가 맡은 영역을 잘 감당함으로 소그룹모임이 건강하게 세워지는 과정을 기쁨으로 바라볼 수 있게 되기를 바란다.

내게 맡겨진 사역을 성실하게 감당하는 리더, 리더가 지고 있는 짐을 함께 나누어지기를 소원하고 자발적으로 동역하는 소그룹 식구들이 존재하는 소그룹은 이미 천국을 경험하는 공동체이다.

그러면 동역하기 위하여 구체적으로 어떻게 해야 할까?

소그룹 내에 함께 섬기는 분위기와 시스템을 만들라.

건강하고 역동적인 소그룹은 소그룹 구성원 각자가 주인 의식과 책임감을 가지고 모임 전체를 생각하며 공통의 헌신도를 발전시켜 나가는 소그룹이다. 이런 소그룹이 되기 위해서 반드시 리더가 기억해야 할 것은 구성원들을 뛰어난 리더의 조역이 아니라, 의미 있는 팀을 만드는데 자발적으로 기여하도록 하는 것이다. 그래서 리더들은 '뛰어난 소그룹 리더, 잘 가르치는 리더'라는 말을 듣는 것보다 '좋은 소그룹을 섬기는 사람'이라는 말을 들을 수 있어야 한다. 새로운 멤버가 모임을 한창 진행하는 중간에 참여하게 되었다고 하더라도 그런 멤버에게까지도 공통의 주인의식과 자발성을 자연스럽게 가질 수 있도록 하는 것이 필요하다.

사도 바울은 성경에 나오는 지도자들 중에서 공동체 구성원들의 주인 의식을 개발시킨 대표적인 인물 중에 한 사람이다. 바울서신을 보면 적어도 다음과 같은 세 가지 확신을 가지고 바울이 공동체를 섬긴 것을 확인할 수 있다.

첫째, 사람을 소중히 여김.
둘째, 모든 그리스도인들은 다른 그리스도인들에게 도움이 되는 무언가를 갖고 있다는 것을 항상 확신함.

셋째, 다른 그리스도인들과의 관계를 하나님의 선물로 여기고, 모든 사람은 누구든지 서로 서로 배우고 섬길 수 있는 그 무엇인가를 가지고 있다고 믿음.

모든 사람들은 누구가에게 도움을 줄 수 있는 능력이 나에게도 있다는 것을 확인할 때 기쁨을 가진다. 그래서 소그룹 내에서 여러 사역을 수행할 때 각각 담당자를 세우는 것은 주인의식을 갖도록 하는데 대단히 효과적인 방법이다. 리더 혼자만 모든 짐을 지는 것이 아니라 각각의 사역들을 감당할 소그룹 구성원들을 세워 보라. 그리고 역할 수행이 끝나면 반드시 그 역할을 수행한 사람을 격려해 보라. 놀랄 만큼 소그룹 전체가 활력을 찾게 될 것이다.

지금 소그룹을 진행하는 과정에서 구성원들이 함께 나눌 수 있는 사역에는 어떤 것이 있는지 한 번 생각해 보라.

소그룹 구성원들과 함께 나눌 수 있는 소그룹 in 사역
□ 찬양인도자
□ 모임장소 정리
□ 교재준비
□ 간식담당
□ 주중 연락담당 및 기도제목 정리
□ 아이스브레이크(마음열기) 담당 등
□ 기타 :

소그룹 구성원들이 서로에게 할 수 있는 최상의 공헌 중 하나는 서로 서로 사역의 짐을 나누어지고, 소그룹 자체가 사역 팀이 되는 것이다. 만약 소그룹이 단순히 한 사람은 가르치고, 한 사람은 배우는 학습 현장 이상이 된다면 그 영향력이 몇 배로 커지게 되는 성경적인 모델이 될 것이다. 모두가 주인인 팀이 될 때 그 소그룹은 파워가 넘치는 소그룹으로 발전할 수 있다. 그래서 실질적으로 문서로 된 헌약서를 함께 작성해 보는 것은 아주 좋은 방법이다.

모임 장소를 잘 선정하라.

사람은 환경에 많은 영향을 받는다. 소그룹에 가장 적절한 공간을 찾고 그 안에서 지속적인 모임을 갖게 될 때 소그룹원들이 더욱 마음을 열고 깊은 삶의 문제와 기도제목을 나눌 뿐만 아니라 자발적 헌신으로까지 이어질 수 있다. 그래서 소그룹 구성원들과 어디에서 만나면 효과적일지를 논의하는 것이 필요하다. 장소를 정할 때 다음 사항을 고려하면 좀 더 효과적으로 장소를 결정할 수 있을 것이다.

소그룹 인원에 적절한 공간을 찾으라.

대체적으로 소그룹을 구성할 때 10명 내외의 인원을 편성했을 것이다. 그렇다면 모임장소를 선택할 때 소그룹 인원이 들어가 서로가 편하게 앉을 수 있는 정도의 공간이 가장 적합하다. 장소가 너무 넓어서 휑하다고 느끼지 않는 곳에 모일 때 더 높은 집중력을 낼 수 있다.

교회에서 모임을 가져보라.

소그룹 모임을 진행하며 함께 모일 수 있는 시간이 주일에 한정되어 있다면, 예배 후 즉각 모임을 갖는 것도 방법이다. 교회에는 우리가 생각하는 것 이상의 다양한 공간이 있다. 어떻게 활용하느냐에 따라서 소그룹 모임을 하기에 충분한 공간을 발견할 수 있을 것이다. 너무 넓은 대공간이라면 소그룹 모임을 진행 할 때만이라도 간이 파티션을 설치하는 것으로 독립적 공간의 느낌과 집중력을 높일 수 있다.

더욱 친밀해질 수 있는 집에서 모이라.

집에서 모임을 갖는 것은 여러 매력적인 점들이 있다. 편안하게 개인의 삶을 오픈할 수 있기 때문이다. 리더가 헌신하여 자신의 집을 모임장소로 할 수 있고 돌아가며 모임의 장소로 가질 수 있다. 다만 각자의 형편을 생각하여 멤버들의 동의를 충분히 구하고 집에서 모임을 진행해야할 것이다.

다양한 장소에서 모임을 가지라.

고정되는 장소는 편안함을 줄 수는 있지만 새로움을 주지는 못한다. 새로움이 필요할 때 교회와 가정 이외에 다른 장소에서 모임을 갖는다면 소그룹에 활력을 불어넣을 수 있을 것이다. 카페의 스터디룸을 빌릴 수도 있다. 주의를 산만하게 하는 것을 적게 하고 나눔과 기도를 위한 공간이 있는 곳을 빌린다면 새로운 분위기 속에서 모임을 건강하게 진행할 수 있을 것이다. 그 누구도 익숙한 공간이 아니라면 모든 멤버들이 기여할 수 있도록 하라. 멤버들 그 누구도 익숙하지 않은 공간은 오히려 소그룹 멤버들 모두를 자발적으로 헌신하게 만들 수 있는 동기부여를 제공할 수 있다. 그래서 때때로는 익숙한 공간을 떠나서 모든 멤버들이 나름대로 자신을 헌신할 수 있는 방식으로 리더가 각각에게 임무를 맡겨 소그룹 전체일정을 소화해 내는 것도 동역의 기회를 가질 수 있도록 하는 좋은 방법이다.

나눔 질문

1. 어거스틴은 "하나님은 모든 것을 혼자 하실 수 있지만, 아무것도 혼자 하시지 않는다."고 말했습니다. 전능하신 하나님께서 성도를 부르시는 이유는 무엇인지 그 이유를 깊이 생각하고 나누어 보십시오.

2. 사람들은 누군가에게 도움을 줄 수 있는 능력이 나에게도 있다는 것을 확인할 때 기쁨을 느낍니다. 교회와 소그룹 내에서 이런 동역의 기쁨을 경험한 적이 있다면 함께 나누어 보십시오.

3. 소그룹 맴버들과 함께 나눌 수 있는 사역에는 다음과 같은 것들이 있습니다. 이 외에도 함께 나눌 수 있는 사역들을 적어보고 함께 나누어 보십시오.

  - 소그룹 구성원들과 함께 나눌 수 있는 소그룹 in 사역 -
찬양인도자 / 모임장소 정리 / 교재준비 / 간식담당 / 주중 연락담당 및 기도제목 정리 / 아이스브레이크(마음열기) 담당

4. 소그룹 맴버들과 사역을 나눌 때 각자에게 적합한 사역을 맡기기 위한 효과적인 방법에는 무엇이 있을지 나누어 보십시오.

5. 나의 소그룹이 모두 함께 할 수 있는 사역을 한 가지 생각해 보고 이를 실천하기 위한 기도제목을 나누어 보십시오.

5
멤버들을 구경꾼이 아닌 봉사자로 세우는 소그룹 리더

"1 그 때에 제자가 더 많아졌는데 헬라파 유대인들이 자기의 과부들이 매일의 구제에 빠지므로 히브리파 사람을 원망하니 2 열두 사도가 모든 제자를 불러 이르되 우리가 하나님의 말씀을 제쳐 놓고 접대를 일삼는 것이 마땅하지 아니하니 3 형제들아 너희 가운데서 성령과 지혜가 충만하여 칭찬 받는 사람 일곱을 택하라 우리가 이 일을 그들에게 맡기고 4 우리는 오로지 기도하는 일과 말씀 사역에 힘쓰리라 하니 5 온 무리가 이 말을 기뻐하여 믿음과 성령이 충만한 사람 스데반과 또 빌립과 브로고로와 니가노르와 디몬과 바메나와 유대교에 입교했던 안디옥 사람 니골라를 택하여 6 사도들 앞에 세우니 사도들이 기도하고 그들에게 안수하니라 7 하나님의 말씀이 점점 왕성하여 예루살렘에 있는 제자의 수가 더 심히 많아지고 허다한 제사장의 무리도 이 도에 복종하니라"

사도행전 6:1-7

십자가는 공동체를 복음의 헌신자로 서있게 한다.

"영적 공동체의 부흥은 같은 방향을 쳐다보는 사람들의 수가 얼마나 많으냐가 관건이다."

사도행전 6:7을 보면 초대교회는 한 마디로 부흥하는 공동체였다. 그런데 중요한 것은 구경꾼 같은 사람들만 구름떼 같이 모이는 공동체가 아니고 건강하고, 균형 잡힌 복음을 위해 죽기를 각오하고 자신을 드리는 사람들이 모이는 말 그대로 기도 공동체, 사랑의 헌신 공동체였다. 그 결과 예수님을 잡아 죽인 장본인이었던 제사장의 무리도 복종하게 만들었다. 십자가 복음의 대척점에 서 있던 자들도 복음 앞에 무릎을 꿇는 공동체였다는 것은 정말 감동이다.

> "하나님의 말씀이 점점 왕성하여 예루살렘에 있는 제자의 수가 더 심히 많아지고 허다한 제사장의 무리도 이 도에 복종하니라"
>
> - 사도행전 6:7

핍박이 절정에 달한 상황에서 어떻게 이렇게 파워풀한 공동체가 될 수 있었을까? 비결은 다른데 있지 않고 공동체에 들어온 모든 사람이 구경꾼이 아니라 복음을 향한 헌신자로 서 있었기 때문이다. 그러므로 오늘 소그룹을 앞장 서 섬기는 리더의 관심은 이렇게 모아진다. "어떻게 하면 소그룹 멤버들을 구경꾼이 아니라 봉사자로, 나아가 헌신자로 세울 수 있을까?"하는 것이다. 어떻게 하면 될까?

소그룹 식구들을 봉사자로 세울 수 있을까?
알리고 격려하기: 봉사의 성경적 개념을 이해시키라.

소그룹 구성원들을 방관자가 아닌 봉사자로 세우는 데 있어서 가장 먼저 해야 할 것은, 봉사가 단순히 성도들을 더 많은 교회의 프로그램에 참여시키는 것이 아니라는 사실을 함께 이해하며 공유하도록 하는 것이다. 봉사는 성도들이 하나님께로부터 받은 각자의 은사들을 통해 하나님을 섬기고, 공동체를 세우며, 영광을 돌리는 통로라는 것을 인지해야 한다. 어떤 봉사를 시작하기 전에, 모든 사람이 교회에 특별히 기여할 수 있는 은사를 지니고 있다는 진리를 먼저 믿어야 한다. 그 어느 누구도 도움이 필요하지 않은 사람은 없고, 도움을 줄 수 없는 사람 역시 없다. 소그룹 리더는 멤버들에게, '당신이 바로 사역자입니다, 당신의 은사는 특별하게 쓰임 받을 수 있습니다'와 같은 반복적인 격려를 통해 이 사실을 일깨워 줄 책임이 있다.

성장시키기: '최적의 자리'를 찾아주라.

어떤 물건이든지 최적의 자리에 있을 때 가장 효과적으로 사용할 수 있다. 은사도 마찬가지다. 한 사람 한 사람을 향한 하나님의 세밀한 지으심을 따라 섬길 때에 더욱 능력과 기쁨이 넘치는 봉사를 감당하게 된다.

그러므로 리더는 멤버들이 최적의 자리를 찾을 수 있도록 돕기 위해 소그룹 전문가들이 오래전에 개발한 S.H.A.P.E질문을 던져야 한다.

- S (Spiritual Gift) 어떠한 은사가 있는가?
- H (Heart) 어떤 열정이 있는가?
- A (Ability) 천성적으로 다른 사람보다 더 잘하는 것은 무엇인가?
- P (Personality) 어떤 삶을 살아가고 있고 어떤 성품을 지니고 있는가?
- E (Experience) 그동안 어떤 삶을 살았고 또 무엇을 배운 경험이 있는가?

이런 질문을 통해 구성원들 각자가 최적의 자리를 찾도록 이끌 수 있다.

행동하게 하기: 구체적이고 다양한 기회를 제공하라.

소그룹 구성원들이 은사로 서로를 섬기는 일이 효과적으로 일어나기 위해서는 실제적이고 구체적인 방안이 필요하다. 임무와 권한을 함께 주는 것을 잊지 않고, 격려함으로 구성원들에게 봉사에 대한 동기를 부여해야 한다. 어떤 경우에는 구성원들이 어떤 봉사를 어떻게 해달라는 구체적인 요청을 받은 적이 없기 때문에 그저 방관자로 남겨지기도 한다. 봉사에 관한 이야기를 나누면서 봉사의 기회를 소개하고, 다양한 섬김의 사례들을 나눈다면 멤버들의 눈이 열리면서 방관자에서 봉사자로 나올 것이다. 뿐만 아니라, 기회가 되는대로 전체 소그룹이 함께 봉사에 동참하게 되면 각 개인이 봉사에 뛰어드는 것보다 덜 부담스러운 방식으로 봉사에 접근할 수 있다. 이런 구체적인 방향과 방법이 제시되면 구성원들이 방관자에서 봉사자로 나아오게 된다.

표현하기: 순간순간 감사의 마음을 표시하여 인정받고 있다는 느낌이 들게 하자.

칭찬은 근본적으로 그 사람을 믿어주는 것이다. '칭찬은 고래도 춤추게 한다'는 것은 익히 알려진 사실이다. 그러나 대부분의 사람들은 의식적으로 칭찬보다는 비평에 익숙한 나쁜 습관을 가지고 있다. 그러나 백 가지 잘못을 지적하는 것보다 한 가지 장점을 칭찬하는 것이 정말 유익하다는 것을 꼭 기억해야 한다. 왜냐하면 이 세상 모든 사람은 칭찬에 목마르기 때문이다. 두 사람이 부부가 되는 것, 결혼을 하는 것도 "인생을 살아가면서 가장 목마른 칭찬을 받기 위한 결단"이라는 말이 있다. <칭찬의 위력 30가지> 표를 보라.

<칭찬의 위력 30가지>

1	칭찬을 받으면 바보도 천재로 바뀐다.
2	칭찬을 하면 칭찬받을 일을 하고 비난을 하면 비난받을 짓을 한다. 사람을 바꾸는 유일한 방법은 칭찬밖에 없다.

3	이 세상에 외상이나 공짜가 없다. 칭찬을 하면 칭찬이 돌아오고 원망을 하면 원망이 돌아온다.
4	칭찬 노트를 만들어라. 남의 칭찬, 자신의 칭찬이든 칭찬거리가 생각나면 바로 노트에 기록하라. 이 노트가 기적을 창출한다.
5	돈을 주면 순간의 기쁨이 만들어지지만 칭찬은 평생의 기쁨을 안겨준다. 칭찬하고 또 칭찬하라.
6	누구나 본인이 모르는 장점이 있다. 그 부분을 찾아 칭찬해보자. 그 기쁨과 감동은 무엇과도 비교되지 않는다.
7	칭찬을 주고받는 사회는 성공한다. 칭찬은 상승효과를 만들어 살맛나는 세상을 만들어준다.
8	욕을 먹어도 변명하거나 얼굴을 붉히지 말라. 그가 한 욕은 내가 먹는 것이 아니라 그에게로 돌아간다.
9	이 세상은 발전하지 않으면 붕괴한다. 돈이 많다고 발전하는 것이 아니라 칭찬을 통하여 변화되어 승리를 안겨주는 것이다
10	만날 때 칭찬하고 헤어질 때 칭찬하라. 모두가 애타게 바라는 즐겁고 신나는 세상은 그렇게 해서 만들어지는 것이다.
11	운동선수에게 응원의 목소리가 승리를 안겨준다. 그 외의 사람에게는 칭찬의 소리가 응원가로 들리게 한다.
12	살다보면 미운 사람이 생기게 마련이다. 미운 사람에게 칭찬의 떡 하나 더 줘라. 값이 싼 떡으로 서로의 간격을 좁힐 수 있다.
13	선물을 하는 데는 많은 비용이 들어간다. 그러나 칭찬은 1원도 들이지 않고 선물보다 더 큰 감동을 주게 된다.
14	99개의 약점이 있는 사람도 1개의 장점은 있게 마련이다. 1개만 바라보고 칭찬하라. 그것이 자라나면 장점만의 사람으로 변신한다.
15	칭찬은 적군을 아군으로 만들고 원수도 은인으로 만든다. 나에게 적이 많은 것도 알고 보면 칭찬을 않기 때문이다.
16	부자가 되고 싶으면 칭찬하는 노력을 먼저 하라. 칭찬은 보물찾기와 같아 보물은 많이 찾는 사람이 최고의 부자다.
17	칭찬은 사랑하는 마음의 결정체이고 비난은 원망하는 마음의 결정체다. 칭찬을 받고 나면 기분이 좋고, 비난을 하고 나면 기분이 언짢은 것도 그 때문이다.
18	고객 만족, 고객 감동이 아니면 기업은 쓰러진다. 칭찬은 이 두 가지를 모두 만족시키고도 남는 위대한 덕목이다.
19	목마른 사람에게 물을 주는 것이 공덕이다. 칭찬에 목마른 사람에게 칭찬을 해주어라. 그처럼 큰 공덕도 없다.
20	해가 뜨면 별이 보이지 않듯 칭찬이 늘어나면 원망도 없어진다. 불행 끝 행복 시작이 눈앞에 펼쳐지는 것이다.
21	10점을 맞다가 20점을 맞는 것은 대단한 향상이다. 잘하는 것만 바라보며 칭찬하면 끝내는 100점이 되어 버린다.
22	칭찬은 아름다운 마음의 표현이다. 아름다운 마음이 아름다운 얼굴을 만든다. 화장만을 하려하지 말고 칭찬을 먼저 하라.

23	자기를 칭찬하는 사람만이 남을 칭찬할 수 있다. 먼저 자신을 칭찬하라. 칭찬에 숙달된 조교가 성공적인 삶을 만들게 된다.
24	남의 약점은 보지도 듣지도 말하지도 말라. 약점을 찾는 열성당원은 어둠의 노예가 된다.
25	사람에게는 무한 능력이 숨어있다. 처마 밑의 주춧돌이 빗방울에 의해 홈이 파지듯 반복된 칭찬이 위대한 결과를 만들어준다.
26	칭찬은 소극적인 사람을 적극적으로 바꿔주고 희망과 의욕을 높여준다. 입에서 나오는 한마디의 칭찬이 의식개혁의 시작이 되는 것이다.
27	칭찬은 웃음꽃을 만들어주는 마술사다. 장미도 백합도 진달래도 아름답지만 웃음꽃만큼 아름다운 꽃은 이 세상에 없다.
28	기가 살아야 운도 산다. 기를 살리는 유일한 처방은 칭찬이다.
29	칭찬을 받고 싶으면 내가 먼저 칭찬하라. 이 세상에 외상이나 공짜는 없다는 것을 그 자리에서 알게 된다.
30	칭찬을 받으면 발걸음이 가벼워지고 입에서 노래가 나온다. 나라를 위해서도 칭찬하라. 기쁨 넘치는 사람이 기쁜 세상을 만들어준다.

동역하는 사람들은 감사와 인정을 받을 때 더욱 큰 동력과 기쁨을 누리게 된다. 그저 '말'만 하는 것이 아니라, 감사축제, 소그룹의 밤, 다른 소그룹과의 연대 행사 등 어떤 명칭과 방법이든 특별한 계기를 창의적으로 기획하여 표현할 필요가 있다. 규모가 크고 작음에 상관없이 함께 소통하고 같은 비전으로 마음을 모을 수 있는 시간을 갖는 것이 중요하다. 봉사자들이 자신이 소중한 사람이며 중요한 일에 참여하고 있음을 깨달으면 지속적인 봉사와 헌신으로 이어질 수 있다. 봉사자들이 함께 모여 서로를 축하하고 축복하는 시간은 방관자가 봉사자로 나아오게 되었음을 확인하고 감사하게 되는 계기를 만들어줄 것이다.

종교 소비자에서 봉사자로 세우는 소그룹

소그룹 멤버들을 단순히 소비적 방관자가 아니라 창의적이고 생산적인 섬김이로 세우는 것이 소그룹 리더의 중요한 목표가 되어야 한다.

  모든 소그룹 멤버들은 서로를 섬기기 위해 지음 받았으며, 다른 이의 섬김이 필요하지 않은 사람은 이 세상에 존재하지 않는다. 이 사실을 모두 함께 공유하고, 각자의 은사에 따라 구체적인 섬김의 방법과 기회를 찾는 것이 필요하다. 방관자의 모습을 버리고 봉사의 자리로 나아와 함께 맺어가는 열매들을 기뻐할 수 있는 소그룹이 되기를 바란다.

나눔 질문

1. 교회 내외에서 내가 하고 있는 봉사에는 어떤 것들이 있습니까?

2. 봉사의 자리를 찾을 수 있도록 돕는 S.H.A.P.E 질문이 있습니다. 본문 267쪽을 참고하여 각 질문에 대한 답을 적어보고, 나에게 적합한 봉사의 자리에는 무엇이 있을지 함께 나누어 보십시오.

3. 내가 들었던 칭찬의 말 중 가장 기억에 남는 것 한 가지를 나누어 보십시오.

4. 칭찬의 위력 30가지(268-270쪽)를 읽고, 가장 와닿는 것 한 가지만 선택해 보십시오. 그리고 그 이유를 함께 나누어 보시기 바랍니다.

6
소그룹을 전도의 전초기지로 견인하는 소그룹 리더

"주의 약속은 어떤 이들이 더디다고 생각하는 것 같이 더딘 것이 아니라 오직 주께서는 너희를 대하여 오래 참으사 아무도 멸망하지 아니하고 다 회개하기에 이르기를 원하시느니라"

베드로후서 3:9

소그룹이 항상 힘써야 할 4가지 사명

혹독한 펜데믹 상황을 겪는 과정 속에 교회는 대부분의 사역이 위축되는 안타까운 상황을 맞이했다. 비대면 예배라는 상황이 생기고 모든 사역도 오프라인에서 모이는 것 자체가 어려운 상황을 맞이했다. 새로운 질서가 형성되면서 새로운 질서에 걸 맞는 방식으로 모든 사역을 지혜롭고 창의적으로 진행할 필요가 있다. 그러나 교회사역을 할 때 항상 질문하고 중심을 흩트리지 말아야 할 것이 있다. 바로 교회는 "믿는 자들의 모임(공동체)"이라는 근본 진리이다.

근본적으로 교회는 주님의 교회로서 반드시 수행해야 할 사명이 있다. 기독교 역사 속에서 교회가 세워진 이후 교회의 구성원들인 성도들은 아무리 힘들고 위험한 상황이 와도 날마다 다음과 같은 네 가지의 사명들을 수행해 왔다.

"그들이 사도의 가르침을 받아 서로 교제하고 떡을 떼며 오로지 기도하기를 힘쓰니라" - 사도행전 2:42

첫 번째 사명 : 날마다 '기도'

초대교회 성도들은 모일 때마다 합심하여 오로지 기도하기를 힘썼다. 기도는 하나님을 함께 경험하고 의지하는 가운데 크신 하나님의 역사를 경험하는 강력한 은혜의 방편이다. 초대교회 역사서인 사도행전과 바울서신을 보면 공동체의 기도는 강력한 힘을 발휘했다. 이와 같이 영적 공동체인 교회의 기도가 강력한 힘을 발휘하고 하나님이 주시는 응답의 은혜를 누리기 위해서는 공동체 기도에 동참하는 모든 성도가 평소에 기도하는 사람이어야 한다는 전제가 있다.

두 번째 사명 : 날마다 '말씀'을 가까이

초대교회가 '서로 교제하고 떡을 떼며 오로지 기도하기를 힘쓴 것'은 그냥 된 것이 아니라 '사도의 가르침을 받아' 된 것이다. 하나님은 지금도 교회에 주신 말씀의 가르침과 묵상을 통해 성도들을 성숙하게 하신다. 말씀 자체는 하나님의 은혜를 경험하는 통로이다. 그렇기 때문에 교회에는 반드시 하나님의 말씀을 가감하거나 자의적으로 해석하지 않고 균형 있게 가르치는 목회자와 교사가 꼭 필요하다.

보통 하루에 성경을 얼마나 읽는지를 하루에 얼마나 TV나 스마트폰을 보는지와 비교해서 묻는다면 무엇이라고 대답할 수 있을까? 어떤 경로로든 들어온 지식과 정보에 따라 삶의 방식과 가치관이 영향을 받는다는 점을 고려할 때 날마다 말씀을 읽고, 묵상하고, 암송하는 일은 결코 후순위로 밀려나서는 안 될 그리스도인의 사명이다.

"사람은 떡으로만 사는 것이 아니라 하나님의 입에서 나오는 모든 말씀으로 산다(마 4:4)"는 것을 명심해야 한다.

세 번째 사명 : 날마다 서로를 '돌아봄'

펜데믹을 겪으면서 교회의 공적인 돌아봄 사역 역시 주춤해졌다. 그러나 가정과 가족의 재발견은 펜데믹 사태가 가져온 새로운 문화이다. 특별히 가장이 가족 구성원을 영적으로 돌아보는 일의 중요성은 주일학교의 사역이 일상적이지 않은 상황 속에 가장 중요하게 인식되고 회복되어야 할 일이 되었다. 주일학교 말씀교육은 1주일에 한 번 진행되는 주일학교 예배와 공과공부에 맡겨진 것이 현실이었다. 그러나 그것마저도 어려운 상황에 놓이면서, 믿음의 다음세대를 세우고 믿음의 명문(품)가문이 되기 위해 자녀들을 전인적으로 양육할 책임과 기회는 각 가정의 가장들에게 주어졌다. 펜데믹은 교회와 가정, 가정과 교회의 원활한 소통을 통한 자녀들의 영적 돌봄에 대한 새롭고도 창의적인 방안이 나와야 할 상황으로 이끌고 가는 동인이 된 것이다.

동시에 영적가족인 성도들을 돌보기 위해 가장 필요한 영적공동체의 안전망, 즉 소그룹 사역의 중요성 역시 더욱 중차대해졌다. 완벽한 성경지식을 전달하는 것이 아니라 영적 가족들이 주님 말씀을 가까이 대하고 있는지, 하나님께 점점 가까이 다가가고 있는지 아니면 등을 돌리고 점점 멀어지고 있는지, 그들이 흘리고 있는 눈물을 흘리고 있다면 그 이유는 무엇인지를 서로 돌볼 수 있는 최적화된 대안공동체 안에서 소그룹 리더는 영적 가장의 역할을 감당해야 할 필요성이 대두된 것이다. 모두가 누군가에게 기대고 싶어 하는 '코로나 블루'의 상황 속에서 날마다 서로를 돌아보는 일은 소그룹을 통해서 진행해야 할 성숙한 그리스도인의 가장 중요한 사명이 된 것이다.

네 번째 사명 : 날마다 '영혼구원'에 집중

영적 공동체가 펜데믹인 사태를 맞이하면서 가장 어렵게 직면한 사명이 있다면 단연 영혼구원 사역이 꼽힌다. 사람들이 서로 접촉하는 것을 꺼리는 상황에서 기존의 전도사역은 모두 중지되어 버렸다. 특히 이단인 신천지가 전파자 역할을 톡톡히 하면서 진리를 전하는 교회까지 경계하는 분위기가 생겼고, 일부 교회가 방역수칙 준수를 게을리 하면서 안타깝게도 확진자를 만들어내는 가운데 교회가 감염원이라는 오명을 뒤집어썼다. "우리 교회에 와보세요"라는 말조차 꺼내기 힘들어진 영적 춘궁기를 맞이한 것이다.

그러나 이런 상황 속에서도 꼭 기억해야 할 하나님의 간절한 소원이 있다. "주의 약속은 어떤 이들이 더디다고 생각하는 것 같이 더딘 것이 아니라 오직 주께서는 너희를 대하여 오래 참으사 아무도 멸망하지 아니하고 다 회개하기에 이르기를 원하시느니라"- 베드로전서 3:9

하나님이 이 불의하고 왜곡된 세상을 참으시는 것은 한 영혼이라도 더 멸망하지 않고 구원 얻도록 하기 위함이다. 그러므로 복음에 합당한 모습으로 하나님의 소원을 이루어 드리려고 하는 리더의 고민은 커질 수밖에 없다.

어떻게 해야 하나님의 소원인 한 영혼 구원을 펜데믹 사태 속에서도 성취할 수 있을까? 전도 집회나 복음 집회를 열어 구도자를 초대하기 어려워진 것은 사실이다. 그러나 여전히 교회의 각 지체는 자신이 있는 곳에서 삶을 통해 강력하게 그리고 적극적으로 영혼구원 사역을 감당해 낼 수 있다. 소그룹 멤버들이 만나는 영혼들 가운데 아직 하나님을 모르는 이가 있는가? 그 사람이 바로 그리스도의 증인으로 살아가는 소그룹 멤버들의 삶을 통해 그리스도를 보고 경험할 사람이다.

특별히 가족의 재발견을 하고 있는 코로나 상황에서 그 어느 때보다 자주 접하는 가족들 가운데 반드시 하나님 앞으로 돌아와야 할 영혼이 있다면 그 영혼을 향해 그리스도인다운 삶을 보여주는 영혼구원 사역을 감당해야 한다. 코로나19로 염려와 걱정을 하는 가족들의 한숨을 깊이 있는 기도로 아뢰며 그들의 답답함을 공감하고 사랑으로 섬긴다면 놀라운 역사가 나타날 것이 틀림없다.

영혼구원에 대한 이러한 이해를 모든 소그룹 구성원들이 가슴에 동일하게 나누어 가진다면 좀 더 순적하게 하나님의 소원을 함께 이루어 드리는 역동적인 소그룹이 될 것이다. 그래서 가족구원을 위한 가족전도대상자를 작정하고 그들의 기도제목을 중보기도팀과 가족구원을 위한 전도팀이 함께 기도하며 준비하는 것이다.

이런 맥락에서 현재 가장 어려운 난제로 던져진 영혼구원에 있어 사역의 효과적인 수행을 위해 소그룹 구성원들이 기억해야 할 중요한 사안이 있다.

영혼구원은 공동체 사역이다.

한국교회는 영혼구원과 복음전도의 사명을 종종 개인적인 열정과 사역으로 축소시키는 경우가 있다. 영혼구원 사역인 전도는 개인의 일이라는 고정관념이 있는 것이다. 그러나 영혼구원은 공동체 전체가 함께 살아날 수 있는 협력적 사역이다. 소그룹을 종종 가족 공동체로 비유한다. 손님을 치를 때 온 가족이 함께 맞이하듯이, 소그룹 역시 누군가가 한 영혼을 초청하면 멤버들 전체가 우리 모임에 새로운 영혼들이 언제나 올 수 있다는 가능성을 늘 인식하는 것이 필요하다. 그래서 누군가를 통해서 한 영혼이 우리 소그룹에 온다면 함께 맞이하고 잔치를 벌이는 것이다. 영혼구원은 개인 사역이 아니라 공동체 사역이다.

따라서 하나님이 소원하시는 영혼구원을 위해서는 소그룹 공동체 전체가 다음의 원칙들을 꼭 기억해야만 한다.

영혼구원은 일련의 과정이라는 이해

성도들 대부분이 복음을 받아들이게 된 경과를 보면 단 한 번의 복음 증거를 통해서 신앙을 갖게 된 경우는 아주 드물다. 바울처럼 한 번 듣고 극적으로 회심하는 사람은 많이 잡아야 10명의 성도 가운데 2~3명 정도 밖에 되지 않는다. 회심은 대부분 오랜 시간 다양한 복음 증거를 듣고 복음을 몸소 경험한 결과이다. 그러므로 회심은 일회성으로 그치는 단번의 사건이기보다는 과정에 가깝다.

"작은 한 목소리도 좋지만 웅장한 코러스가 더 강력하게 영혼을 사로잡는다."는 말이 있다. 개인보다는 공동체가 복음전도의 의무를 함께 하는 것이 훨씬 안정적이다. 공동의 복음증거는 복음을 나누는 일에 있어서 중요한 부분이다. 공동체는 주일 설교를 듣고, 함께 나누고, 먹을 것도 나누고, 함께 웃고 즐거워하며, 가난한 사람도 돕고, 서로의 경조사도 챙긴다. 이런 공동체와의 관계 속에서 구원을 향해 나아가도록 함께 복음을 전할 수 있는 기회를 가지는 것이다. 믿지 않는 사람이 있다면 그 사람에게 서로 신뢰할 수 있는 사람들이 함께 그리고 계속해서 다가서는 것이다. 그렇게 자연스러운 유기적 관계를 형성하여 복음을 전할수록, 한 영혼의 구원 가능성은 높아진다. 이런 유기적 삶에 가장 효과적인 것이 바로 소그룹이다.

복음적인 삶의 공동체
영혼구원을 위해 외침전도와 노방전도도 반드시 필요하다. 그러나 예수를 믿지 않는 대부분의 사람들의 의식을 조사한 결과 그들은 복음전도의 소리가 삶으로 번역되어 자신의 눈앞에 복음적인 삶이 펼쳐지기를 원한다. 그러므로 전함과 함께 복음의 삶을 보여주는 것이 병행되어야 한다.

그런데 이런 복음적 삶을 혼자서 보다는 함께 보여 줄 때 엄청난 결과를 낳을 수 있다. 개인의 모범도 중요하지만, 신앙으로 함께 살아가는 공동체를 보여주는 것은 더더욱 중요하다. 그러므로 다각도의 신실한 삶의 모습이 필요한 것이다.

독려 그리고 격려
영적으로 가장 긴밀한 관계는 소그룹이다. 또 자신을 제외하고 전도 대상자를 위해 가장 많이 기도하는 것은 함께 전도자의 상황을 나눈 소그룹 멤버일 것이다. 그러므로 소그룹 식구들 서로가 영혼구원을 독려할 수도 있고 격려할 수도 있는 것이다. 그러므로 끊임없이 독려와 격려의 삶을 나누는 소그룹 안에서 영혼구원의 아름다운 열매가 솔직하게 맺힐 수 있음을 기억하자.

협력하여 집중력 있게 드리는 기도
"두 세 사람이 내 이름으로 모인 곳에는 나도 그들 중에 있느니라

(마태복음 18:20)" 전도 대상자의 상황을 나누는 것에 끝나지 않고 끊임없이 기도해야 하는 것이 소그룹 멤버들 전체의 공동체적 역할이다. 날마다 전도하며 변화되는 상황을 공유해야한다. 변화되는 한 영혼의 상황을 두고 집중력있게 함께 기도 할 때 기가 막힌 은혜의 경험을 맛볼 수 있을 것이다.

"영혼구원은 끝까지 인내하고, 기도하고,
사랑하며 수행해야 할 소그룹 평생의 사명이다."

나눔 질문

1. 복음을 전하는 시간을 통해서 한 영혼을 주님께로 인도했던 경험을 나누어 보십시오.

2. 펜데믹 상황 속에서 가장 어려움에 직면한 사명은 영혼구원의 출발점인 전도사역입니다. 복음을 전해야 한다는 사명을 깨닫고 있지만 전도사역을 수행하는데 있어서 당면한 어려움에는 어떤 것들이 있는지 나누어 보십시오.

3. 영혼구원 사역은 어려움 속에서도 감당해야 할 사명입니다. 2번 질문에서 나누었던 어려움들을 어떻게 극복하고 대처할 수 있을지 나누어 보십시오.

4. 영혼구원은 복음적인 삶을 통해 일어납니다. 나의 삶 속에서 복음을 드러내는 삶의 모습을 생각해보고 함께 나누어 보십시오.

5. 영혼구원을 위하여 기도하고 있는 사람이 있다면 함께 나누어 보고 기도로 마무리하시기 바랍니다.

7
지속성의 원리를 이해하고 추구하는 소그룹 리더

"7 우리가 이 보배를 질그릇에 가졌으니 이는 심히 큰 능력은 하나님께 있고 우리에게 있지 아니함을 알게 하려 함이라 8 우리가 사방으로 우겨쌈을 당하여도 싸이지 아니하며 답답한 일을 당하여도 낙심하지 아니하며 9 박해를 받아도 버린 바 되지 아니하며 거꾸러뜨림을 당하여도 망하지 아니하고 10 우리가 항상 예수의 죽음을 몸에 짊어짐은 예수의 생명이 또한 우리 몸에 나타나게 하려 함이라"

고린도후서 4:7-10

사역의 성패, 리더의 "순수성, 전문성, 지속성, 협력성"

어느 교회에서 있었던 일이다. 점심식사가 끝나면 구역별로 돌아가면서 설거지를 했다. 어느 남자 집사님이 어찌나 설거지를 깔끔하게 잘 하는지 여 집사님들이 감탄을 하면서 물었다. "어떻게 집사님은 설거지를 그렇게 깔끔하게 잘하세요. 남자들 설거지 하는 걸 보면 더러워서 여자들이 다시 하는데…" 남자 집사님이 대답을 하는데 이유는 이랬다. "제가 고등부 수련회를 갔는데 선생님들이 간식시간에 먹을 토스트를 준비해 놓은 것을 우연히 보고 너무 먹고 싶은 거예요. 그래서 몰래 토스트 하나를 들어서 계란을 살짝 빼 먹어버렸답니다. 드디어 간식시간이 되었는데 선생님들이 계란이 하나 없어진 줄 모르고 토스트를 나누어 주셨겠지요. 그런데 그 계란 없는 토스트가 정확하게 제 앞에 놓였어요." 그 때 가슴이 얼마나 철렁했는지 그 이후부터 자신이 저지른 행동은 반드시 자신에게 돌아온다는 것을 정확하게 깨달았고 그래서 무슨 일을 하든지 우직하고 성실하게 하기로 결심했다는 것이었다. 만약 지금 이 그릇 중에 하나라도 제대로 닦지 않으면 분명히 다음 주일에 자기 밥이 그 적당히 씻은 밥그릇에 담길 것 같다는 것이다.

이 이야기를 듣고 참 많은 생각을 했다. 리더로서 자신에게서 나온 것은 자신에게로 돌아간다는 이치만 알아도 적당히 사역할 수가 없다. 소그룹 리더로서 기억해야 할 중요한 사실을 고린도후서 4장에서 발견한다. 바로 지속성의 원리다.

리더십 컨설팅을 전문적으로 하는 분들이 내린 일치된 견해가 하나 있다. 어떤 일을 하든지 그 일이 성공하는 데 있어서 리더가 가져야 할 중요한 세 가지 특징은 바로 순수성과 전문성과 지속성이라는 것이다. 목적의 순수함, 목적달성을 순적하게 이루는데 필요한 준비된 전문성, 그리고 다른 무엇보다 중요한 것은 인내하면서 끝까지 달려가는 지속성이다.

이 원리는 소그룹을 책임지는 소그룹 리더에게도 똑같이 적용되는 원리다. 사실 소그룹 리더의 사역은 길고 지리한 마라톤 같은 사역이다. 다른 육상경기에 비해 마라톤이 갖는 가치는 완주에 있다. 소그룹 사역 역시 얼마나 빨리 뛰느냐가 아니라 느리더라도 얼마나 함께 오래 달릴 수 있느냐가 더 중요하다.

그렇다면 어떻게 하면 지치지 않고 지속적으로 사역을 전개해갈 수 있을까? 고린도후서 4장 말씀 속에서 어떻게 지속성을 유지하며 사역할 수 있을지에 대한 원리를 발견할 수 있다.

지속적인 소그룹 리더 사역을 위한 중요 요소를 기억하라.
첫째, 하나님께서 긍휼로 바라보고 계심을 기억하라(1절).

처음부터 모든 사역을 잘 하는 사람은 없다. 실수도 하고, 실패도 하고, 때때로 심한 낙담함에 이르기까지 한다. 맡은 사역을 통해서 자신의 가치를 증명하고 싶은 조급증이 나기도 하지만 처음부터 자신의 사역 속에서 자신의 가치를 보여줄 수 있는 사람은 없다.

그런데 중요한 것은 이런 형편에 있는 우리를 향한 하나님의 마음이다. 하나님은 우리를 긍휼하심으로 바라보신다는 것이다. 그러므로 자신의 실수 때문에 허덕거릴 이유가 없다. "긍휼하심을 입은 대로 낙심하지 말라"고 말라는 말씀을 기억하면서 쉽게 지치지 마시기를 바란다.

둘째, 모든 일에 신실하게 행하라(2절).

사역의 지속성을 위해서는 신실함이 정말 중요하다. 구체적으로 무엇 보다 시간 약속에 신실하라. 약속, 특히 시간 약속의 신실함이 결여될 때 팀 에너지는 순식간에 고갈된다. 신실할 때 삶과 사역에 끊임없이 에너지가 수 있다.

셋째, 누구를 위한 사역인지 목표를 분명히 하라(5절).

소그룹 사역의 목표는 철저히 예수님이시다. 소그룹 사역을 통해서 자신의 성장과 성숙을 꾀하는 것이 나쁜 것은 아니다. 그러나 이것이 영적 공동체인 소그룹 사역의 최우선 순위는 아니다. 소그룹 리더가 예수님과 복음과 하나님 나라를 최우선의 목표로 삼고 사역할 때 리더의 성장과 성숙은 자연스럽게 따라오는 열매다.

교회 전체적으로 보면 많은 사역자들이 종으로 시작했다가 유명인사로 마치는 경우가 있다. 이것은 하나님 나라를 보지 못하게 하는 비극이다. 그래서 사역을 할 때 마다 나의 사역 속에 유일한 청중은 오직 한 분 예수 그리스도라는 것을 잊지 않을 때 영적 공동체인 소그룹 리더의 모든 사역은 지속성을 담보할 수 있다. 사심을 내려놓을 때 늘 길이 보이는 법이다. 목표를 정확히 할 때 욕심이 가져오는 피로로부터 자신을 지킬 수 있다.

넷째, 자신의 한계를 인정하라(7절).

고린도후서 4:7은 연약한 질그릇이라고 리더들의 본질을 정확하게 알려 준다. 아무리 파워풀한 리더라도 자신의 한계를 인정해야 한다. 가장 빨리 지치는 길은 슈퍼맨, 슈퍼우먼 신드롬에 빠지는 것이다.

하나님 앞에서 겸손하게 자신의 연약함을 인정하는 것은 사역을 지속성 있게 감당할 수 있는 핵심 요소이다. 스스로 "질그릇"임을, 즉 한계를 인정할 때, 불필요한 일로 에너지가 낭비되거나 소진되는 일은 없을 것이다.

다섯째, 진정으로 사랑하라(15절).

진정한 리더는 다른 사람을 진실로 사랑하는 법을 배운 리더이다. 하나님께서 나에게 직분을 주신 목적이 사람들을 세우는 것임을 잊지 말아야 한다. 사람을 사랑하지 못한다면, 사람을 세우는 일은 결국 하나의 짐이 되고 결국 탈진하는 주요인이 된다. 나를 통해 세워진 사람들을 통해 하나님께서 영광 받으실 것을 기대하며 사람을 세우는 일에 집중하는 것이 진정한 리더다.

여섯째, 내적 재충전의 시간을 가지라(16절).

본질적으로 사람은 누구나 재충전이 필요한 존재이다. 바울은

"우리의 겉사람은 낡아지나 우리의 속사람은 날로 새로워짐"으로 낙심하지 않는다고 말한다. 리더라면 스스로 재충전의 방법을 터득하는 것이 필요하다.

일곱째, 우선순위를 잘 확인하라(17~18절).

급하고 중요한 일, 급하지 않지만 중요한 일, 급하지만 중요하지 않은 일, 급하지도 않고 중요하지도 않은 일 이 네 가지 일 중에 나는 어디에 많이 치우쳐 있는가를 항상 점검할 필요가 있다. 중요한 일에 초점을 맞출 줄 알아야 한다. 나의 시선을 문제(환난)가 아니라, 목적(영광)에 맞춰보라. 보이지 않는 것을 볼 줄 아는 사람만이 불가능한 일을 성취할 수 있다.

"소그룹 사역은 절대로 단판 승부가 아니다.
장기전이요 마라톤과 같은 사역이다."

나눔 질문

1. 소그룹을 섬기는 과정 속에서 지쳐서 포기하고 싶었던 순간이 있었다면 함께 나누어 보십시오.

2. 지속적인 소그룹 리더 사역을 위한 7가지 요소(285-287쪽) 중에 지금 나에게 꼭 필요한 요소 한 가지를 선택해 보고 그 이유를 나누어 보십시오.

3. 지속적인 소그룹 사역을 위해서는 내적 재충전의 시간이 필요합니다. 나는 어떤 방식으로 재충전을 하고 있는지 함께 나누어 보십시오.

4. 다음 네 가지 영역을 채우면서 나는 어느 영역에 치우쳐 있는지를 점검해 보고 나누어 보십시오.

급하지 않지만 중요한 일	급하고 중요한 일
급하지 않고 중요하지 않은 일	급하지만 중요하지 않은 일

"소그룹 사역은 절대로 단판 승부가 아니다.
장기전이요 마라톤과 같은 사역이다."

8
기도하는 소그룹 리더

"1 하가랴의 아들 느헤미야의 말이라 아닥사스다 왕 제이십년 기슬르월에 내가 수산 궁에 있는데 2 내 형제들 가운데 하나인 하나니가 두어 사람과 함께 유다에서 내게 이르렀기로 내가 그 사로잡힘을 면하고 남아 있는 유다와 예루살렘 사람들의 형편을 물은즉 3 그들이 내게 이르되 사로잡힘을 면하고 남아 있는 자들이 그 지방 거기에서 큰 환난을 당하고 능욕을 받으며 예루살렘 성은 허물어지고 성문들은 불탔다 하는지라 4 내가 이 말을 듣고 앉아서 울고 수일 동안 슬퍼하며 하늘의 하나님 앞에 금식하며 기도하여 5 이르되 하늘의 하나님 여호와 크고 두려우신 하나님이여 주를 사랑하고 주의 계명을 지키는 자에게 언약을 지키시며 긍휼을 베푸시는 주여 간구하나이다 6 이제 종이 주의 종들인 이스라엘 자손을 위하여 주야로 기도하오며 우리 이스라엘 자손이 주께 범죄한 죄들을 자복하오니 주는 귀를 기울이시며 눈을 여시사 종의 기도를 들으시옵소서 나와 내 아버지의 집이 범죄하여 7 주를 향하여 크게 악을 행하여 주께서 주의 종 모세에게 명령하신 계명과 율례와 규례를 지키지 아니하였나이다 8 옛적에 주께서 주의 종 모세에게 명령하여 이르시되 만일 너희가 범죄하면 내가 너희를 여러 나라 가운데에 흩을 것이요 9 만일 내게로 돌아와 내 계명을 지켜 행하면 너희 쫓긴 자가 하늘 끝에 있을지라도 내가 거기서부터 그들을 모아 내 이름을 두려고 택한 곳에 돌아오게 하리라 하신 말씀을 이제 청하건대 기억하옵소서 10 이들은 주께서 일찍이 큰 권능과 강한 손으로 구속하신 주의 종들이요 주의 백성이니이다 11 주여 구하오니 귀를 기울이사 종의 기도와 주의 이름을 경외하기를 기뻐하는 종들의 기도를 들으시고 오늘 종이 형통하여 이 사람들 앞에서 은혜를 입게 하옵소서 하였나니 그 때에 내가 왕의 술 관원이 되었느니라"

느헤미야 1:1-11

늘 급한 일로 쫓기는 삶을 살 수 밖에 없는 리더의 삶을 살고 있는가?

소그룹 리더에게 가장 필요한 것은 기도다. 그러나 마음과 달리 제일 안 되고 힘든 것이 기도다. 왜 그럴까? 사실 어느 공동체를 섬기든지 리더는 항상 바쁘다. 늘 시간에 쫓기고, 내가 만든 시간이 누군가 만들어 놓은 시간에 의해서 움직이는 것이 많고, 중간 중간 긴급한 일이 치고 들어와 기도할 시간을 빼앗는다. 그리고 또 모든 것을 혼자 해결해야 할 때가 많다. 혼자 결정하고, 혼자 해결해야 하는 것이 리더이다. 여하튼 "늘 급한 일로 쫓기는 삶"을 살 수 밖에 없는 리더의 형편이다.

그런데 성경을 보면 느헤미야라는 인물은 결정적인 순간, 가장 중요한 순간에 하늘의 하나님께 기도했다. 아무리 급한 일이 있어도 하나님께 묻는 것만큼 중요한 일이 없다는 판단을 한 것이다. 소그룹 리더는 세상의 리더가 아니라 영적 리더이다. 그렇다면 영적 리더로서 중요한 결정을 할 때 어떻게 해야 할까?

모든 결정과 사역의 중심에 하나님께 구하는 기도가 포함되어 있는가? 사실 리더가 기도하지 않는 것은 직무유기이다. 영적 리더가 영적인 멤버들을 인도하기 위해서는 먼저 영이신 하나님의 인도함을 받아야 한다. 분명한 것은 하나님의 인도하심을 가장 잘 받을 수 있는 통로는 기도다. 그러므로 하나님의 인도하심을 받기 위해서 기도할 때 소그룹 리더가 반드시 구해야할 내용을 정리하면 다음과 같다.

소그룹 리더가 반드시 구해야 할 기도의 내용이 있다.
하나님의 지혜를 구하라.

리더 역시 생활인이기 때문에 살아가면서 수많은 결정을 해야한다. 그런데 그 결정 앞에서 사람의 인정을 받기 위해 신경을 쓰다보면 하나님이 내게 맡기신 사명이 흔들릴 때가 있다. 이럴 때 예수님의 모범을 보는 것이 필요하다. 예수님은 어떠셨을까? 예수님은 기도로 수많은 상황을 처리하신다. 실례로 마가복음 9장을 보면 변화산 아래에서 말 못하는 귀신 들린 아이를 고치지 못해서 쩔쩔매는 제자들을 발견한다. 쩔쩔매는 제자들 앞에서 말씀으로 귀신들린 앙를 고치신 예수님께서 "왜 자신들은 예수님과 같은 능력을 행사하지 못했느냐?"고 묻는 제자들을 향해 예수님은 마가복음 9:29에서 이렇게 대답하신다.

"이르시되 기도 외에 다른 것으로는 이런 종류가 나갈 수 없느니라 하시니라"

예수님은 기도를 통해서 항상 하나님의 지혜를 구하셨다. 예수님은 공생애 기간동안 하나님께서 나에게 이 사명을 맡기셨기 때문에 하나님께 지혜를 구하는 것이 당연하다는 입장을 분명하게 이해하고 계신 것이다.

소그룹 리더는 영적 공동체의 리더로 부름 받고 수행해야 할 사명이 누구로부터 주어졌는가를 분명하게 인식하는 것이 필요하다. 누구로부터 부름 받아 영적 공동체의 리더로 사역하는가? 하나님께서 허락하신 것이다. 그러므로 하나님께 부름 받은 소그룹 리더라면 하나님께 지혜를 구하는 기도를 올려드리는 것은 그 무엇보다 중요하다. 이런 의미에서 분명히 하나님께서 맡기신 사역인데 기도를 안 해도 잘 진행되는 것은 오히려 재앙일 가능성이 크다.

기도의 균형감각과 집중력을 잊지 않는 것은 효과적인 소그룹 환경 조성을 위해 무엇보다 중요한 일이다. 리더니까 기도하는 것이 아니라 하나님이 기도를 통해서 지혜를 주시고 깨닫게 하시기에 기도해야 한다. 섬기는 과정 속에 삶을 돌아보면 영감을 주는 뛰어난 아이디어는 기도할 때 받는 경우가 많다. 하나님이 말씀하시고 깨닫게 하시면 한순간에 생각이 나기도 하고, 갑자기 어떤 기억이 떠오르기도 하고, 잘 몰랐던 것이 갑자기 이해되기도 한다. 지식을 쌓는다고 그것이 지혜가 되는 것이 아니다. 하나님의 지혜는 분명히 존재한다. 하나님의 지혜는 우리로 하여금 생각나게 하고, 깨닫게 하고, 보게 하고, 느끼게 하고, 기억하게 한다. 하나님은 정확한 시간에 깨달음을 주셔서 상황과 형편을 이해할 수 있는 지혜를 주신다. 그러므로 지혜의 근원이신 하나님께 누가, 언제, 어디서, 무엇을, 어떻게, 왜 해야 하는지 구해야 한다.

하나님의 능력을 구하라.

성경 속 인물들이 하나님을 향해 고백하는 내용 중에 여러 가지 아름다운 고백이 있지만 "주 여호와는 나의 힘이시라"는 고백은 모든 상황을 진행해 나가야 하는 고백들 가운데 정말 중요하고 긴요한 고백이다. 먼저 출애굽의 대장정 가운데 홍해를 마른 땅처럼 건넌 기적을 체험한 직후에 모세가 이스라엘 백성들과 부르는 노래가 기록된 출애굽기 15:2의 고백 내용을 보라.

"여호와는 나의 힘이요 노래시며 나의 구원이시로다 그는 나의 하나님이시니 내가 그를 찬송할 것이요 내 아버지의 하나님이시니 내가 그를 높이리로다"

- 출애굽기 15:2

또 이사야 선지자가 이사야 12:2에서 하는 고백을 들어보라.

"보라 하나님은 나의 구원이시라 내가 신뢰하고 두려움이 없으리니 주 여호와는 나의 힘이시며 나의 노래시며 나의 구원이심이라"

- 이사야 12:2

선지자 하박국도 하박국 3:19에서 이렇게 노래한다.

"주 여호와는 나의 힘이시라 나의 발을 사슴과 같게 하사 나를 나의 높은 곳으로 다니게 하시리로다 이 노래는 지휘하는 사람을 위하여 내 수금에 맞춘 것이니라"

- 하박국 3:19

모두 여호와가 나의 힘이시라고 고백한다. 힘은 무엇인가를 감당하고, 새로운 것을 행할 수 있는 파워(능력)를 뜻한다. 힘의 궁극적인 공급자이신 하나님을 향해 힘을 달라고, 능력을 달라고 기도할 때 파워가 주어진다. 그래서 예수님은 마태복음 18:18에서 "너희가 땅에서 매면 하늘에서도 매일 것이요 무엇이든지 땅에서 풀면 하늘에서도 풀리리라"고 말씀하신다. 그러므로 리더는 하나님의 능력을 구해야 한다. 영적 공동체를 섬기는데 다른 것을 붙잡으려고 하지 않고 사람의 마음을 손에 쥐고 계시는 하나님의 능력을 구하는 것은 영적 리더의 본분인 것이다.

하나님의 사랑을 구하라.

마지막으로 소그룹 리더는 하나님의 사랑을 구해야 한다. 리더에게 왜 기도가 필요한가를 잠잠히 묵상해 보면 만물의 그 어느 것보다 심히 부패한 마음을 가지고 있는 사람들을 섬기는 리더에게는 무엇보다 하나님의 사랑이 필요하기 때문이다. 리더는 비판도 받고, 오해도 받고, 왕따도 당하고, 당면한 힘든 일이 너무 많다. 가장 힘든 것 중에 하나가 내가 알고 이해하는 것을 사람들이 알지 못하는 때이다. 그러므로 리더에게는 어느 누구보다도 하나님의 사랑에 대한 확신이 필요하다.

리더도 사람이다. 그렇기 때문에 사람에 의해 자주 흔들린다. 아무도 내 편이 없는 것 같은 때가 있다. 아무도 이해해 주는 사람이 없는 것 같은 때도 있다. 그게 바로 리더의 외로움이다. 리더는 외로움을 어디에 토로할 데가 없다. 그래서 사도 바울은 빌립보서 4:6-7에서 이렇게 권면하는 것이다

"6.아무 것도 염려하지 말고 다만 모든 일에 기도와 간구로, 너희

구할 것을 감사함으로 하나님께 아뢰라 7.그리하면 모든 지각에 뛰어난 하나님의 평강이 그리스도 예수 안에서 너희 마음과 생각을 지키시리라"

- 빌립보서 4:6-7

모든 상황을 아시는 하나님의 평강이 걱정과 염려로부터 하나님이 부르신 소명자들의 마음과 생각을 지키시겠다고 약속하셨다. 모든 일에 기도와 간구로 하나님께 아뢸 때 이 놀라운 일이 일어난다. 하나님의 사랑으로 모든 염려를 주께 맡기는 리더들이 되기를 바란다.

A.W. 토저는 "리더는 하나님의 음성을 듣는 사람이고, 팔로어들은 바로 하나님의 음성을 듣는 사람의 말을 듣도록 되어 있다."고 말한다. 소그룹 리더는 자신의 연약함과 동시에 자신을 인도하시는 하나님의 전능하심을 고백하고 정기적인 시간과 장소를 정해 하나님께 기도드리면서 자신의 영혼을 관리해야 한다. 정기적인 시간을 통해 하나님의 말씀을 접하기도 하고, 성경을 통해 하나님의 인도하심과 뜻을 알기도 하고, 공동체를 향한 하나님의 뜻을 확인할 때 영혼의 근력이 생길 수 있다. 기도가 모든 것을 변화 시킨다. 기도야말로 하나님의 능력과 지혜와 사랑과 연결된 문을 여는 마스터키이다. 그리고 리더는 그 키를 사용하는 사람이다.

그러므로 개인적으로 기도하라. 그리고 소그룹으로 모였을 때 아무리 시간이 흐르고 시대가 바뀌어도 가장 최첨단 무기인 기도라는 무기를 적극적으로 활용하라. 그래서 소그룹 리더로서 개인적으로 기도할 뿐만 아니라 함께 모였을 때에도 적극적으로 기도하는 것이 필요하다. 특히 소그룹으로 모여서 기도할 때 소그룹 리더들이 기억해야 할 중요한 요소가 있다.

소그룹으로 모여 기도할 때 기억해야 할 중요한 요소

기도는 소그룹의 가장 강력한 성숙과 역동성의 도구 중 하나이다. 하나님이 뜻하신 기도는 사람들이 하나님과 교제하는 가운데 삶의 만복을 누리는 통로다. 그렇다면 소그룹으로 함께 모여 기도할 때, 꼭 기억하고 적용해야 할 기도의 요소는 어떤 것이 있을까?

첫째, 어디에서 그리고 어떤 방식으로 기도할 것인가에 대해 유연성을 가지라.

소그룹의 인적 구성이나 형편에 따라 어느 정도 길이의 기도 시간을 가지고, 또 강력한 정도의 기도모임을 진행해야할지 사실 객관적으로 정해진 규칙은 없다. 그래서 말씀 나눔 앞뒤에 기도할 수도 있고, 기도 시간을 따로 정해서 할 수도 있다. 또 모임 시작이나 끝에만 기도할 수도 있다. 또 어떤 경우에는 리더의 대표기도가 더 효과적일 수도 있고, 릴레이기도나 합심기도가 효과적일 때도 있다. 그러므로 리더는 우리 그룹의 영적 흐름과 기상도가 어떤가를 늘 영적 긴장감을 가지고 파악하는 것이 필요하다.

둘째, 기도하는 형식이나 시간을 멤버들에게 사전에 고지하라.

멤버들 가운데 어떤 이들은 대표기도를 한 번도 해 보지 않아서 기도하라는 갑작스런 리더의 지시를 받고 뛰쳐 나가버릴 수도 있다는 것을 기억하라. 멤버들의 기도생활을 잘 이해하는 것이 필요하다. 나의 수준으로 모든 사람들이 기도생활을 할 것이라고 생각하면 곤란하다. 특히 합심기도를 어려워하는 분들도 많이 있다. 어떤 기도의 형태이든지 모든 멤버들이 기도 때문에 나는 이 모임에 나오기 어렵다고 생각하지 않도록 기도를 활용하는 것이 좋다.

셋째, 상투적인 기도제목보다 다양한 기도제목을 놓고 기도하라.
　소그룹에서 기도를 나누다 보면 멤버들이 나누는 기도제목이 늘 천편일률적이고 상투적인 경우가 있다. 임상적으로 보면, 건강, 경제적인 상황, 인간관계(자녀 혹은 부모)의 문제가 가장 많은 기도제목을 차지한다. 매주 같은 기도제목이 반복되면 기도의 동력이 떨어질 수밖에 없다.
　하나님의 자녀들을 향한 하나님의 관심은 재난이나 건강 문제에만 있는 것이 아니라 훨씬 더 넓고 깊이가 있다는 것을 인식하고 모범을 보여 주는 것이 필요하다. 실례로 자녀들을 위한 기도제목도 "우리 자녀들 건강하고 학교 잘 다니게 기도해 달라"는 표현보다 리더가 "이번 주에 우리 저의 아들에게 스마트폰 시간을 줄이라고 이야기 할텐데 한계선을 잘 지키며 지혜롭게 말할 수 있도록 기도해 달라"고 하는 것이 훨씬 구체적이다.

넷째, 만유의 주 하나님께 더욱 풍성한 기도제목을 가지고 기도하라.
　대표기도를 하든지 기도제목들을 나누든지 우리의 기도를 들으시는 하나님은 온 우주를 운행하시는 만유의 하나님이신 것을 기억하고 기도제목을 나누라. 그리고 우리 그룹 밖의 중요한 사안들에 대해 기도하도록 인도하는 것이 필요하다. 예컨대 교회, 지역사회, 국가, 지도자들을 위해서도 합심으로 기도하게 한다. 심지어는 관내 주민자치센터, 파출소(지구대), 소방서를 위해서도 기도하는 것이 필요하다. 실제적으로 도움을 주는 교회 중보기도팀이 매주 업데이트시켜 기도하는 '주간기도제목'을 가지고 기도해도 좋다.

다섯째, 공동체 전체가 함께 응답받은 기쁨을 공유하라.

작은 응답이라도 소그룹 멤버들이 함께 기도했을 때 응답받은 경험을 공유하는 것은 그 무엇 보다 중요하다. 그러므로 함께 기도제목을 가지고 기도한 것에 대해서 반드시 피드백을 나누라. 응답의 기쁨을 나누는 시간은 그 어떤 방법보다 소그룹을 견고하게 만드는 요소이다. 이런 경험이 있다면 멤버들 가운데 누군가가 낙심하는 일이 생겼을 때 반드시 그들은 우리 소그룹을 소중하게 여기고 자신의 기도제목을 더 긴밀하게 내어 놓을 것이다.

여섯째, 무엇보다 우리의 기도를 도우시는 성령의 인도하심을 받으라.

성령님께서는 소그룹 리더의 기도를 간절히 기다리고 계신다. 리더가 드리는 기도의 제목을 누구보다 잘 알고 계시며 가장 적절한 때에 응답하기를 바라신다. 그렇기 때문에 리더는 성령님을 의지하며 기도의 자리로 나아가는 일에 가장 먼저 힘쓰면 된다. 엎드려 기도할 때 성령님께서 소그룹 리더의 마음을 어루만져 주시며 올려드리는 기도제목을 하나씩 곱씹으시며 응답해주시는 것을 느낄 수 있을 것이다.

영혼을 섬기는 소그룹 리더에게 무엇보다 필요한 것은 기도이다. 외롭고 시간에 쫓기며 일할 수밖에 없는 것이 리더의 자리이지만 나를 살리고, 소그룹을 살리는 것은 분명 기도라는 것을 우리는 깨닫게 될 것이다. 기도의 사람이 되어 소그룹 모임에서 기도의 소리가 끊이지 않기를 소망한다.

나눔 질문

1. 하나님께 나아가 기도하는 것을 방해하는 장애물들이 있습니까? 있다면 무엇인지 함께 나누어 보십시오.

2. 소그룹 리더로 섬기면서 기도를 통해 얻은 유익을 함께 나누어 보십시오.

3. 기도가 중요한 이유는 하나님의 지혜, 능력, 사랑을 구하는 길이기 때문입니다. 하나님의 지혜, 능력, 사랑을 구하는 짧은 기도문을 완성해보고 함께 나누어 보십시오.

- 하나님께 지혜를 구하는 기도

- 하나님께 능력을 구하는 기도

- 하나님께 사랑을 구하는 기도

4. 소그룹이 모여 함께 기도하는 시간을 가진다면 내가 섬기는 소그룹에 적합한 기도 방식은 무엇일지 생각해 보고 그 이유를 서로 나누어 보십시오.

5. 교회와 섬기는 소그룹을 위해 기도하고 있는 기도제목을 나누어 보고 함께 기도로 마무리하시기 바랍니다.

9
소그룹 멤버들이 하나님의 뜻을
실천하도록 하는 소그룹 리더

"16 항상 기뻐하라 17 쉬지 말고 기도하라 18 범사에 감사하라 이 것이 그리스도 예수 안에서 너희를 향하신 하나님의 뜻이니라"

데살로니가전서 5:16-18

성숙한 그리스도인과 영적 공동체의 기준 : 기쁨, 기도, 감사

코로나 19의 감염과 확산이 끝날 줄 모르고 계속되고 있는 상황이다. 그러나 아무리 재난이 공포스럽고 힘들다 하더라도 성숙한 그리스도인과 영적 공동체는 하나님의 뜻을 수행해야만 한다.

그렇다면 언제 어디서나 반드시 기억하고 수행해야 할 하나님의 뜻은 무엇인가? 바로 데살로니가전서 5장 16-18절에 기록되어 있다. 하나님의 뜻은 항상 기뻐하는 것, 쉬지 않고 기도하는 것, 범사에 감사하는 것이다.

결국 '나 자신이 영적으로 성숙했는가? 내가 섬기는 소그룹이 성숙한 영적 공동체인가?'를 가늠할 수 있는 가늠자는 '기쁨, 기도, 감사' 이 세 가지라고 할 수 있다.

냉정하게 돌아보자! 혹시 리더 자신과 공동체를 돌아보았을 때 이렇지는 않은가? "항상 낙심하라. 쉬지 말고 원망하라. 범사에 불평하라. 이것은 우리 육신 안에서 우리를 향한 사탄의 뜻이니라." 데살로니가전서 5장 16-18절을 하나님의 뜻이 아니라 '사탄의 뜻' 버전으로 바꾸면 이런 말이 될 것이다. 가만히 보면 다시 듣기 싫을 만큼 섬뜩한데도 실생활에서는 어쩌면 꽤 자연스럽고 친숙한 명령일지 모른다.

성숙한 소그룹(소그룹)이 반드시 실천해야 할 하나님의 뜻 세 가지
항상 기뻐하라 : 소그룹 내 기쁨과 웃음 회복의 5가지 원칙

정말 이 세상은 눈물의 국에 상처의 밥을 말아먹고 사는 힘든 세상이다. 그치지 않는 전염 소식 가운데 건강에 대한 걱정, 경제적 염려 등은 마음을 위축시킨다. 실례로 코로나19 발병 이후의 상황을 한 번 보자. 코로나19 이후 국민감정은 코로나 발생 이전보다 공포감은 3배, 분노감은 2배 증가한 것으로 파악되고 있다.

*자료 출처 : 서울대 보건대학원 코로나19 기획연구단, '코로나19와 사회적 건강' (1차 조사, 전국 만18세 이상 성인 남녀 2,000명, 2020.08.25.~28.)

많은 국민들이 무력감을 호소하면서 이를 극복하기 위해 방역지침을 지킨 오프라인 모임, 온라인 화상 모임 등을 시도하며 익숙했던 일상의 기쁨을 되찾으려 노력하지만 분명 예전과 같지 않다는 것을 느끼고 있다. 도대체 무엇이 부족한 것일까?
전문가들은 많은 노력에도 불구하고 사람들이 코로나19 상황 속에서 쉽사리 기쁨을 되찾지 못하는 이유를 이렇게 진단한다. 프랑스의 유명 경영대학원 인시아드(INSEAD)의 교수 스튜어트 블랙(J. Stewart Black)은 "우리 기쁨의 많은 부분들, 나아가 우리 삶의 역동성은 물리적 근접성과 웃음의 상실에 달려 있다."고 말한다. 코로나 대처를 위한 사회적 거리두기로 제거된 물리적 근접성을 통신기술을 통해 어느 정도 회복하더라도, 그 과정에서 우리가 쉽게 간과하는 보이지 않는 큰 피해가 있다. 그것은 바로 "웃음"의 상실이다.

보통 사람들은 하루에 18번쯤 웃는다고 한다. 그런데 그중에 97%가 다른 사람과 함께 있을 때 일어난다고 한다. 다른 사람과 함께 있을 때 웃는 이 웃음은 사실 실제로 웃긴 일도 아닌 일에 남들을 따라 웃는 사회적 현상이라는 것이다. 웃음도 실제로 웃을 일이 없는 사람에게까지 전염되기에 TV 예능프로그램에서도 녹음된 웃음소리를 덧씌우는 것이다.

웃을 때 몸에서는 엔도르핀이 나와 통증을 완화하며, 도파민이 분비되어 학습, 동기부여, 주의력을 향상시킨다는 것은 널리 알려진 사실이다. 웃음에는 면역향상, 스트레스 해소, 통증 감소, 동기부여 및 생산성 향상 등 실제적이고 물리적인 유익이 있다.

그러나 비단 코로나 상황만이 아니라 평소에 사람들은 웃음을 잃고 있었다. 좋지 않은 소식 때문에 웃지 못하는 것 외에도, 코로나19 상황 속에서는 사회활동이 억제되어 서로 만나지 못함으로 인해 "이유 없이 따라 웃는 웃음" 역시 크게 줄어들었다. 특히 온라인으로 만나 교제할 때 평소와 다르다고 느끼는 것 중 하나가 바로 "웃음의 감소"이다. 결국 웃음의 감소는 기쁨의 상실로 이어지는 것이다.

그러므로 기쁨을 유지하기 위해서 무엇보다 웃음을 회복하는 것이 필요하다. 코로나19로 익숙하지 않은 온라인 환경에서 제한적인 모임을 진행하다 보면 소그룹 리더는 진행 자체에 부담감을 느끼게 되고 웃음의 중요성은 뒷전이 되기 쉽다. 그렇기에 소그룹 리더는 소그룹의 기쁨유지를 위해서 소그룹원들이 많이 웃고 스트레스를 덜 받을 수 있도록 "웃음"의 노력을 기울여야 한다.

이것은 리더에게 개그맨 행세를 하라는 뜻이 아니다. 소그룹이 하나님의 뜻대로 항상 기쁨을 유지할 수 있도록 웃음을 권장할 수 있는 몇 가지 원칙에 신경을 쓰라는 의미이다.

코로나19와 같은 부자유한 상황 속에서 비대면이 강조되고 있다. 소그룹 리더가 기쁨의 유지를 위해, 소그룹의 웃음 회복을 위해 신경써야 할 원칙은 무엇일까? 5가지 원칙을 제안한다.

제 1원칙 : 진행속도를 융통성 있게 조절하라.

비대면을 강조하는 상황 이라면 소그룹 모임도 자연히 온라인으로 하는 경우가 많다. 온라인 모임을 진행하다 보면 소그룹원들의 집중력이 오프라인만 못하다는 것이 발견되고, 그 부담감에 최대한 빠르고 효율적으로 모임을 마치려는 경향이 있다. 그러나 소그룹 리더는 모임의 목적을 재빨리 달성하고 마치는 것에만 집중해서는 안 된다. 소그룹멤버들이 사회적, 심리적, 감정적으로 연결되고 재연결 되는데 에너지를 쏟아야 한다. 함께 웃을 수 있는 미세한 낌새라도 보인다면, 이를 위해 진행을 잠깐 미루더라도 어느 정도의 시간과 공간을 융통성 있게 할애할 줄 알아야 한다.

제 2원칙 : 웃음을 유발시키는 모든 수단과 방법을 동원하라.

웃음은 청각과 시각을 통해 전달된다. 사람들이 웃음을 더 잘 감지하도록 소통의 채널을 가능한 많이 확보하는 것이 좋다. 실례로 모두가 카메라를 켜고 서로의 얼굴을 보며 웃는 모습을 볼 수 있도록 하는 것은 정말 좋은 일이다.(줌, 카카오톡 영상통화, 페이스북 영상모임 등)

제 3원칙 : 표정은 미소로, 목소리는 약간 높은 톤으로 조정하라.

모두가 우울하다. 그런데 모임 가운데 어떤 방식으로 표정을 짓고, 행동하고, 말해야 할지 리더가 모범적 기준을 제시한다면 상황은 훨씬 쾌활해질 수 있다. 계속해서 사람들은 모임 중에 어떤 행동을 해도 괜찮을지 파악하려고 하고, 무의식적으로 리더를 쳐다보게 되어 있다. 웃어도 되는 상황이라는 것을 알리는 가장 간단하고 강력한 방법은 리더가 먼저 웃는 것이다. 목소리 톤 역시 중요하다. 평소보다 좀 더 높은 톤의 목소리는 심각하고 엄숙한 분위기가 아니라 가볍고 편안한 분위기를 원한다는 신호탄이 될 수 있다.

제 4원칙 : 웃음을 전염시켜라.

한 사람이 하품을 하면 주변 사람에게 전염되듯 웃음도 역시 전염된다. 리더가 직접 웃는 모범을 보이는 것만큼 팀원들을 웃게 만드는 강력한 방법은 없다. 그러나 사람들은 진짜 웃음과 가짜 웃음을 금새 구별한다. 이것을 잊지 말아야 한다. 진짜 웃음을 위해서는 5번째 원칙이 중요하다.

제 5원칙 : 리더가 먼저 기쁨을 유지하라.

오프라인 모임이든지 온라인 모임이든지 소그룹 리더 자신의 심령이 먼저 즐거운 상태여야 한다. 기쁨이 없는데도 어쩔 수 없이 모임을 인도할 수밖에 없는 상황이라면 어떻게 해야 할까? 그렇다 할지라도 최소한 나는 리더라는 의식을 상실하지 말고 단지 몇 초라도 의도적으로 웃고 난 후에 모임에 참석하는 것이 필요하다.

쉬지 말고 기도하라 : 쉬지 않고 중보 해야 할 기도의 대상

기도의 사람으로 불리는 이엠바운즈(E.M. Bounds)는 그의 저서 『기도의 불병거』(규장. 2008)에서 "기도하지 않는 모든 사람은 단지 종교놀이를 하고 있을 뿐이고, 그리스도의 병사인 체하는 것에 불과하다. 그들에게는 갑옷도 탄약도 없으므로 사악하고 논쟁에 강한 세상 사람들 앞에서 무력하기 짝이 없다."라는 말을 남겼다.

한마디로 진정한 그리스도인은 기도하는 사람이며, 세상과의 논쟁에서도 기도하며 맞서야 한다는 권고이다. 펜데믹과 같은 위기 상황이라면 이 때 영적 공동체인 소그룹으로 모이는 멤버들이 실행해야 할 하나님의 뜻은 쉼 없는 기도이다.

그렇다면 소그룹은 재난과 같은 위기 상황 속에서 무엇을 그리고 어떻게 기도해야 할까?

『Christianity Today』잡지에서 미셸(Jen Pollock Michel)이 제안한 <펜데믹 기간 동안 드리는 20가지 기도>(20 Prayers to Pray During This Pandemic)을 참고하여 소그룹이 드려야 할 기도를 재정립하면 다음과 같다.

(1) 환자들을 위한 기도

"앓고 있는 환자들을 치유하고 도와주소서. 그들의 몸과 영혼을 강건하게 하옵소서."

(2) 취약계층을 위한 기도

"연로한 사람들과 만성질환을 앓고 있는 환자들을 보호해주옵소서." "경제적 어려움에 있는 이들과 취약계층에게 필요를 공급하소서."

(3) 청년들을 위한 기도

"이들이 활동하는 영역에서 의도하지 않게 질병을 퍼뜨리지 않도록 주의를 기울여 활동하는 지혜를 주옵소서."

(4) 정부 기관을 위한 기도

"대통령을 비롯한 모든 위정자, 공무원들이 제 역할을 잘 해내게 하옵소서." "환자들에게 꼭 필요한 의료지원을 충족시켜 주시고 의료관계자들에 힘에 힘을 더하여 주옵소서."

(5) 치료법을 연구하는 의과학계 종사자들을 위한 기도

"지식과 지혜를 주셔서 빠르게 새로운 치료법을 개발하게 하소서."

(6) 뉴스를 전달하는 언론미디어 종사자들을 위한 기도

"국민을 혼란에 빠뜨리지 않도록 올바른 정보를 전달하게 하옵소서."

(7) 정보를 찾고 보는 시민들을 위한 기도

"불안과 혼란 가운데 중심을 지키고 올바른 정보를 분별하여 얻게 하옵소서."

(8) 불안과 무력감을 느끼는 정신적으로 연약한 이들을 위한 기도
"하늘의 평안을 더하시고 영과 육이 날마다 새롭게 하옵소서."

(9) 사회적 거리를 둘 수 없는 노숙인들과 사회적 약자들을 위한 기도
"질병으로부터 이들을 보호해 주시고 필요한 모든 것과 시설을 허락하여 주옵소서."

(10) 해외에 체류하고 있는 이들을 위한 기도
"가장 적절한 때에 가장 안전하게 집으로 돌아오게 도와주옵소서."

(11) 감염 지역에 있는 선교사들을 위한 기도
"하나님의 보호하심을 믿고 소망하며 선교적 사명을 완수하게 하옵소서."

(12) 경제적 어려움을 겪고 있는 일터에 있는 이들을 위한 기도
"좌절하지 않고 하나님의 선하심과 인도하심을 경험하게 하옵소서."

(13) 어린 자녀를 둔 가정과 직장 때문에 집에서 아이들을 돌볼 수 없는 부모들을 위한 기도
"부모들이 한 마음으로 지혜롭게 협력하여 자녀를 돌보게 하시고 그 가정에 감사와 평안함이 넘치게 하옵소서"

(14) 진로와 취업, 결혼을 놓고 고민하는 청년들을 위한 기도
"가장 적합한 해결책과 형통함을 허락하여 주옵소서"

(15) 정기적 치료가 어려운 환자들을 위한 기도
"미뤄진 치료에 인내하게 하시고 긍정적인 태도로 기다릴 때 꼭 필요한 치료를 받게 하옵소서"

(16) 어려운 결정을 내리는 경영자들을 위한 기도
"손해를 보더라도 직원들의 삶을 돕는 지혜로운 결정을 하게 하소서."

(17) 선교기관과 미자립교회 목회자들을 위한 기도
"선교현장과 성도들과 지역사회를 지속적으로 섬기고 사랑하는 길을 열어 주옵소서"

(18) 대학생들과 군복무중인 군인들을 위한 기도
"인생의 결정권은 하나님께 있음을 신뢰하게 하시고 모든 위험 속에 안전을 지켜 주옵소서"

(19) 지구촌에 흩어져 있는 그리스도인들을 위한 기도
"온 땅에 흩어져 있는 그리스도인들이 더 기도하고, 말씀 안에 살며, 복음을 전하게 하옵소서."

(20) 현장을 지키는 의료진을 위한 기도
"기쁨으로 섬기되 힘을 잃지 않게 하시고 최선을 다하게 하옵소서."

> * 기도와 함께 실천해야 할 특별과제
> : 아침에 일어나서 상기한 기도 범위 내에 있는 사람들 중 두 사람 축복하기

그칠 줄 모르는 코로나19 확산 위협에서도 영적 공동체가 쉼 없이 해야 할 일은 분명하다. 기도하며 세상의 모든 일이 하나님의 주권 아래 있다는 믿음을 실천하는 것이다. 앞서 제안한 기도의 제목들이 전부는 아니다. 하지만 우리가 최소한 이 같은 제목들을 마음에 품고 간절히 기도할 때, 영적 공동체인 교회와 이 사회는 치유받고 회복될 것이다. 함께 기도할 때 응답하시고 역사하시는 놀라운 경험을 꼭 할 수 있기를 축복한다.

우리의 심정을 헤아려 달라는 우리 기도에 귀 기울이실 하나님을 기대하고 함께 기도하면서 모든 당면한 위기를 능히 이겨내는 소그룹 공동체 되기를 바란다. "1. 여호와여 나의 말에 귀를 기울이사 나의 심정을 헤아려 주소서 2.나의 왕, 나의 하나님이여 내가 부르짖는 소리를 들으소서 내가 주께 기도하나이다 3.여호와여 아침에 주께서 나의 소리를 들으시리니 아침에 내가 주께 기도하고 바라리이다(시편 5:1-3)"

범사에 감사하라! : 일상의 감사를 회복
감사 일기를 쓰고, 쓰게 하자!

5만 번의 기도 응답을 받은 조지 뮬러는 기도 응답을 못받은 것이 아니라 기도 응답을 받은 것을 모르는 것이라고 말했다. 마찬가지로 감사할 것이 없는 것이 아니라 감사할 것을 찾지 못하는 것이 문

제다. 하나님께서 오늘 자신의 하루에 어떤 일들을 행하셨고 또 감사할 것을 찾다보면 나도 모르게 많은 것을 응답 받았음을 깨달을 수 있다. 매일의 말씀 묵상을 한 후 나의 말로 기록할 때 감사 일기를 써보라. 묵상이 깊어짐과 동시에 자신의 삶에 찾아온 하나님의 은혜를 발견할 수 있을 것이다.

감사편지(메시지)를 보내고 보내게 하라.

모든 공동체 식구들이 감사가 불러오는 행복을 느끼도록 만들자!

우울증을 앓고 있는 여집사님이 있었다. 우울증에 걸린 후에 아무것도 못하고 세월만 축내고 있었다. 세상일에 아무런 관심이나 흥미가 없었다. 모든 일이 두렵고 앞에는 캄캄한 절망뿐이었다. 그러다가 하루는 심방을 온 목사님에게 자신의 형편을 설명하고 조언을 청했다.

목사님은 먼저 집사에게 감사를 실천할 것을 권했다. 어떻게 감사를 실천하느냐고 묻는 집사님께 이렇게 말했다. "지금까지 살면서 집사님께 덕을 끼친 사람이 있는가를 생각을 해보십시오. 그리고 그 사람 중에 감사하다고 표현한 적이 있는가를 생각해 보십시오." 집사님은 잠시 생각해본 뒤에 말했다. "글쎄요, 제게 덕을 입혀준 사람이야 많지요. 그러나 그들에게 감사하다고 해본 기억은 별로 없습니다." 목사님은 다시 진지하게 권면했다. "그러면 그 중에서 우선 한 사람을 택해서 그에게 늦게나마 감사하다는 글을 써 보내보시지요."

여집사님은 한동안 생각한 끝에 고등학생 시절에 자기에게 문학을 가르쳐준 여자 선생님을 생각하고 그에게 편지를 썼다. 편지 속에 그 선생님이 자기의 고교시절에 좋은 영향을 끼쳐 주었다는 것, 그 덕으로 자기가 문학에 취미를 가지고 지금까지 살아왔다는 것,

그리고 늦게나마 그가 자기에게 끼쳐준 은공을 감사하기 위하여 이 글을 써 보낸다는 내용을 담았다.

얼마 후에 회답이 왔다. 화답을 보니, 나이든 사람이 떨리는 손으로 써 보낸 것이 틀림없었다. "고마운 제자여! 자네의 글을 받고 내가 너무 감격해서 흐르는 눈물을 금하기 어려웠다오. 내가 자네를 기억하는 것은 자네가 교실 한편 끝에 앉았던 젊은 학도의 모습이지요. 그런데 자네의 편지가 다 살이 빠진 내 늙은 마음에 따뜻한 옛정을 돋우어 주었소. 내가 30년 동안 고등학교에서 가르쳤으나 자네와 같은 온정의 편지를 보내준 사람은 지금까지 없었소. 감사하기 이를 데 없소. 나는 자네의 귀한 편지를 죽을 때까지 잘 보관할 것이오!"

이 회답을 받자 우울증 환자인 집사님의 어두운 마음에 밝은 희망의 빛이 스며들었다. 오랜만에 마음속에 감동이 생기기 시작했다. 즐거운 기억들이 떠올랐다. 그 후 집사님은 자기에게 덕을 입혀준 다른 사람을 찾아서 또 감사의 편지를 썼다. 그렇게 해서 쓴 감사의 편지는 500여 통이 되었고, 그 편지들을 쓰는 동안 우울증 증세는 다 사라지고 새 사람이 되었다. 꾸며낸 이야기인지도 모르지만 분명한 것은 감사는 영육의 모든 질병을 치료하는 특효약임에 틀림없다.

감사는 행복한 삶의 관건이다.

미국의 16대 대통령인 아브라함 링컨은 "사람은 행복하게 살기로 마음먹은 만큼 행복하다."고 말했다. 오늘 내가 행복하기로 결단하면 어떠한 고난이 있어도 그 속에서 작은 즐거움과 기쁨 그리고 행복을 발견할 수 있다. 반대로 오늘 내가 불행하게 살기로 결정하면 아무리 좋은 일이 있어도 그 속에서 불만과 불행을 찾아내는 것이 사람이다.

즉 인생은 내가 어떻게 해석하느냐에 따라 180도 달라진다. 백만장자라고 해서 행복한 것도 아니고, 가난하다고 해서 불행한 것도 아니다. 이 세상에는 행복한 거지가 있는 반면에, 불행한 부자도 있다. 관건은 주님 안에서 항상 유지하는 기쁨과 쉼 없는 기도, 그리고 모든 일에 감사하는 것이다!

나눔 질문

1. 한 주간의 삶을 돌아보며 아래 질문에 대답해 보십시오.
   · 기쁜 일: · 기도한 일:
   · 감사한 일:

2. 최근 박장대소하며 웃었던 적이 있다면 언제인지 함께 나누어 보십시오.

3. 누군가를 웃게 만드는 나만의 비법은 무엇인지 함께 나누어 보십시오.

4. 펜데믹 기간 동안 드리는 20가지 기도(308-311쪽)을 읽고 기도 범위 내에 있는 사람들 중 두 사람을 떠올린 후 그들을 위한 축복의 기도문을 작성해 보십시오.

5. 오늘 나눔 이후 구체적인 실천으로 교회와 소그룹 멤버들 중 한 사람에게 짧은 감사 편지를 작성해보고 쪽지, 문자, 카톡, 전화 등을 통해 편지를 전달해 보시기 바랍니다.

Smallgroup Leadership

| CHAPTER 4 |

효과적 인도를 위한
소그룹 리더십

1
첫 시작을 효과적으로 준비하는 소그룹 리더

"1 여호와의 말씀이 내게 임하여 이르시되 2 인자야 너는 이스라엘 목자들에게 예언하라 그들 곧 목자들에게 예언하여 이르기를 주 여호와께서 이같이 말씀하시되 자기만 먹는 이스라엘 목자들은 화 있을진저 목자들이 양 떼를 먹이는 것이 마땅하지 아니하냐 3 너희가 살진 양을 잡아 그 기름을 먹으며 그 털을 입되 양 떼는 먹이지 아니하는도다 4 너희가 그 연약한 자를 강하게 아니하며 병든 자를 고치지 아니하며 상한 자를 싸매 주지 아니하며 쫓기는 자를 돌아오게 하지 아니하며 잃어버린 자를 찾지 아니하고 다만 포악으로 그것들을 다스렸도다 5 목자가 없으므로 그것들이 흩어지고 흩어져서 모든 들짐승의 밥이 되었도다 6 내 양 떼가 모든 산과 높은 멧부리에마다 유리되었고 내 양 떼가 온 지면에 흩어졌으되 찾고 찾는 자가 없었도다 7 그러므로 목자들아 여호와의 말씀을 들을지어다"

에스겔 34:1-7

시작이 반이다.

모든 일은 시작하는 데 가장 많은 에너지가 든다. 예를 들어 비행기는 이륙 시 연료의 80%를 소모한다. 활주로를 떠나 창공을 날아가다가 일정 고도를 유지할 때까지 전체 연료의 80%를 소모하지만 일단 일정한 고도에 진입하면 기류를 타게 되고, 엔진을 꺼도 순항을 할 수 있을 정도의 상태가 된다.

교회별로 상황은 다르지만 새해가 시작되거나 방학이 끝나고 새로운 소그룹 멤버들과 소그룹 모임을 다시 시작하려 할 때 사역의 활성화를 꾀하는 단계를 시작하기 위해 많은 힘이 필요하다.

비행기 이륙과정에서 확인을 했듯이 무엇이나 시작은 어렵다. 사역의 출발 역시 마찬가지이다. 너무나 많은 에너지가 소모되는 것이 사역의 시작점이다. 이런 상황에서 에스겔 선지자가 하나님께 받은 메시지가 주는 교훈은 큰 울림으로 다가온다.

하나님께서 주신 목자의 사명과 책임을 기억해야 한다.

　에스겔이 전달하는 메시지는 영적 공동체의 리더라면 정면으로 읽기가 참 쉽지 않은 본문이다. 2절은 이스라엘 목자들을 향한 하나님의 책망으로 시작된다. "인자야 너는 이스라엘 목자들에게 예언하라 그들 곧 목자들에게 예언하여 이르기를 주 여호와께서 이같이 말씀하시되 자기만 먹는 이스라엘 목자들은 화 있을진저 목자들이 양 떼를 먹이는 것이 마땅하지 아니하냐."

　목자들의 사명은 양떼들을 돌보는 것이다. 따라서 영적 공동체 리더의 사명은 맡겨진 구성원들을 돌보는 것이다. 그런데 이스라엘의 목자들은 자기를 위해서만 살아갔다. 이런 목자들을 향해 하나님께서는 화 있을 것이라고 말씀하신다. 심지어 3-4절을 보면 이스라엘 목자들은 이렇게까지 행동했다. "3. 너희가 살진 양을 잡아 그 기름을 먹으며 그 털을 입되 양 떼는 먹이지 아니하는도다 4. 너희가 그 연약한 자를 강하게 아니하며 병든 자를 고치지 아니하며 상한 자를 싸매 주지 아니하며 쫓기는 자를 돌아오게 하지 아니하며 잃어버린 자를 찾지 아니하고 다만 포악으로 그것들을 다스렸도다"

　공동체의 리더들이 자기만을 생각하면 어떤 현상이 일어날까? 5절은 이스라엘 목자들이 돌보지 않았던 양떼들의 상황을 이렇게 밝혀주고 있다. "5. 목자가 없으므로 그것들이 흩어지고 흩어져서 모든 들짐승의 밥이 되었도다" 이스라엘 목자들이 양떼들을 돌보지 않자 양떼들은 생명의 위협 가운데 있었다. 모든 공동체의 지도자가 경계해야 할 것은 바로 자기를 사랑하는 것이다. 특히 영적 공동체의 리더들이 해야 할 일은 자기사랑을 내려놓는 것이다. 성숙한 영적 공동체의 특징은 지도자들이 얼마나 자기사랑을 내려놓았느냐 하는 것과 직결된다.

디모데후서 3장 2절은 말세에 고통하는 때가 이를 때 가장 먼저 나타나는 현상은 자기를 사랑하는 것이라고 지적한다. 자기를 사랑하고 소중하게 여기는 것이 꼭 나쁜 것만은 아니다. 그러나 자신만 사랑한다면 본문 5절과 같은 현상이 나타날 것이다.

리더(구역장, 목자, 순장 등의 명칭으로도 불릴 것이다)로 하나님의 부르심을 받았다. 어떤 명칭으로 불리던지 목자의 삶을 재정립해야 한다. 맡겨진 영혼들을 사랑으로 돌아보며 하나님께서 기뻐하시는 길로 걸어가도록 안내하는 역할을 잘 감당해야 한다. 그렇지 않으면 맡겨진 영혼들이 들짐승 같은 이단들과 사이비들의 밥이 되고 말 것이다. 현재 한국교회는 이단 사이비들 앞에 무방비하게 노출되어 있는 상황이다. 이제라도 정신을 차리고 맡겨진 영혼들을 보호해야 한다. 그리고 새롭게 소그룹 사역을 시작하면서 생명수가 필요한 영혼들에게 목자로서의 책임을 다해야만 한다.

본격적인 시작을 위해 점검해야 할 7가지 필수요소를 기억하라!

정말 소그룹 활성화를 원한다면 소그룹 사역을 시작하는 탄생시기에 다음의 사항들을 점검해야 한다.

첫째, 먼저 기도하라.

본격적으로 시작되는 소그룹 모임에서 함께 만나게 될 소그룹 식구들 한 사람 한 사람을 위해 무엇보다 먼저 기도해야 한다. 소그룹 리더로서의 사역은 철저히 영적인 사역이다. 하나님의 감동 없이는 불가능하다. 불필요한 염려는 모두 내려놓고 간절히 기도하는 가운데 결과는 절대적으로 하나님께 맡겨야 한다.

마태복음 6장 33-34절을 읽고 그대로 적용해 보자. "33.그런즉 너희는 먼저 그의 나라와 그의 의를 구하라 그리하면 이 모든 것을 너희에게 더하시리라 34.그러므로 내일 일을 위하여 염려하지 말라 내일 일은 내일이 염려할 것이요 한 날의 괴로움은 그 날로 족하니라"

둘째, 조력자를 세워라.

혼자 일해서는 안 된다. 소그룹의 목적은 정보(information)를 전달하는 것이 아니라 변화(transformation)이다. 소그룹 모임은 모든 사람이 의미 있는 나눔에 참여하는 장이 되어야 한다. 그러므로 소그룹 리더는 가르치는 전문가가 아니라 공동체를 활력 있게 만드는 활성화의 전문가가 되어야 한다.

함께 사역할 수 있는 조력자를 세워야 한다. 소그룹 식구들 가운데 성장반이나 제자반에서 훈련받고 있는 식구가 있는지 확인해 볼 필요가 있다. 연락을 잘 할 수 있는 사람, 모임장소 혹은 간식을 세심하게 챙길 사람(host)을 찾아보아야 한다. 소그룹 모임의 활성화를 위해 함께 기도하고, 계획하고, 인도하고, 반성할 핵심 멤버를 내적으로 만들어야 한다.

셋째, 장소를 정하고 잘 준비하라.

모임장소에 따라 소그룹 모임의 효과가 극대화 될수 있다. 교회 대신에 다른 곳에서 모이는 것도 때로는 좋다. 중요한 것은 소그룹 식구들이 안정감을 누리고 친밀함을 느낄 수 있는 공간이어야 한다. 특히 교회 밖에서 모일 때는 찾아올 때 에너지가 지나치게 소비되지 않는 곳이어야 한다. 또한 아이들을 데리고 오는 식구들에 대한 배려도 염두에 두어야 한다. 그 외에도 모임장소의 실내 온도는 적당한지, 조명은 어떤지, 소통과 공감을 하기에 효과적인 분위기인지, 필기를 할 때 불편함은 없는지, 오래 앉아있어도 불편하지 않은 좌석인지, 시선을 산만하게 만드는 것은 없는지 생각하고 모임을 잘 준비해야 한다.

넷째, 메시지를 보내라.
첫 모임이 시작되기 전에 가능한 모든 참석자들에게 메시지를 보내면 효과적이다. 모임 전에 모임시간과 장소, 참석자들이 지참하기 바라는 것을 적는다. 또 참석하면 충분히 배려받을 수 있다는 기대감이 들도록(간식, 드레스코드 등) 따뜻하고 사랑 넘치는 메시지를 보내면 더욱 좋다.

다섯째, 모임의 흐름을 계획하라.
모임의 내용과 흐름, 그리고 소요시간을 계획해야 한다. 비공식적인 교제의 시간을 풍성하게 가지는 것도 꼭 필요하다. 소그룹을 위해 교회가 정성들여 준비한 내용이므로 잘 지켜야 하는 것이 맞지만, 이에 앞서 비공식적인 교제의 시간도 잘 확보해야한다. 그래야만 공식적인 시간이 훨씬 더 창조적으로 진행될 수 있다.

소그룹 활성화를 위해 편하게 모여서 먹고 마시며 서로 교제할 수 있는 시간을 확보하는 것은 중요하다. 코로나19 사태 이후 시작되는 소그룹의 첫 모임은 더더욱 비공식적인 교제의 중요성을 잊지 말아야 할 것이다. 오랜만에 대면한 영적 가족들은 때로는 어색함에, 때로는 반가움에 더 많은 교제의 시간을 필요로 할 것이다.

그리고 계획된 시간을 적용해야 한다. 항상 계획된 만큼 결과는 효과적으로 나타난다. 모임의 순서마다 마음열기, 찬양, 기도, 말씀나눔, 마무리 등을 어떻게 진행할지 계획해야 한다. 시간을 관리하지 못하면 아무리 좋은 시간도 어떤 참석자에게는 최악으로 기억된다. 예고된 시작시간과 마침시간을 가능한 잘 지켜야 한다. 성령의 인도하심에 따라 모임시간을 늘이는 것은 특별한 상황의 일이다. 가능한 임의로 시간을 변경하지 말아야 한다. 정확한 시간에 모임을 시작하고 끝내는 것은 매우 중요하다.

여섯째, 간식을 준비하라.
어떤 모임이든지 먹는 것을 싫어하는 모임은 없다. 물론 주객이 전도되어서는 곤란하다. 그러나 모든 사람은 먹으면 긴장이 풀리고, 사람들 사이에 쉼과 대화가 일어난다. 초대교회가 모일 때마다 "기쁨과 순전한 마음으로 함께 음식을 먹고, 하나님을 찬미하며 또 온 백성에게 칭송을 받는(행2:46-47)" 일들이 있었음을 기억해야 한다.

일곱째, 활기 있는 표정과 태도를 유지하라.
표정은 말을 한다. 활기 있는 표정과 태도는 소그룹 모임을 더 활성화시킨다. 표정이 바로 나의 말이요 복음을 잘 이해하지 못한 이들에게는 전도지라는 사실을 생각하며 모임을 진행해야 한다.

최선의 계획은 오직 기도로 주께 맡기는 것이다.
최선의 계획을 기획해야 한다. 그러나 우리의 모임은 결국 영적인 모임이다. 그러므로 소그룹 리더는 항상 나의 섬김은 영적인 섬김이라는 사실을 기억해야 한 것이다. 무엇보다 기도하고 또 기도해야 한다. 모든 최선의 영적 계획에는 늘 기도가 들어 있다.

나눔 질문

1. 소그룹 리더로 처음 모임을 인도했을 때를 떠올려 보고, 그 때의 상황과 느낌을 나누어 보십시오.

2. 소그룹 모임을 가지기 전, 내가 준비하는 것에 어떤 것들이 있는지 함께 나누어 보십시오.

3. 내가 섬기는 소그룹에는 어떤 조력자들이 있습니까? 만약 없다면 조력자로 세울 수 있는 사람은 어떤 사람입니까?

4. 소그룹 모임을 인도할 때 미처 준비하지 못해서 당황했던 경험을 함께 나누어 보십시오.

5. 소그룹 모임을 주로 어디에서 진행하고 있습니까? 그 장소가 모임에 효과적인 장소인지 아닌지를 생각해 보고 바람직한 방안을 서로 나누어 보십시오.

2
적절한 Ice Break로 멤버들을 즐겁게 하는 소그룹 리더

즐거운 시작을 위하여 특별한 시작이 필요하다.

어느 소그룹 리더가 답답한 마음을 가지고 이런 질문을 한 적이 있다.

"제가 인도하는 소그룹은 질문만 하게 되면 쥐 죽은 듯 조용해집니다. 그들은 마치 침묵하기로 맹세라도 한 것 같습니다. 어떻게 하면 좋을까요?"

어떤 그룹이든지 왠지 김이 빠져있고 뭔가 억지로 도살장에 끌려들어가는 사람처럼 느껴질 때가 있다. 냉담한 소그룹을 어떻게 갱신시킬 것인가 하는 것은 소그룹 인도를 하며 모두가 생각했봤을 만한 질문이다.

얼음처럼 차가운 소그룹의 분위기를 따뜻하게 만들고 생기가 돌게 만드는 것이 바로 아이스브레이크(Ice Break)다. 아이스브레이크의 기술적 정의는 다음과 같다.

> 아이스브레이크란?
>
> 소그룹에 참여한 구성원들 사이에 서먹서먹하게 냉각된 분위기(Ice Condition)를 깨뜨려(Break) 친밀한 관계형성(Koinonia)을 체험할 수 있도록 하고, 나아가 소그룹 구성원들이 서로 격려하고 세우는 가운데 영적으로 더 깊은 자리에 나아가 소그룹 자체를 견고하게(Group building) 할 목적으로 동원되는 의사소통의 기술, 자료 및 총체적인 시간을 의미한다.

소그룹에 참여하는 사람들은 환경의 수준도 다르고 그들이 속해있는 영역도 다른 사람들이다. 자기들의 삶의 영역이 다 다르게 있는 여러 종류의 사람들이 소그룹에 참여하고 있다. 그런데 그 사람들 각기 자기 삶의 영역이 있고, 거기에 함몰되어 있다가 한 주에 하루 시간 내어가지고 만나는 것이 소그룹이다. 그들은 말씀에 대해서 깊이 빠져있는 사람들이 아닐 것이며, 자기 삶에 집중하다 온 사람들이다. 처음부터 하나님 말씀이 마음을 뚫고 들어가는 것은 결코 쉽지 않다. 물론 말씀자체에 능력이 있고 자전성이 있기 때문에 우리가 그것을 인정하고 받아들일 수밖에 없다. 그러나 말씀을 전할 때 이 의사소통의 기술이 굉장히 필요한 법이다. 아이스브레이크는 냉각된 분위기(Ice Condition)를 깨뜨려(Break) 친밀한 관계형성(Koinonia)으로 이끌어주는 가장 효과적인 도구이다. 사람들이 영적인 이야기를 자연스럽게 꺼내고 소그룹의 역동성을 살리는 역할을 한다.

소그룹을 시작할 때 사용되는 아이스브레이크를 마음열기라 하고, 마칠 때 사용되는 아이스브레이크를 보살핌이라고 한다. 역동적인 소통의 기술과 마음을 모아줄 수 있는 기술을 둘 다 아이스브레이크라 지칭한다.

Ice Break(마음열기, 보살핌)의 활용목적
정말 칭찬할만하고, 인정할만하고, 어디에 내놔도 부끄럽지 않은 소그룹 리더는 어떤 사람일까? 단 한 명의 소그룹원도 모임에 소외되지 않도록 인도하는 사람이다. 아이스브레이크는 소외되지 않는 소그룹을 위한 인도 스킬이다.

소그룹의 역동성 유지를 위해서 실시한다.
정말 즐거운 소그룹 모임이 되기 위해서는 수용감이 절대적으로 필요하다. 내가 이 소그룹안에 일원으로 받아들여져있고, 소그룹이 동일한 목적으로 향하고 있으며, 자신이 어떤 이야기를 하더라도 이 소그룹 안에서는 용납되어지는 소그룹에는 기쁨을 누릴 수 있다. 누구나 쉽게 대답할 수 있으며 받아들여질 수 있는 질문이 아이스브레이크이다. 이렇게 마음을 열게되면 말씀을 향해 더 깊이 전진할 수 있다.

그러므로 마음열기는 서로의 마음을 한데 모아 큰 공을 굴려가는 과정을 시작하는 출발점이다. 성경연구와 토론은 마음열기의 운동력과 추진력을 지속시켜 그날의 성경본문과 주제에 대한 개인적인 반응을 이끌어낼 수 있도록 도와줄 것이다. 모임이 진행되는 동안 신뢰를 쌓는 과정을 거쳐 왔다면 마음열기를 통해 비전을 나누는 소그룹 모임까지 확장될 것이다.

견고한 Team Work 형성을 위해서 실시한다.

자신이 맺고 있는 관계의 영역을 여러 개의 방으로 이루어진 집과 같다고 생각해보라. 대부분의 관계의 영역 가운데 단지 몇 개의 방만을 방문하고 말 것이다. 정보를 나누고, 날씨에 대해서 이야기를 하고, 무엇을 구입할 것인지 나누는 등…. 그러나 소그룹 안에서 이루어지는 관계는 그보다 더 많은 것을 제공한다. 건강한 소그룹은 각 구성원들이 그리스도인의 교제의 자리에서 더 많은 것들을 함께 나눌 수 있도록 허락한다. 소그룹은 여러 가지 방들의 문을 활짝 열어준다. 즐거움, 책임감, 기도, 고백, 격려, 약속, 추억담 그리고 서로의 꿈을 나누는 공동체가 되도록 한다.

마음열기는 이 과정을 시작하는 것이다. 숨겨놓았던 부분들을 나눌 수 있도록 기회를 만들어 주고, 이제까지 닫혔던 문들을 활짝 열어준다. 마음열기는 소그룹을 서로에 대한 경계심과 방패를 내려놓고 자기 자신을 솔직히 드러내는 모임으로 만들어 주는 중요한 과정의 시작이다. 이 과정을 통해 소그룹은 서로에게 유대감을 가지게 될 것이고, 팀파워를 갖추게 될 것이다.

아이스브레이크 실전 샘플!

<IB. Sample>
<1> 지난 한 주간 어땠어요?

여러분은 지난 한 주간을 어떻게 보내셨습니까? 아래의 선 위에서 자

신의 지난 한 주간을 설명하기에 적당한 위치에 X표시를 해보십시오. 그런 다음 순서대로 돌아가면서 자신이 왜 그렇게 표시했는지 설명해 보십시오.

상쾌한 산책로 .... 뒷골목에서 쫓기는 악몽
화창한 햇빛 .... 폭풍우
왕이 된 기분 .... 눈치만 보며 설설긴 하루
수퍼 모델 .... 쥐구멍이라도
지킬 박사 .... 하이드씨
수퍼맨 .... 다 쓴 건전지

<2> 나의 역할들

모든 사람들은 각자의 삶에서 여러 가지 역할들을 가지고 있습니다. 모임에 참가한 다른 사람들이 당신에 대하여 더 잘 이해할 수 있도록 자신의 삶 속에서 맡고 있는 모든 역할들을 그들에게 이야기해 주십시오.
<아래 항목에서 해당하는 것에 우선 체크 표시해 보십시오>

☐ 아버지	☐ 조직 책임자	☐ 수집가
☐ 어머니	☐ 부동산 소유자	☐ 가장(호주)
☐ 형(남동생)	☐ 세입자	☐ 자가용 운전자
☐ 언니(여동생)	☐ 정치인(정당의 당원)	☐ 소그룹 회원
☐ 남편	☐ 납세자	☐ 노동자
☐ 아내	☐ 교회직분자	☐ 며느리(사위)
☐ 친구	☐ 친목회 회원	☐ 시부모
☐ 장인(장모)	☐ 자원봉사자	☐ 기타 :

① 이 역할들 가운데 가장 즐거운 것은? ② 가장 도전을 주는 것은?
③ 가장 좌절감을 일으키는 것은?

마음을 뜨겁게 모아주는 보살핌

처음부터 숨을 못 쉴 정도로 답답한 상황에서 소그룹이 시작되고, 계속 그런 식으로 진행한다면 그 소그룹은 냉랭하게 끝날 것이

라는 것은 불 보듯 뻔하다. 반대로 정말 자기의 가슴을 열어놓고 웃어 재끼면서 마음의 보따리를 활짝 열고 시작하는 그런 소그룹은 감격적인 결말을 예상할 수 있다. 또한 따뜻하고 감격이 있는 효과적인 마무리는 또 다른 시작을 약속한다. 이 외에도 보살핌은 소그룹모임에 꼭 필요한 이유가 있다.

소그룹 내의 영적 분위기를 자연스럽게 이끌어내기 위해 실시한다.
말씀을 함께 나누면서 그 안에서 내가 삶을 바꿔야겠다는 결단이 별로 보여지지 않을 수도 있다. 사람들이 뭔가 느낌을 못 갖고, 제대로 표현을 하지 못하고, 감격을 나누지 못하면 찝찝한 마무리가 되기 마련이다. 감격의 순간을 갖고 가지 못했으니 한 주간 살아갈 때 어떻게 살아야 할지 걱정도 되고, 그 다음 주간에 모임을 참석한다고 할지라도 새로운 게 없다고 느끼며 불안감이 교차할 수도 있다. 그래서 효과적으로 마무리를 한다면 또 다른 시작을 분명히 약속해 줄 수 있는 가장 효과적인 분기점이 될 수 있다.

보살핌은 보다 깊은 영적인 활동이다. 대부분 사람들은 낯선 모임 속에 들어와 곧바로 자신의 영적인 삶에 대해 끝내 마음을 열고 이야기하기 어렵다. 그렇다면 언제 사람들의 마음이 가장 뜨겁게 열릴 것인가? 모임이 가장 솔직하고 정직해질 수 있는 시간은 다름 아닌 끝마칠 때의 기도 시간이다. 삶이 가장 진솔하게 배어나오고, 가장 간절한 기도제목이 나눠지는 시기이다. 진정한 기도의 제목으로 나가기까지 활용할 수 있는 몇 가지 좋은 보살핌의 샘플들이 있다.

보살핌의 다양한 예시들이 있는데 서로에게 약속하는 연습, 활동

계획들, 그리고 성구 나눔 등도 역시 효과적인 마무리 활동이다. 소그룹 리더는 자신에게 가장 적합한 보살핌의 도구들을 선택하고 적용해서 모임을 마무리해야한다.

> **샘플1_ 날씨-기도제목 나누기**
> 성경공부를 마치는 시간에 소그룹 멤버들과 다음 주어진 질문에 대답하는 시간을 함께 가져 보십시오. 그리고 아래에서 이번 주 당신의 생활을 가장 잘 묘사하는 일기 예보를 하나 선택해 보십시오. 선택한 것과 관련하여 개인의 기도제목을 함께 나누셔도 좋습니다.
>
> "지난 주 내 생활의 날씨 상태는……………………………………였다"
> ☐ 구름 한 점 없는 맑은 날씨였다.
> ☐ 약간의 구름에 약 30%의 비 올 확률이었다.
> ☐ 좋지 않은 날씨가 계속될 것이 확실하다.
> ☐ 오늘 밤 다시 영하의 기온으로 내려갈 가능성이 있으나 그후 차차 포근해질 것이다.
> ☐ 폭염의 연속이다.
> ☐ 영하 15도에 바람까지 부는 찬 날씨였다.
> ☐ 기타 : _____

다음 한 주간 어려운 상황에 직면한 소그룹원이 있다. 그러나 나눔시간에는 쉽게 입을 열 기회가 없었다. 그런데 보살핌을 진행하며 '영하 15도'의 차가운 날씨를 보냈다고 고백하는 소그룹원이 있다면 어떤 마무리가 이뤄질 수 있겠는가? 삶을 다시 한 번 나눌 수 있고 뿐만 아니라 구체적으로 이번 한 주간 구체적으로 기도해야 할 기도의 제목까지 자연스럽게 나올 것이다. 소그룹원의 기도제목이 구체화 되는 것이다.

> **샘플2_ 약속의 말씀**
> 아래에 있는 성경의 약속들 가운데 한가지를 선택하십시오. 왜 그것을 선택했는지 다른 사람들에게 이야기하시기 바랍니다. 당신은 지금 선택한 그 약속을 당신의 것으로 만들 수 있습니다. 한 말씀을 선택하여 그 문장의 주어를 일인칭(나)으로 바꾸어 보십시오. 예를 들어 첫 번째 말씀을 선택해서 주어를 바꾸어주면 다음과 같이 바뀔 것입니다. "그런즉 내가 그리스도 안에 있으면 나는 새로운 피조물이라 이전 것은 지나갔으니 보라 새것이 되었도다.!"
>
> ☐ 고린도후서 5:17 그런즉 누구든지 그리스도 안에 있으면 새로운 피조물이라 이전 것은 지나갔으니 보라 새 것이 되었도다
> ☐ 빌립보서 1:6 너희 속에 착한 일을 시작하신 이가 그리스도 예수의 날까지 이루실 줄을 우리가 확신하노라
> ☐ 예레미야 33:3 너는 내게 부르짖으라 내가 네게 응답하겠고 네가 알지 못하는 크고 비밀한 일을 네게 보이리라
> ☐ 고린도후서 9:8 하나님이 능히 모든 은혜를 너희에게 넘치게 하시나니 이는 너희로 모든 일에 항상 모든 것이 넉넉하여 모든 착한 일을 넘치게 하게 하려 하심이라
> ☐ 빌립보서 4:13 내게 능력 주시는 자 안에서 내가 모든 것을 할 수 있느니라

보살핌을 진행하며 성구를 정한 소그룹원에게 그 성구를 택한 이유를 물어보라. 그러면 진짜 자신의 이야기가 나올 것이다. "내 삶 속에 이런 상황들이 있는데, 이 말씀이 나에게 진짜 위로가 되고 격려가 되고 나를 다시 한 번 세워주는 좋은 말씀이다. 그래서 이 말씀을 선택했다"라고 고백하면 이 말씀을 붙들고 함께 기도하면 된다. 말씀을 붙들고 하는 기도만큼 강력한 기도는 없다.

Ice Break 적용 시 유의할 점
얼마나 오랫동안 지속된 모임인가를 예리하게 판단해야 한다.

그룹 구성원들이 이야기를 드러내는 척도
위험도가 낮은 이야기부터 시작 ············ 위험도가 높은 이야기로 맺음 성경에 있는 이야기 　　　　　　　　　　　　　　나 자신의 이야기 시몬 베드로가 하나님을 만난 방법 　　　　　　내가 하나님을 만난 방법 베드로의 삶을 가능하게 한 것은 무엇인가?　나의 삶에 일어나는 것은 무엇인가?

자료가 좋다고 해서 무턱대고 적용을 해서는 안 된다. 인도자는 소그룹에 참여하고 있는 사람들의 영적인 성숙도와 그 다음으로 서로 서로에 대한 관계의 밀도, 함께 살아온 경륜이 어느 정도인지를 늘 예리하게 판단해야 한다.

어떤 종류의 소그룹인지를 고려해야 한다.

소그룹은 여러 가지 종류로 다양하게 나눠진다. 인도자는 소그룹을 구성하는 사람들의 면면이 어떠한지를 통찰력 있게 보아야 한다. 그리고 소그룹에 속해있는 사람들이 싫어하거나 상처를 받을 수 있는 것은 제거해야 한다.

오늘 성경공부 모임의 주제가 무엇인지를 고려해야 한다.

영적인 안목을 가지고 성경공부 모임의 주제와 상응하는 아이스브레이크를 진행해야 한다. 사순절 기간에 웃고 떠드는 마음열기를 한다면 인도자의 영적인 깊이를 의심하게 될 것이다.

소그룹의 분위기에 따라 융통성을 발휘해야 한다.

모든 내용들을 곧이곧대로 다 할 필요는 없다. 마음열기를 효과적으로 하기 위해서는 분위기에 따라서 리크리에이션 하는 능력이 굉장히 필요하다. 한 사람씩 질문을 할 수도 있고, 묶어서 필요가 있는 사람들끼리만 이야기를 할 수도 있다. 여러 가지 방법들을 융통성 있게 적용해야 한다.

계획성 있게 잘 짜여진 활동을 유지하라.

가장 가기 싫은 소그룹 1위는 제멋대로 끝나는 고무줄 소그룹이다. 건강하고 역동적인 소그룹이 되기 위해서는 시간을 잘 체크해야 한다. 또한 아이스브레이크, 마음열기와 보살핌을 효과적으로 적용하기 위해서는 사전에 반드시 리허설을 해보는 것이 중요하다.

소그룹의 인원수를 잘 조절하고 안배하라.

아이스 브레이크 자료들에 따라 필요한 인원수가 다르다. 짝수가 모여서 하는 것이 좋은지, 홀수가 모여서 하는 것이 좋은지, 숫자가 많은 것이 좋은지, 숫자가 적은 것이 좋은지, 일대일로 하는 것이 좋은지 리허설을 통해 파악한 후에 아이스 브레이크에 적용해야 한다.

사람들의 개성과 그들의 이야기에 대해 긍정하라 - 언약서 활용

아이스브레이크를 진행하다 보면 깊이 있는 이야기를 나누게 되면서 위험성이 생긴다. 따라서 소그룹이 출범하기 전에 다음과 같은 약속을 맺어야 한다. 하나, 소그룹 안에서 나눈 이야기는 밖에 나가서 절대 발설하지 않는다. 둘, 성경의 진리에 위배되지 않는 개인적인 이야기라면 수용하고 인정한다.

보다 역동적인 성경공부 인도와 Ice Break 실행을 위한 실제적 제안

인도자가 먼저 샘플을 보여주라.

소그룹 구성원들은 인도자가 열어두는 넓이만큼, 깊이만큼 마음을 열고 따라온다. 효율적인 대화를 위해서는 인도자가 먼저 깊이 있게 자신을 오픈해야 한다. 소그룹도 인도자는 가장 먼저 자신을 내려놓고 상처받을 각오도 해야 한다.

질문 후 대답하는 소요시간에 대해 언급하라.

소요시간을 정확하게 언급해두면 만약 말이 길어질 경우 중간에 자르기가 수월하다. 또한 소요시간을 미리 예상하여 고무줄 시간으로 진행되는 소그룹이 되지 않도록 할 수 있다.

언제든지 "통과"라고 말할 수 있도록 배려하라.

각자에게 민감한 주제가 있기 때문에 이야기를 하고 싶지 않는 사람에 대한 배려가 꼭 필요하다. 배려 받지 못하는 소그룹에는 나오고 싶지 않다. 모두가 "통과"를 말하는 것에 대한 염려는 인도자가 샘플을 잘 보여주는 것으로 해결할 수 있다.

리크리에이션 하라.

성경공부 질문이나 마음열기와 보살핌을 소그룹에 참여하는 사람들의 눈높이에 적합하도록 그리고 적절한 접촉점을 가질 수 있도록 바꾸는 능력이 절대적으로 필요하다. 지도자의 가장 중요한 자질 중 하나는 인포메이션을 자기의 것으로 내면화 시키고 새롭게 트랜스포메이션 하는 것이다.

같은 마음열기나 보살핌을 두 번 이상 활용하라.

성도들에게 두 달 전에 했던 것을 다시 적용시키면 완전히 새로

하는 것처럼 받아들인다. 특히 마음열기나 보살핌같은 경우에는 두 달쯤 지나면 새로워지기 때문에 옛날에 했던 것을 다시 한 번 활용해도 좋다.

모임의 초창기에 실시한 마음열기 프로그램을 모임을 끝낼 단계에서 다시 한 번 실시하라.
　마음열기 대답들이 달라지는 것을 인도자가 잘 기록해 놓는다면 소그룹 구성원들이 얼마나 성숙했는지 확인하는 객관적인 데이터로 사용할 수 있다.

몇 가지 마음열기나 보살핌을 모임을 갖는 동안 내내 활용하라.
　어떤 소그룹은 한 가지만 가지고 일 년 내내 해도 늘 그것을 적용하는 것에 대해 기뻐한다. 그래서 그 소그룹에 아주 맞는 것들을 개발해내는 것도 필요하다. 세계 보편적인 것, 그런 것들을 인지한다면 대체적으로 모든 소그룹들이 좋아하는 것을 확인할 수 있다.

서로 잘 연결되어 활용될 수 있는 마음열기와 보살핌들을 개발하라.
　'찰떡궁합 마음열기와 보살핌'이라는 것이 있다. 이 마음열기에는 이 보살핌을 하니까 굉장히 잘 이어지더라 하는 짝들을 몇 가지 개발해 놓으면 소그룹을 활성화시키는 데 상당한 도움이 될 것이다.

소그룹의 비밀을 보장하는 데 각별히 주의하라.
　민감한 주제들에 대해 개인이 깊이 있게 대화를 나누는 그룹 속에서 마음열기와 보살핌을 활용할 때에는 주의가 필요함을 명심해야 한다. 실제적으로 언약서를 통해서 주의할 수 있다.

마음열기와 보살핌을 다양하게 활용하라.

대화는 준비한 만큼 깊어진다. 홈페이지(http://www.smallgroup.co.kr)에 소그룹 인도와 관련된 다양한 자료들이 있다.

자신만의 아이스브레이크 백과사전을 가지라.

Ice Break를 효과적으로 소그룹 안에 적용할 생각이라면 소그룹이 단지 배우고 가르치는 학습 활동을 위한 교육 수단 이상의 것이라는 점을 명심할 필요가 있다. 소그룹 구성원들이 기꺼이 자신을 열고 상대방에게 자신을 완전히 내어 줄 때, 소그룹이 그 이상이 될 수 있다는 것을 깨달을 필요가 있다. 그러므로 예수님께서 교회에 대해 이야기하면서, 외롭고 상처받은 사람들이 모여서 서로의 상처를 치료받고 회복될 수 있는 곳이라고 말씀하신 것을 기억하고 건강한 소그룹을 통해 이런 일이 계속해서 일어날 수 있도록 기대하면서 소그룹 사역을 수행해 나가야 하는 것이다.

나눔 질문

1. 아이스브레이크 샘플 1, 2번(330-331쪽) 중 하나를 선택하여 나누어 보십시오(생일이 가장 빠른 사람이 진행해주시기 바랍니다).

2. 자신이 알고 있거나 경험해 본 아이스브레이크 기술을 한 가지씩 나누어 보십시오.

3. 한국소그룹목회연구원 홈페이지(www.smallgroup.co.kr)에 접속하여 아이스브레이크 샘플 목록 중 나의 소그룹에서 활용할 수 있는 것을 한 가지 선택하여 나누어 보십시오.

3

활발한 나눔이 일어나도록
동기부여하는 소그룹 리더

"31 예수께서 다시 두로 지방에서 나와 시돈을 지나고 데가볼리 지방을 통과하여 갈릴리 호수에 이르시매 32 사람들이 귀 먹고 말 더듬는 자를 데리고 예수께 나아와 안수하여 주시기를 간구하거늘 33 예수께서 그 사람을 따로 데리고 무리를 떠나사 손가락을 그의 양 귀에 넣고 침을 뱉어 그의 혀에 손을 대시며 34 하늘을 우러러 탄식하시며 그에게 이르시되 에바다 하시니 이는 열리라는 뜻이라 35 그의 귀가 열리고 혀가 맺힌 것이 곧 풀려 말이 분명하여졌더라"

마가복음 7:31-35

나눔이 있는 소그룹이 진정한 소그룹이다.

커뮤니케이션 전문가들은 보통 사람이 1분에 약 180개의 단어를 말하고 300-500개의 단어를 들을 수 있다고 말한다. 눈과는 달리 귀는 꺼풀이 없다. 귀는 늘 열려 있는 인식기관이라는 특징이 있다. 눈은 감고 있으면 안 보이지만 귀는 항상 열려있다. 죽을 때 끝까지 감각을 유지하는 것이 귀라는 것은 익히 알려진 사실이다. 그래서 귀를 닫고 들리지 않는다고 변명할 수 없다. 듣는 것이 가장 기본적인 인식이다. 그러니까 무엇인가를 인지하려면 듣는 것이 우선되어야 하는 것이 상식이다.

사복음서에는 예수님께서 기적을 일으킨 사건이 모두 35가지나 기록되어 있다. 그런데 그 가운데 26가지가 사람을 치유하시고 살리신 기적이다. 그 가운데 마가복음 7장 31-35절에 기록된 내용을 보면 예수님은 귀가 먹어 들리지 않는 사람에게 '에바다'(열리라)고 하시므로 고치신다. 32절을 보면 이 사람을 "귀먹고 말더듬는 자"라고 한다. 귀가 안 들리면 말을 못한다. 예수님께서 손가락을 양 귀에 넣고 침을 뱉어 혀에 손을 대시며 "에바다"라고 말씀하신다. 이 한 마디에 말 못하던 사람의 귀가 열리고 말이 분명해졌다.

이 '에바다'라는 명령은 초대교회에서 세례를 베풀 때 모든 마음 속에 있는 장애들을 성령을 통하여 제거한다는 의미로 사용하였다고 한다. 그러니까 '에바다'라는 말은 육신의 귀든 마음의 귀든, 열릴 때 비로소 하나님의 기적을 경험할 수 있다는 것을 상징적으로 보여주는 명령인 셈이다.

세상을 살아가 보면 소리에 민감한 것이 얼마나 중요한지 모른다. 그래서 사람의 얼굴 모습도 입은 하나인데 귀는 둘이다. 귀가 둘이라는 것은 양쪽 모두의 말을 공평하게 들으라는 뜻도 있지만 동시에 두 번 듣고 한 번 말하라고, 하나님께서 그렇게 지으셨다고 해석한다. 그런데 사람들은 한 번 듣고 말하기는 열 번, 스무 번 한다.

이러다 보니까 나눔을 위해 서로 표정까지 읽을 수 있는 환경인 소그룹에서조차 리더 한 사람은 일방적으로 말을 하고 대부분의 소그룹 식구들은 모임시간 내내 입을 다물고 듣기만 하고 있는 상황이 발생한다. 대그룹으로 모인 예배의 형태가 아니라 서로가 서로의 얼굴과 표정을 읽어내면서 비언어적 의사소통이 가능한 소그룹의 형태로 모인 이유는 구체적인 삶을 나누고 기도제목을 나누기 위해서다. 그러므로 나눔을 위한 소그룹이 되기 위해 준비하는 것은 대단히 중요하다.

그렇다면 소그룹 리더에게 필요한 인도방법 가운데 가장 중요한 인도기술인 자연스럽고 효과적인 나눔을 위해 필요한 내용을 살펴보자.

소그룹 나눔에 적절한 모임 장소를 잘 선정해야 한다.

사람은 환경에 많은 영향을 받는다. 소그룹에 가장 적절한 공간을 찾고 그 안에서 지속적인 모임을 갖게 될 때 소그룹원들이 더욱 마음을 열고 삶을 나눌 뿐만 아니라 자발적 헌신으로까지 이어질 수 있다. 그래서 소그룹 구성원들과 만나서 어디에서 만나면 효과적일지를 논의하는 것이 필요하다. 그래서 장소를 정할 때 다음 사항을 고려하면 좀 더 효과적으로 장소를 결정할 수 있다.

인원에 적절한 공간을 찾으라.

소그룹을 구성할 때 대체로 10명 내외의 인원을 편성했을 것이다. 그렇다면 모임장소를 선택할 때 소그룹 인원이 들어가 서로가 편하게 앉을 수 있는 정도의 공간이 가장 적합하다. 장소가 너무 넓어서 휑하다고 느끼지 않는 곳에 모일 때 더 높은 집중력을 낼 수 있다.

주일에 모인다면 예배 후에 즉시 교회에서 모임을 가져보라.

소그룹 모임을 진행하며 함께 모일 수 있는 시간이 주일에 한정되어 있다면, 예배 후 즉각 모임을 갖는 것도 좋은 방법이다. 교회에는 생각하는 것 이상의 다양한 공간이 있다. 어떻게 활용 하느냐에 따라서 소그룹 모임을 하기에 충분한 공간을 발견할 수 있다. 너무 넓은 대공간이라면 모임을 진행할 때만이라도 간이 파티션을 설치하는 것으로 독립적 공간의 느낌과 집중력을 높일 수 있다.

더욱 친밀해질 수 있는 집에서 모이라.

집에서 모임을 갖는 것은 여러 가지 매력적인 강조점들이 있다. 집이라는 단어 자체가 본질적으로 주는 편안함이 있다. 리더가 헌신하여 자신의 집을 모임장소로 할 수 있고 돌아가며 모임의 장소로 가질 수 있다. 그러나 구성원들이 처한 각각의 형편을 충분히 고려하여 멤버들의 동의를 충분히 구하고 집에서 모임을 진행해야할 것이다.

새로움이 필요하다면 다양한 장소를 모색해 보라.

고정되는 장소는 편안함을 줄 수는 있지만 새로움을 주지는 못한다. 리프레쉬가 필요할 때 교회와 가정 이외에 다른 장소에서 모임을 갖는다면 소그룹에 활력을 불어넣을 수 있을 것이다. 카페의 스터디룸을 빌릴 수도 있다. 주의를 산만하게 하는 것을 적게 하고 나눔과 기도를 위한 공간이 있는 곳을 빌린다면 새로운 분위기 속에서 모임을 건강하게 진행할 수 있을 것이다.

무엇보다 나눔을 방해하는 요소들을 제거해야 한다.

역동적인 나눔을 원한다면 효과적 나눔이 가능한 공간확보와 함께 깊이 있는 나눔을 방해하는 요소들을 소그룹 내에서 제거하는 것이 대단히 중요하다. 진정한 나눔을 방해하는 요소들로는 다음 세 가지를 꼽을 수 있다.

첫째, 피상적인 나눔을 피하라.

깊이 있고 진정한 나눔의 반대는 '피상적인 나눔'이라고 할 수 있다. 소그룹 멤버들이 자신의 속을 솔직하게 오픈하지 않고 피상적인 나눔만 계속하는 상황을 상상해 보라.

모든 질문에 대해 "하나님의 은혜로"라고 대답하는 것은 분명히 피상적이다. 이런 소그룹식구들이 존재하는 한 그 소그룹은 결코 역동적인 소그룹이 될 수 없다. 그러므로 리더는 소그룹식구들이 피상적인 수준에서 자신을 오픈하는 태도를 가능한 한 빠른 시간 내에 버릴 수 있도록 만들어야 한다.

그렇다면 왜 소그룹 멤버들이 종종 피상적인 나눔과 반응을 계속 보일까? 그것은 바로 자신의 속을 보여주게 되면 혹시나 비웃음을 당하거나 다른 소그룹 식구들로부터 무시를 당하지 않을까 하는 두려움이 있기 때문이다. 그런데 그런 두려움은 본질적으로 다른 구성원들과 아직 신뢰관계가 형성되지 않았다는 것을 의미한다. 따라서 소그룹 식구들이 자신의 속 깊은 이야기를 툭 터놓고 이야기할 수 있는 분위기를 만들기 위해 리더는 솔선수범하여 자신의 속 깊은 이야기를 먼저 나누는 모범적인 자세를 보여줘야 한다. 소그룹 멤버들은 자신의 속 깊은 이야기를 나누는 리더를 볼 때 비로소 자신의 이야기를 꺼내놓고 싶은 마음을 갖게 된다. 중요한 것은 소그룹 리더가 자신을 오픈하는 수준만큼 소그룹원들도 자신을 오픈한다는 사실이다.

둘째, 자기 자신의 이야기를 나누는 분위기를 형성하라.

진정한 나눔을 방해하는 두 번째 요소는 소그룹 식구들이 자기 이야기는 안하고 다른 사람의 이야기만 하는 경우이다. 다른 사람의 이야기를 하는 것은 자기를 드러내기 싫은 마음을 표현하는 것이다. 소그룹식구들이 자신의 이야기를 하지 않고 다른 사람의 이야기를 하면, 이야기는 풍성하게 나누었을지 모르지만 결코 서로에 대해 깊이 알기는 어렵다.

  사람들이 소그룹에 와서 다른 사람의 이야기만 하는 이유는 크게 두 가지다. 하나는 감히 다른 사람에게 내놓을 수 없는 심각한 문제를 가지고 있는 경우이고, 다른 하나는 자신은 문제가 전혀 없다고 생각하는 경우다.

  리더는 그 멤버가 왜 다른 사람의 이야기만 하는지에 대한 원인을 빨리 파악해야 한다. 그래서 다른 사람의 이야기만 나누는 멤버에게는 구체적인 접근과 질문을 하는 것이 필요하다. 소그룹 멤버 가운데 다른 사람의 이야기를 하려고 하면, "집사님은 그럴 때 어떠세요?"와 같은 식으로 시선을 그 사람에게로 던지는 질문을 할 필요가 있다. 또 공식적으로 '우리 소그룹 모임에서는 다른 사람의 이야기는 절제하고 자신의 이야기만 하기'와 같은 원칙을 '언약서'에 넣어서 다른 사람의 이야기를 하지 않도록 소그룹의 분위기를 만드는 것도 필요하다.

셋째, 진정성을 가지고 반응하라.

  임상을 해 보면 대부분의 소그룹에서 진정한 나눔이 일어나지 않는 가장 중요한 이유는 자신은 솔직히 오픈하는데 함께한 구성원들이 그에 걸맞는 반응을 보이지 않아 실망할 때이다. 큰맘 먹고 마음속 깊은 곳에 있던 고민을 털어 놓았는데 "뭘 그리 대수롭지 않은 것을 가지고 그러느냐?"는 반응을 받는다면 그런 모임에 참석할 이유가 없다. 자신에게는 큰 문제인데 다른 사람들은 별로 대수롭지 않게 여길 때 사람들은 더 이상 자신을 열지 않는다.

  결국 깊이 있는 나눔을 위해서는 함께 한 사람들의 경청하는 태도를 늘 점검할 필요가 있다. 사람은 말하는 것을 배우는 데는 고작

2년이 걸리지만 잘 듣는 것을 배우는데는 '평생'이 걸린다고 한다. 그러나 "사랑의 첫째 의무는 잘 경청하는 것"이라는 말을 잊지 말아야 한다.

누군가가 자신의 이야기를 할 때, 리더는 다른 소그룹식구들의 주의를 자신의 이야기를 하는 사람에게로 집중하게 만들어야 한다. 또한 소그룹 안에서 이야기된 것은 절대로 외부에서 이야기하지 않는다는 원칙을 세워놓거나 나누어진 문제를 해결하는 방법을 함께 모색해보는 노력도 필요하다.

소그룹 안에서 누군가가 자신의 문제를 진지하게 나누고, 진정성 있게 경청하고, 그것이 기도제목이 되어 함께 기도하는 가운데 응답받는 공동의 경험이 있는 소그룹은 절대로 와해되지 않고 지속적인 모임을 이어갈 수 있는 견고한 소그룹이 될 수 있다.

나눔 질문

1. 자신의 하루를 돌아볼 때 말하는 것과 듣는 것의 비율을 정한다면 각각 몇 %로 나누어 지는지 함께 나누어 보십시오.

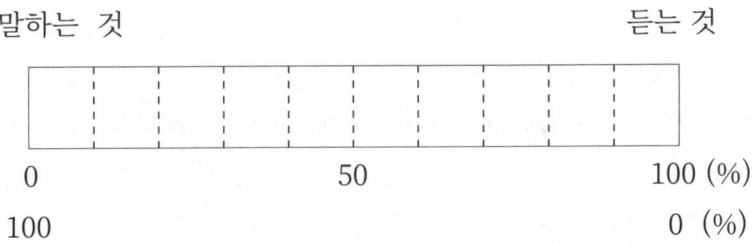

2. 지금 내가 섬기는 소그룹 모임 장소가 활발한 의사소통이 일어날 수 있는 장소인지 점검해 보고 상황을 나누어 보십시오.

3. 내가 섬기는 소그룹에는 활발한 나눔이 얼마나 있는지 아래 표에 체크해 보고 그 점수를 준 이유를 나누어 보십시오.

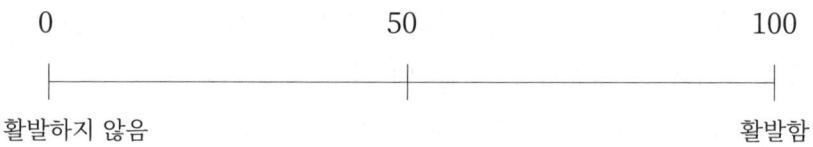

4. 소그룹 맴버들이 질문을 피하거나 피상적으로 대답하는 경우를 경험해 본 적이 있습니까? 그 이유가 무엇인지 생각해 보고 해결방안으로 어떤 것이 있을지 함께 나누어 보십시오.

5. 활발한 나눔이 있는 소그룹이 되기 위한 기도제목을 나누어 보십시오.

"자발적이고 깊은 나눔이 있는 소그룹은
소그룹 구성원들의 가장 견고한 영적 안전망역할을 한다."

4
좋은 질문으로 활발한 토론이 일어나게 하는 소그룹 리더

"13 예수께서 빌립보 가이사랴 지방에 이르러 제자들에게 물어 이르시되 사람들이 인자를 누구라 하느냐 14 이르되 더러는 세례 요한, 더러는 엘리야, 어떤 이는 예레미야나 선지자 중의 하나라 하나이다 15 이르시되 너희는 나를 누구라 하느냐 16 시몬 베드로가 대답하여 이르되 주는 그리스도시요 살아 계신 하나님의 아들이시니이다 17 예수께서 대답하여 이르시되 바요나 시몬아 네가 복이 있도다 이를 네게 알게 한 이는 혈육이 아니요 하늘에 계신 내 아버지시니라"

마태복음 16:13-17

질문은 사람으로 하여금 생각하게 만드는 힘이 있다!

엄마가 어린 아들을 데리고 동물원에 구경을 갔다. 사자 우리 앞에서 아들이 엄마에게 물었다. "엄마, 사자도 천당 가?" 엄마가 웃으면서 대답했다. "사자들은 천당 못가" 아들은 웃는 엄마를 쳐다보면서 또 물었다. "그럼 우리교회 주일학교 선생님은 천당 가?" 엄마는 빙그레 미소를 띄우며 대답했다. "당연히 선생님은 천당 가지" 아들은 미소를 짓는 엄마에게 또 질문했다. "그럼 사자가 우리 선생님을 산 채로 삼키면 사자는 천당 가?"

질문의 시너지(상승효과) 효과

철새들이 남쪽으로 날아갈 때 V자 대형을 이루어 이동하는 이유가 있다. 함께 무리를 지어 이동하면 한 마리씩 따로 이동할 때보다 70% 정도 빨리 날아갈 수 있기 때문이다. 선두의 새가 움직일 때 발생하는 공기의 움직임이 뒤따르는 새들의 비행을 더 쉽게 해 준다. 선두에서 날던 새가 지치면 그 새는 뒤로 이동하고 다른 새가 앞장을 선다. 또 뒤에 있는 새들은 앞장선 새에게 힘내라고 격려하면서 소리를 낸다.

이렇게 서로가 협력하면 혼자서 일할 때보다 훨씬 많은 일을 할 수 있다. 즉 '1+1'이 단순히 '2'가 아니라 '5' 혹은 '10' 이상의 효과를 내는 것이다. 이러한 현상을 가리켜 시너지(Synergy) 효과 혹은 종합효과, 상승효과라고 한다.

이런 시너지 효과는 일의 성과에 국한되지 않고 소그룹 안에서도 충분히 일어날 수 있다. 혼자서 말씀을 배우고 은혜를 받을 때보다 소그룹 멤버들과 함께할 때 더 많은 것을 배우게 되고 더 풍성한 은혜를 누릴 수 있다. 그렇다면 소그룹에서 시너지 효과가 일어나려면 어떻게 해야 할까? 바로 '질문'을 통해서 소그룹 멤버들 각자의 신앙적인 경험을 이끌어내는 것이다.

예수님도 질문하셨다.
예수님의 공생애를 기록한 복음서는 사실 A로 시작되는 3가지 단어인 3A(Ask, Answer, Action)로 압축된다.

복음서를 분석해 보면 예수님이 질문하신 것을 마태는 85회, 마가는 64회, 누가는 91회, 요한은 52회, 사도행전은 3회(거의 300회)나 기록하고 있다(ESV 성경 참조). 마태복음 16장에서도 예수님은 질문 하신다. "너희는 나를 누구라 하느냐?"는 질문은 교회의 초석이 되는 신앙고백인 "주는 그리스도시요 살아 계신 하나님의 아들이시니이다"라는 시몬 베드로의 신앙고백을 이끌어 낸다. 결국 예수님의 질문은 중요한 것이 무엇인지, 우리가 믿고 행해야할 내용이 무엇인가를 정확하게 알도록 하는 통로의 역할을 한 것이다.

그러므로 소그룹 멤버들 모두가 역동성과 깊이를 가지고 소그룹이 가지고 있는 목표에 순적하게 도달하기 위해서는 리더가 어떻게 질문을 하느냐가 대단히 중요하다. 특별히 기억할 것은 소그룹은 단지 가르치는 학습현장이 아니라는 것을 명심할 필요가 있다.

가르치는 소그룹은 인도자의 신앙경력에 따라 좌우되는 경향이 강하다. 이런 소그룹은 목회자나 리더들의 경험이 소그룹 멤버들에게 일방적으로 전달되는 장점이 있지만, 인도자의 성장배경이나 성향과 다른 사람에게는 무관한 이야기로 들리는 단점이 숨어 있다. 한 사람의 신앙경험이 모든 사람에게 동일하게 적용되지 않기 때문이다. 사실 일방적인 소통으로는 상대방이 무슨 생각을 하고 있는지, 필요가 무엇인지 알아볼 길이 없다.

그래서 소그룹 리더들은 소그룹 모임 진행 과정 속에서 바로 우리 소그룹에는 역동적인 대화와 토론이 일어나지 않는다는 큰 고민을 호소한다. 1년 동안 수십 번의 소그룹 모임을 해도 대답하고 대화에 참여하는 사람만 참여를 하고, 끝까지 입을 열지 않는 소그룹 멤버들과 함께 모임을 진행하는 것은 리더의 큰 부담이다. 그러나 소그룹 리더가 질문과 경청으로 소그룹에 속한 사람들이 진정한 그리스도인으로 살아가도록 이끄는 데 필요한 내용을 나눌 수 있다면, 소그룹의 생명력과 역동성은 저절로 살아날 수 있다.

효과적인 질문을 나눌 수 있는 환경조성

그렇다면 역동성을 가져오는 질문은 무엇이고 어떻게 활용하는 것이 바람직할까? 좋은 질문과 응답이 있는 시너지가 넘치는 소그룹으로 가기 위해서는 먼저 효과적인 질문을 나눌 수 있는 환경을 만드는 것이 필요하다. 어떤 환경조성이 필요할까?

첫째, 토론할 수 있는 여건을 만들라.

주위가 너무 산만하거나, 혹은 모임의 분위기를 산만하게 할 가능성이 있는 것들은 미리 정리하고 모임을 해야 한다. 즉 소그룹 멤버들이 소그룹 진행에만 집중할 수 있는 물리적 환경이 필요하다. 토론이 자연스럽게 진행되는 데에 제약을 가하는 환경은 사전에 제거되어 있어야 한다.

둘째, 내적 친밀감을 이루어라.

멤버들 서로 자연스러운 이야기를 나눌 수 있을 정도의 친밀감이 바탕된다면 사실 두려울 것이 없다. 소그룹 내에 자연스러운 대화와 토론이 일어나는 것이다. 멤버들이 왔을 때 어떤 이야기든 해도 괜찮다는 느낌이 들기만 한다면 일단 모임은 성공이다. 그래서 소그룹 사역은 정해진 공식적 모임 뿐 아니라 비공식적 모임에도 리더의 많은 투자가 필요하다. 소그룹 생애주기를 봤을 때 특히 소그룹의 생성 단계에 교제와 친교를 위해 많이 먹고, 많이 웃고, 많이 떠들 수 있는 여건을 만들어 보라.

셋째, 모든 것을 다 알아야 한다는 환상을 내려 놓으라.

리더들이 질문하지 않는 가장 큰 이유는 "똑똑해 보이려면 무엇이든지 다 알고 있어야 한다"는 그릇된 환상에 사로잡혀 있기 때문이다. 그러나 성숙한 리더는 대답을 잘 해 주는 사람이 아니라 좋은 질문을 하는 사람이다. 인간관계를 연구하는 전문가들은 모르는 것을 겸손하게 인정하고 배우려고 하는 사람을 사람들이 존경한다고 말한다. 자신이 모르는 것을 인정하는 사람을 향해 자신이 알고 있는 것을 열심히 가르쳐주려는 성향을 가지고 있는 것이 모든 사람의 성향이라는 것이다. 모든 것을 다 알 수도 없고, 모든 것을 다 알 필요도 없다. 중요한 것은 그것을 겸손하게 인정하는 태도를 리더가 가지고, 역동적으로 소그룹을 이끄느냐 하는 것이다.

넷째, 비밀이 유지되는 무거운 입을 가지라.
진지한 나눔과 토론에서 나왔던 이야기들이 제3자에게 회자되고 알려지는 것을 좋아하는 사람은 아무도 없다. 그러므로 소그룹 내에서 깊이있게 나누어진 모든 대화들은 안전하게 보호되어야 하고 누군가가 소문이 나서 상처받는 일이 없도록 주의해야 한다.

다섯째, 좋은 질문을 만드는 훈련을 하라.
사실 교육받는 과정에서 대부분의 사람들이 배우는 것은 "어떻게 하면 대답을 잘 할 수 있는가?"이지 "어떻게 하면 좋은 질문을 할 수 있을 것인가?"가 아니다. 교육전문가인 도로시 리즈는 <질문의 7가지 힘>(더난출판사, 2016)에서 "시간당 교사가 80번 질문을 한다면 학생들은 시간당 2번밖에 질문하지 않는다."는 연구결과를 발표하기도 했다. 이런 결과만 보아도 대부분의 사람들이 얼마나 질문하는 훈련이 되지 않았는가를 쉽게 알 수 있다.

"훌륭한 의사는 질문을 많이 하고 환자의 대답에 귀를 기울이는 의사"라는 말이 있다. 그러므로 소그룹인도를 위해 말씀을 준비할 때 "어떻게 하면 많은 대답을 해 줄 수 있을까?" 보다 "오늘은 어떤 질문으로 사람들을 자극할 것인가?"를 생각하면서 질문 만들기를 연습하는 것이 역동적인 소그룹 인도를 위해서는 훨씬 필요한 일이다. 리더가 성경을 깊이, 그리고 많이 알면 알수록 좋은 일이지만 만약 성경을 많이 알지 못한다고 하더라도 구성원들에게 동기부여 할 수 있는 질문법을 익혀 놓는다면 소그룹 인도를 두려워할 필요는 없다. "이 주제(혹은 문제)와 관련해서 혹시 누가 대답해 주실 분 있으신가요?"라는 질문을 던질 때 나 보다 더 많이 알고 있는 소그룹 구성원들이 리더의 든든한 후원자가 되어줄 것이기 때문이다. 그리고 질문과 대답이 오고 가는 과정 속에서 훨씬 풍성한 배움의 내용들이 있다는 사실을 깨닫게 될 것이다.

좋은 질문의 실제

그렇다면 구체적으로 어떤 질문이 좋은 질문일까?

좋은 질문은 좋지 않은 질문 유형을 제거한 질문
첫째, 별 생각 없이 던지는 습관적인 질문

한 아버지가 퇴근하고 돌아와서 자녀를 만나면 습관적으로 "오늘 학교에서 뭐했니?" 라고 매일 똑같은 질문을 했다. 그러자 아이의 반응이 "아빠! 학교에서 저한테 무슨 일이 있었는지 정말로 궁금하신거 맞아요? 별로 신경써주지도 않으시면서 왜 그렇게 매일 똑같은 걸 물어보세요?"라고 다시 질문을 했다고 한다. 아버지가 습관적으로 묻고 있는 것을 자녀도 알고 있는 것이다. 리더는 이런 습관이 있다면, 예전에 오간 대화 내용과 연결해서 질문하기 위해 더욱 주의를 기울여야 한다. 그러므로 의식적으로 색다른 관점에서 질문을 던져보는 것도 좋을 것이다. 실례로 매 주일 소그룹 멤버들을 만

낮을 때 '지난 한 주간 어떻게 지내셨어요?'라는 상투적인 질문보다 '지난 한 주간을 날씨로 표현하면 어떻게 표현할 수 있을까요?'라고 질문하는 것이 훨씬 효과적일 것이다.

둘째, 앞뒤 맥락을 이해할 수 없는 질문

질문의 중요성을 이야기하는 사람들 사이에 다음과 같은 재미있는 예화가 있다. 미국의 한 대통령 딸이 학교에서 돌아와 엄마에게 숙제를 도와달라고 부탁했다. "엄마! 지리 선생님이 남아메리카에 대해 조사하는 숙제를 내주셨는데 좀 도와주세요." 그러자 엄마(영부인)가 대답했다. "어머 얘, 그걸 왜 나한테 물어보니? 네 아빠가 미국 대통령이시잖아, 분명히 잘 아실거야 아빠한테 여쭤보렴!" 대통령 딸은 수백만의 다른 아이들이 그렇게 하듯이, 학교 숙제를 하기 위해 아빠에게 도움을 청했다. 그런데 아무리 아빠라고 해도 초등학교 4학년 딸의 숙제를 간단하게 해결해 줄 수 있는 사람은 드물다. 대통령은 국무부에 전화를 걸어 이렇게 물었다. "남아메리카에 대해 수집한 정보가 뭐 좀 있나?" 다음 날 어떤 일이 벌어졌을까? 수만장 짜리 보고서가 트럭에 실려 백악관으로 배달되었다. 대통령이 남아메리카에 대한 정보를 요구하면서 앞뒤 사정을 이야기했다면 이런 일은 없었을 것이다.

질문하는 이유와 목적이 듣는 사람에게 잘 전달되지 않는다면 상대방이 올바른 답을 줄 수가 없다. 만약 상대방이 "그게 무슨 뜻인가요?"라고 되묻거나 리더의 질문을 엉뚱하게 받아들일 때, 이런 동일한 오류가 있지 않은가 점검해 보아야 한다.

셋째, 서두가 장황한 질문

질문하기 전에 습관적으로 항상 겸손한 말로 운을 떼는 사람들이 있다. 그러나 자신을 '약하거나 부족한 사람'이라고 '설정'하는 것 역시 상대에게 오해를 불러일으키고 불필요한 선입견을 주는 실수 중 하나이다. 오히려 상대방에게 솔직하지 않다는 인상을 주거나, '무슨 꿍꿍이가 있는 것은 아닌지' 한 번 더 생각해보게 함으로써, 정말 원하는 정보를 듣지 못하게 될 수도 있다.

아예 평가를 하거나 단정을 지으며 서두를 꺼내는 이들도 있다. "물어보나 마나 당신은...라고 대답할게 뻔하지만..." 이런 서두로 이야기를 꺼낸다고 생각해보라. 실제로 그 말이 맞든 틀리든, 듣기 거북할 것이다. 대답을 하기도 전에 맥이 빠져서 '아니 그러면서 왜 물어보는거야?'하는 생각이 들 것이다.

공치사를 하는 사람도 있다. "내가 자네 말이라면 신뢰할 수 있지. 자네한테 묻고 싶은 건 말이야..."하고 질문할 때 마다 공치사를 한다면, 그것 역시 편하지만은 않다. '듣기 좋은 말도 한두 번'이라고 은근히 약 올리는 것처럼 들릴 수도 있다. 그냥 솔직하고 간단하게 질문하는 것이 가장 좋다.

넷째, 아는 체하고 잘난 척 하기 위한 질문

모두가 정확한 뜻을 알고 그 내용을 공유한 상태에서 전문용어를 쓴다면, 그리고 회사 내부의 의사소통이라면 크게 문제가 되지는 않는다. 하지만 특정 회사나 업계에서만 통용되는 전문용어는 종종 오해나 불신의 원인이 되고, 의미를 흐리기도 한다. 새로 들어온 사람도 당신의 말을 쉽게 이해할 수 있어야 한다.

질문을 잘하기 위한 10가지 룰

질문을 잘하기 원하는 리더라면 꼭 인식해야 할 규칙들이 아래에 있다.

① 직설법을 사용하라
② 질문할 때는 상대의 눈을 쳐다보라
③ 일상적인(쉬운) 언어를 사용하라
④ 간단한 문장을 사용하라

구구절절한 서론은 생략하고, 핵심을 바로 묻는다. 한꺼번에 많은 질문을 쏟아내지 않는 질문이 많다면 질문의 수를 미리 예고하는 것이 좋다. 한 가지 질문은 30초~1분 이내에 끝낸다.

⑤ 자세히 설명하라
⑥ 주제에 집중하라
⑦ 질문의 목적을 분명히 하라
⑧ 상황과 대상에 맞게 질문하라
⑨ 의도에 따라 질문 매너를 달리하라
⑩ 대답을 어떻게 활용할지 준비하라

질문 기술 향상 방법의 실제

그리고 질문 기술(skill)을 발전시키는 방법을 정리해보면 다음과 같다.

첫째, 참석자들과 상황에 대한 사전이해를 가지라.

소그룹은 목적이 뚜렷한 모임이다. 하나님의 말씀으로 소그룹 멤버들이 성숙해지고 그리스도의 몸을 세우며 또 다른 소그룹을 세우기까지 나아가야 하는 것이 건강한 소그룹의 목표다. 소그룹의 목적이 또 다른 소그룹을 잉태하는 것임을 생각할 때 다음과 같이 질문을 준비할 수 있다.

1) 우리는 왜 모였고, 무엇을 하려고 모였는가?

2) 스스로가 던져야 하는 질문
    A. 나는 왜 이 일을 하기위해 여기 있는가?
    B. 다른 사람들은 내가 하고 있는 일을 어떻게 이해하고 있나?
    C. 멤버 모두가 예상하는 결과는 무엇인가?
    D. 내가 알고 있는 핵심 사실은 무엇인가?
    E. 결과적으로 내가 전달하고 싶은 것은 무엇인가?
3) 중요한 질문들을 숙지하고 있는가?
4) 질문을 던졌을 때 나올 수 있는 여러 대답들을 예상하고 있는가?
5) 적절한 답을 얻으면 그것으로 무엇을 할 것인가?

둘째, '올바른 질문'을 하라.

올바른 질문이란, 멤버 전체에게 잠재적으로 영향을 줄 수 있는 올바른 답을 이끌어내는 질문이다. 올바른 질문은 소통을 촉진시키고, 모임의 목표에 도달하는데 도움을 줄 수 있다.

올바른 질문인가 아닌가의 판단기준

1. 의미 있는 질문: 중요한 문제, 모임의 목적과 직접적인 연관성을 가진 질문
2. 영향력을 주는 질문: 질문자 답변자 모두에게 득이 되는 영향을 끼치는 질문
3. 현실에 부합하는 질문: 일상과 너무 동떨어지지 않는 질문
4. 답변자가 질문의 의도를 명확하게 인식할 수 있는 질문
5. 모임 목적에 적합한 질문 : 모임의 목적에 도달하는 것을 돕는 질문

셋째, 질문태도를 주의하라.

어느 교회 담임목회자는 부교역자에게 질문을 하려고만 하면 자동적으로 팔짱을 끼는 버릇이 있었다. 담임목사는 질문 능력이 뛰어났지만, 팔짱을 끼는 습관 때문에 매번 동역교역자들을 긴장시켰

고 그들을 방어적으로 변하도록 만들었다. 담임목사님이 그 습관을 고치는 데는 거의 몇년이 걸렸다. 질문할 때의 태도와 매너, 질문하는 방식, 그리고 질문에 대해 실제로 이해하는 것은 사실 질문의 내용만큼이나 중요하다.

질문할 때 유의해야 할 태도

1. 명확하게 말하라.
2. 기왕 질문하는 것 자신 있게 질문하라.
3. 자세를 똑바로 하고 몸동작이 배려의 태도인지 신경을 쓰라.
4. 결론을 내리는 단계가 아니라면 결론짓듯 말하지 마라.
5. 과장된 표현은 삼가라.
6. 유머도 목적이 있어야 한다. 그냥 재미있기만 해서는 곤란하다.
7. 간결하게 질문하라. 서론을 짧게 하거나 없이하고 바로 본론으로 들어가라.
8. 질문을 멈추는 때가 언제인지 늘 신경을 쓰라
9. 대답을 경청하라. 대답을 통해서 후속조치가 필요 할 수도 있고, 바로 질문을 해야 할 수도 있다.

넷째, 가능한 오해할 수 있는 소지를 제거하라.

똑같은 질문이라도 어디에 어투의 강세를 두고 묻는지에 따라 그 의미가 달라질 수 있다. 달리 말하자면 '보다 또렷하고 큰 목소리로 어떤 단어에 강세를 두는가'만으로도 질문의 의미를 명확하게 할 수 있다. 초점을 두고자 하는 내용이 무엇이냐에 따라 강세를 이용해서 질문을 던져보라. 상대방이 훨씬 질문자의 의도를 더 쉽게 파악할 수 있을 것이다.

강세에 따라 달라지는 질문의 의미	
"형제가 (어떻게) 그런 말을 할 수 있지?"	'감히 당신이?' 하는 비난의 의미
"(형제가) 어떻게 그런 말을 할 수 있지?"	다른 사람은 몰라도 당신은 안된다는 의미
"형제가 어떻게 그런 (말을 할 수 있지)?"	생각은 할 수 있지만, 입 밖에 내서 전달해서는 안된다는 의미
"형제가 어떻게 (그런) 말을 할 수 있지?"	'이야기한 내용'에 대한 불만

다섯째, 바디랭귀지를 활용하라.

몸과 표정을 통한 비언어적 소통방법은 전체 소통의 90% 이상을 차지한다. 질문을 할 때는 몸동작, 손짓, 표정 등 자신이 보내는 신호를 효과적으로 활용할 필요가 있다.

실례로 질문을 던질 때 우리가 손을 사용하여 어떤 신호를 보내는 것은 아주 효과적이다. 손가락으로 누군가를 가리키거나, 손을 흔드는 것 등은 중요한 의사표현이다.

또 눈도 중요하다. 질문할 때 눈을 맞추는 것만큼 좋은 방법도 없다. 대답해야 할 사람을 부드럽게 바라보면서 편안하게 대답할 수 있도록 유도한다면 소통과 공감의 지수를 몇 배로 상승할 수 있다.

결국 질문을 할 때 온몸으로 물어보는 것이 가장 좋다. 멤버들은 리더가 던지는 질문의 언어적인 부분뿐만 아니라 비언어적인 부분까지 고려한다. 그냥 몸을 움직이는 것이 아니라 일관성을 유지하며 의사소통할 수 있도록 주의할 필요가 있다.

닫힌 질문과 열린 질문을 구별해서 사용하라.

리더가 사용하는 질문은 대체로 정답과 오답이 있는 닫힌 질문과 어떤 대답을 해도 가능한 열린 질문 이 두 가지 중에 하나다.

닫힌 질문과 열린 질문이 무엇인지 조금 더 자세히 살펴보면 다음과 같다.

첫째, 정답과 오답이 있는 닫힌 질문

닫힌 질문을 하면 정보를 한 조각 얻어낼 수 있지만 설명은 더 이상 이어지지 않는다. 그렇다, 아니다 혹은 단답형의 대답을 들은 후 대화는 단절되기 십상이다. 신속하게 정보를 얻을 때 닫힌 질문은 유용하지만 멤버들의 다양한 생각을 가로막을 가능성이 크고 활발한 토론도 어렵게 만들 가능성이 크다. 폐쇄형 질문을 해보면 대화가 얼마나 삭막하고 어색해지는지 알 수 있을 것이다. 그러나 닫힌 질문은 다음과 같이 활용할 수 있다.

닫힌 질문 활용방법
1. 세부적인 토론, 사실 확인 등의 특수한 목적이 있을 때
2. 명료한 대답을 필요로 할 때
3. 대화의 초점을 지속시키고 싶을 때
4. 다른 주제의 나눔이 필요하지 않을 때
5. 토론의 범위를 좀 더 좁히고 싶을 때

둘째, 다양한 경우의 대답을 들을 수 있는 열린 질문

리더가 활발한 대화를 유도하고 싶다면 열린 질문을 해야 한다. 열린 질문은 사람들로 하여금 생각을 하게 만들고 마음을 열어 말할 수 있는 토의를 이끌어 낸다. 상대방이 함께 참여해서 의견을 교환하게 한다. 열린 질문을 하려면 좀 더 생각이 필요하고 대답에 주의를 기울여야 한다. 열린 질문이 가진 특징을 잘 고려하여 소그룹에 적용해보자.

열린 질문 특징

1. 멤버들의 주관적 생각을 자극할 수 있다.
2. 틀린 답을 유도하지 않아서 긴장을 해소시킬 수 있다.
3. 다양한 나눔과 토론을 가능케 한다.
4. 주도적으로 나눔과 토론에 참여하고자 하는 멤버에게 마당을 만들어 줄 수 있다.
5. 그러나 너무 다양한 이야기를 다누다 보면 초점이 흐려질 수 있다.
6. 말을 잘하는 사람이 나눔을 독점하지 않도록 적절한 규칙이 필요하다.
   예(1) 이 질문에 한 분이 1분씩 말씀해주시면 좋겠습니다.
   예(2) 대답하기 어려운 분은 '통과'라고 말씀해주시고, 그러면 그 다음분이 말씀해 주시기 바랍니다.

닫힌 질문과 열린 질문을 서로 대조해 보면 다음과 같다.

닫힌 질문	도와드릴까요?	그 임무를 끝내지 않았습니까?
열린 질문	내가 무엇을 도와드릴까요?	그 일을 아직 끝내지 못한 이유가 있나요?

그 외의 질문 유형들

직접형 질문 : 특정한 멤버에게 직접 답을 하게하는 질문 유형

단도직입적인 대답을 기대한다면 직접형 질문을 사용하는 것이 좋다. 그래서 직접형 질문을 던질 때는 대답할 사람을 정확히 바라보고 눈을 응시하는 것이 좋다. 직접형 질문은 사람들을 불편하게 만들 수도 있다. 그러나 직접적인 대답을 얻기 원한다면 이 유형을 활용해보자.

우회형 질문: 완곡한 방식으로 편안하게 의견을 구한다.

멤버들이 리더의 질문을 너무 부담스럽게 받아들여지지 않기를 바랄 때 사용하는 질문 유형이다. 알고 싶은 사실을 진술한 후에 "~가 궁금하네"라고 표현하는 것이 우회형 질문에서 활용하는 방식이다. 듣는 사람에게 특정한 대답을 요구하지 않으면서 필요한 정보를 얻을 수 있는 질문이 바로 우회형 질문이다.

객관식 질문

원하는 대답을 제한할 때 편리하게 사용되는 질문유형으로 상대방에게 선택을 하도록 하는 방법이다. 사람들은 무제한적인 선택보다는 제한된 선택에 대답을 더 잘한다. 그래서 한국소그룹목회연구원에서 집필한 소그룹교재는 열린 질문과 함께 이 객관식 질문유형을 효과적으로 사용하고 있다.

가정 질문유형

어떤 사실을 가정하거나 인정하고 하는 질문이다. 예를 들어 "이곳에 사람이 왜 이렇게 많은가?"라는 질문은 이미 사람이 너무 많다는 것을 사실로 가정하고 있는 것이다. 그러므로 확실한 사실이 확인되었을 때 이런 가정 질문유형을 던질 수 있다.

유도 질문유형

원하는 대답을 하도록 멤버들을 유도하는 것으로 질문 자체가 어떤 대답을 제안한다. 예를 들어 "왜 이것이 좋은 방안이라고 생각해?"라는 질문은 좋은점에 대해서만 묻고 있는 질문이다. 이 질문을 받은 사람은 자연스럽게 좋은 점만 이야기할 것이다. 반면에 개방형 질문(이 해결책을 어떻게 생각하니?)은 응답자가 생각나는 대로 자유롭게 이야기 하도록 상황을 열어줄 수 있다.

인격적인 접근을 위한 4단계 질문 유형

1단계 도입 질문(Icebreaking): 눈높이를 맞추며 마음을 열게 하는 일반적인 질문

상대방의 마음을 여는 열쇠 역할로, 대화를 나눠야 할 멤버와 먼저 공감대를 형성하기 위해 던지는 질문이다. 문제가 많고 힘든 상황에 직면한 멤버일수록 처음에 어떻게 대화를 열며 관계를 시작하는가가 중요하다. 실례로 학교에서 돌아온 아이들에게 닫힌 질문인 "시험 잘 봤니?", "공부할 것 많니?", "숙제 많니?"같은 질문을 던지면 자녀들은 부모가 자기 자신보다 공부를 더 중요하게 여긴다고 느낄 수 있다. 이 질문에 돌아오는 대답은 "오늘 본문에 기록된 사건이 어떻게 보이십니까?"와 같은 "네"라는 대답밖에 없을 것이다. 이 질문 대신에 "오늘 하고 싶은 것, 제일 먹고 싶은 것이 뭐니?", "오늘 학교에서 있었던 일들 중에 제일 좋았던 일 몇 가지만 얘기해 줘" 같은 질문들을 해보면 지치고 힘든 아이들의 마음을 밝게 해주고 소망과 쉼을 주면서 자연스러운 대화를 이어갈 수 있을 것이다.

2단계 : 관찰 질문(observation): 사실을 보게 하고 관찰하게 한다.

어떤 시각으로 보느냐에 따라 사물도, 상황도, 사람도 다르게 보인다. 관찰 질문은 보아야 할 것들을 제대로 볼 수 있도록 시각을 열어 주는 도구다. 질문을 잘 활용하면 대립하는 멤버들의 현재 생각을 스스로 정확히 볼 수 있도록 해줄 수 있다. 또 지금 처한 상황이나 고민하는 문제 등을 성숙한 시각으로 볼 수 있도록 도움을 줄 수도 있고 객관적인 시각으로 과장하지 않고 정확하게 모든 것을 관찰하고 볼 수 있도록 눈을 열어줄 수도 있다. 숨겨져 있는 중요한 것들을 나름대로 발견할 수 있도록 도움을 주는 것이 관찰 질문유형이다.

3단계 : 해석 질문(interpretation): 관찰한 사실이 무엇을 의미하는지 느끼고 생각하게 한다.

해석 질문은 발견한 것이 무엇을 의미하는지 묵상할 수 있도록 안내하는 도구다. 관찰질문을 통해 파악한 사실을 마음과 생각으로 볼 수 있도록, 긍정적으로 묵상하도록 돕는 것이다. "보신 내용을 어떻게 느끼시나요?"와 같은 해석 질문의 답은 상대의 시각에서, 또 하나님의 시각에서 사실을 바라보고 이해할 수 있도록 마음을 모아주는 기능을 한다.

4단계 : 적용 질문(application): 바라보고 해석한 사실이 자신에게 어떤 영향을 줄 수 있는지 발견하게 하는 것이 적용 질문이다.

해석 질문과 적용 질문의 차이는 시제에 있다. 해석 질문의 답을 현재에 초점을 맞춘다면 적용 질문은 미래를 위한 것이다. 보고 묵상한 사실이 어떤 의미가 있는지 발견하고 변화를 결심하게 하는 것, 과거에서 떠나 미래로 도약할 수 있도록 움직여 주는 도구가 적용 질문이다. 그런데 소그룹에서 적용질문을 던질 때 늘 고려해야 할 것이 있다. 아래에 기록된 적용질문의 3p 원칙이다.

> **적용 질문의 3p 원칙**
> Possible application (가능한 적용)
> Practical application (현실적인 적용)
> Personal application (개인적인 적용)

이와 함께 특별히 삶의 변화를 추구하는 말씀나눔을 하는 소그룹에서 기억해두면 좋을 좋은 질문으로 다음의 실제적인 질문들이 있다.

<소그룹 모임 시 삶의 변화를 일으키도록 돕는 질문들>
1. 본문은 오늘을 사는 우리에게 어떤 문제를 제기합니까?
2. 이 구절에서 얻은 진리를 어떻게 당신의 삶에서 적용할 수 있을까요?
3. 이 구절들은 현대사회를 사는 우리에게 어떤 도전을 줍니까?
4. 본문의 가르침을 당신의 삶의 방식과 비교해 보십시오.
5. 오늘 공부한 결과를 통해 하나님이 이번 주에 당신에게 원하는 것은 무엇입니까?
6. 본문을 통해서 당신이 변화되어야 할 것은 무엇입니까? 이 변화를 위해 당신은 당장 어떤 일을 시작하겠습니까?
7. 오늘 공부를 통해서 하나님에 대해 새롭게 깨달은 사실은 무엇입니까? 또한 오늘 공부한 내용이 당신 자신, 친구, 질문대상자 등에 대한 태도에 도전이 되는 것은 무엇입니까?

성공하는 소그룹 리더는 좋은 질문을 하는 사람이다.
언젠가 법조인들이 모인 장소에 가서 한국교회 연합운동 상황에 대해 주제발제를 할 일이 있었다. 말하는 것에 관한한 전문성을 가지고 있는 분들인지라 어떻게 주제발제를 이끌어 가야할지 준비하는 과정에서 마음이 많이 무거웠다. 특히나 한국교회를 위해 깊이 기도하는 분들이 모이는 자리였기 때문에 자칫하면 지지부진한 한국교회 연합운동 현장에 있는 지도자들을 향한 성토의 장으로 갈 수도 있겠다는 생각에 강의자료를 준비하는 과정 내내 마음이 심란했다. 드디어 강의가 진행되는 날, 질문 하나로 모든 근심을 벗을 수 있는 경험을 했다. 짧게 현황을 설명한 후에 이렇게 질문을 던졌다. "만약 여러분들께서 한국교회 연합운동의 최전선에 서서 연합운동을 추진해 나간다면 어떻게 하시겠습니까? 어떤 방법을 적용하시고 싶으십니까?"

더 말할 필요도 없이 여기저기서 손을 들더니 의견이 개진되기 시작했다. 그 과정을 겪으면서 크게 깨달은 진리가 있다. 사람들은 듣는 것 보다 말하기를 훨씬 좋아한다는 진리이다.

실제로 함께 모인 자리에서 방향이 희미하고 상황이 안개 속을 헤매는 것처럼 모호하면 자신의 입은 다물고 함께 하는 이들의 입을 열게 하는 것이 훨씬 좋다. 그래서 질문으로 함께한 이들의 관심을 자극하고, 그들에게 말할 수 있는 기회를 주면 모임의 분위기는 훨씬 역동적이 되고 새롭고 창의적인 내용의 이야기들이 쏟아져 나오는 상황을 경험할 수 있을 것이다.

소크라테스는 특유의 질문법을 활용하여 응답자가 스스로 결론을 얻도록 했다. 이 방법론은 이후 교육의 기본이 되었다. 소크라테스가 하려고 했던 것은 사람들로 하여금 '잘 알고 있다'는 환영으로부터 벗어나게 하는 것이었다. 심지어 자신들이 가장 전문이라고 여기는 영역까지도 포함해서 말이다. 소크라테스는 다음과 같은 촌철살인의 명언을 남겨주었다.

"충분한 지식 없이 말을 관리하려고 노력하는 사람에게 말은 짐이 된다."

성숙한 리더는 '내가 말을 갖고 있기는 하지만, 말을 관리하는 법은 거의 모른다.'는 전제에서 출발한다. 그리고 다른 어떤 행동이나 명령보다, 질문으로 모든 것을 시작한다. 주변의 자원으로부터 지혜를 끌어오고, 함께 모이는 소그룹 구성원들 한 사람 한 사람이 자기 능력을 마음껏 발휘할 수 있도록 동기부여를 잘 하는 사람이다. 그러므로 성숙한 리더가 사용하는 가장 강력한 도구가 바로 '좋은 질문'인 것이다. 좋은 질문으로 모든 멤버들을 함께 성숙의 자리에 이를 수 있도록 하는 좋은 리더가 되라!

나눔 질문

1. 지금 오른쪽에 앉아 있는 사람에게 꼭 하고 싶은 질문을 한 가지씩 적어보고, 답하는 시간을 가져 보십시오.

2. 효과적인 질문을 나눌 수 있는 환경 조성(354-356쪽)을 읽고 내가 인도하는 소그룹 모임에 꼭 필요한 것들이 무엇인지 함께 나누어 보십시오.

3. 내가 생각하는 좋은 질문이란 어떤 질문입니까?
 좋은 질문이란 _____
 _____ 질문입니다.

4. '질문할 때 유의해야 할 태도(361쪽)를 읽고 나에게 적용할 수 있는 것 한 가지를 선택한 후 그 이유를 나누어 보십시오.

5. 닫힌 질문과 열린 질문의 장점은 각각 무엇이며 어떤 상황에 필요한 질문인지 함께 나누어 보십시오.

5

인내의 열매를 맺으며
핵심주제를 전달하는 소그룹 리더

"1 이러므로 우리에게 구름 같이 둘러싼 허다한 증인들이 있으니 모든 무거운 것과 얽매이기 쉬운 죄를 벗어 버리고 인내로써 우리 앞에 당한 경주를 하며 2 믿음의 주요 또 온전하게 하시는 이인 예수를 바라보자 그는 그 앞에 있는 기쁨을 위하여 십자가를 참으사 부끄러움을 개의치 아니하시더니 하나님 보좌 우편에 앉으셨느니라 3 너희가 피곤하여 낙심하지 않기 위하여 죄인들이 이같이 자기에게 거역한 일을 참으신 이를 생각하라"

히브리서 12:1-3

모두가 1등이 될 수 있는 경주가 있다.

 결혼예비학교를 진행하면서 <고린도전서 13장>을 주제로 꼭 묻는 질문이 있다. 4절 말씀부터 보면 "사랑은 000다"라는 표현이 반복이 되는데 제일 처음으로 사랑에 대해서 정의하는 것이 "사랑은 오래 참고"이다. "오래의 길이가 어느 정도 될 것이라고 생각하느냐?" 이렇게 물으면 대답은 갖가지인데 "평생입니다."라고 대답하는 커플도 있다. 그렇게 대답한 예비부부들에게는 꼭 특별한 선물을 준다. 평생 참기로 작정한 남편, 평생 인내하기로 결정한 아내가 있는 가정이라면 그 가정은 정말 복 받은 가정 아니겠는가?

 오래 참음, 인내라는 단어가 제일 많이 사용되는 현장은 어디일까? 아마 운동경기 현장일 것이다. 그런데 히브리서 12장 1-3절을 보면 복음사역을 감당하는 성도들은 경주를 하는 사람들로 표현하고 있다. 무한경쟁 사회 속에서 지쳐 있는 우리들에게 경주라든지, 인내라든지 하는 단어는 별로 달갑지 않은 말이다. 말만 들어도 가슴이 답답해진다.

그런데 여기서 한 가지 소그룹 리더가 기억해야 할 것은 성경이 말하고 있는 경주는 이 세상에서 말하는 경쟁과는 다른 성격의 경주라는 사실이다. 세상이 말하는 경주는 무한 경쟁사회에서 다른 경쟁자들을 짓밟고서라도 반드시 이겨야만 생존할 수 있고, 더 많은 것을 누리고, 기쁨도 있는 성격의 경주이다.

그러나 성경이 말하는 경주, 신앙생활 속에서의 경주는 하나님께서 그리스도인 각자에게 주신 경주이다. 한 사람 한 사람이 감당해야 할 경주가 다르다. 한 경기에서 모두가 함께 달려 1등, 2등을 가려내는 경쟁이 아니다. 하나님께서 나에게 허락하신 경주를 인내하여 완주하기만 하면 모두가 1등이 되는 독특한 경주이다.

하나님께서 승자독식인 세상 속에서 눈물 흘리며 아파하는 하나님의 자녀들의 상황을 모르실 리가 없다. 하나님은 각 사람에게 감당할 만큼의 시련과 고통을 허락하신다고 말씀한다. 고린도전서 10장 13절은 그 사실을 사실적으로 증언한다.

"사람이 감당할 시험 밖에는 너희가 당한 것이 없나니 오직 하나님은 미쁘사 너희가 감당하지 못할 시험 당함을 허락하지 아니하시고 시험 당할 즈음에 또한 피할 길을 내사 너희로 능히 감당하게 하시느니라"

하나님이 우리 그리스도인에게 요청하시는 경주는 함께 뛰는 사람을 죽이고, 짓밟는 성격의 우열이 있는 경주가 아니다. 하나님께서 각 사람에게 맞는 경주를 주셨고, 완주하기만 하면 모두가 1등이 되는 경주인 것이다. 그러므로 전 세계에 흩어져있는 모든 믿는 그리스도인들은 동역자이다. 그리고 이 책을 읽고 있는 독자들도 하나님 나라 경주에 부름 받은 모두가 1등을 할 수 있는 동역자들인 것이다.

그럼에도 불구하고 우리의 사역은 경주이다.
그렇다면 어떻게 해야 모두가 1등이 될 수 있는 하나님이 허락하신 경주를 완주해 낼 수 있을까?

수많은 증인들이 있음을 기억하자.
히브리서 12장 1절을 보면 우리를 지켜보는 많은 증인들이 있다고 밝힌다. 그들은 누구인가? 문맥을 따라 읽으면 이 증인들은 히브리서 11장에 나오는 믿음의 선배들이다. 우리보다 앞서 믿음의 경주를 완주하고 하늘나라에 먼저 가신 선배들이다. 그런데 그런 증인들이 '허다하다'(수없이 많다)고 한다. 이 말은 하나님께서 허락하신 경주를 완주하기만 하면 그들처럼 우리 모두가 1등이 되는 것이 확실하다는 말씀이다. 그러므로 이 허다한 증인들인 믿음의 선배들이 성취한 삶과 결과를 보면서 믿음의 완주를 하라고 성경은 권면하는 것이다.

거추장스러운 것은 벗어버리자.
복음을 위해 경주할 때 우리의 경주를 방해하는 것들이 있다. 1절은 이것을 "무거운 것과 얽매이기 쉬운 죄"라고 표현하고 있다.
무거운 것을 벗는다는 것은 '영적 체중조절'로 표현할 수 있다. 영적 비만에 걸리지 않고 체중조절을 잘 하기 위해서 현실적으로 가능한 방법은 말씀을 배운 대로, 영적으로 깨달은 대로 삶을 살아내는 것이다. 먹은 것에 비해 활동이 적으면 체중조절에 실패할 수밖에 없다. 말씀 안에서 배우고 확신한 것을 삶으로 살아낼 때 영적 체중조절을 할 수 있는 것이다.

그런가하면 또 우리를 옭아매는 죄들을 벗어버려야 한다는 의미는 자주 우리 발목을 붙잡고 넘어지게 만드는 것들을 벗어버리고 피해야 한다는 것을 의미한다. 항상 사탄은 우리들의 약점을 보고 그것을 공격하여 넘어지게 한다. 나만 아는 나만의 약점, 아킬레스건이 있다. 아킬레스건이 파열되거나 염증이 생기면 제대로 걸을 수도 없고 활동할 수도 없다. 사탄은 우리들의 아킬레스건을 누구보다 잘 알고 있으며, 그곳에 문제를 만들어 내는 데에 전문가 중의 전문가이다. 사탄의 이런 공격으로부터 방해받지 않는 길은 다른 방법이 없다. 말씀과 기도! 말씀을 들을 수 있는 기회, 기도할 수 있는 기회가 주어지면 절대로 놓쳐서는 안 된다. 그래야 진리의 허리띠를 띠고 주님 베푸시는 은혜로 나의 약점을 넘어서서 승리할 수 있다.

인내와 끈기를 가지고 전진하자.

운동에 있어서 중도포기하지 않고 끝까지 완주하는데 필요한 것은 끝까지 견디는 것이다. 영적 사역을 하다보면 포기하고 싶을 때가 있다. 사탄은 어떻게 해서든지 포기하도록 환경을 조성한다.

파도가 칠 때 그 파도에 휩쓸려 가는 사람이 있고, 파도를 타는 사람이 있다. 노련한 뱃사람은 파도를 타는 사람이다. 그러므로 사탄이 만들어 내는 여러 가지 시험들을 바라보는 시각이 대단히 중요하다. 영적 경주에서는 믿음의 안경을 끼고 우리의 영원한 푯대이신 주님을 바라보며 파도를 타면서 "이 풍랑 인연하여서 더 빨리

갑니다" 찬송을 하며 전진하는 것이 중요하다.

힘 빼기와 힘 조절을 통해 한 번에 한 걸음씩 전진하는 것이 이상적이다.

과유불급(過猶不及): 소그룹 사역은 장기레이스(경주)임을 기억하자.
장기 레이스에서 꼭 기억해야 할 단어가 있다. 과유불급(過猶不及)이다. 가끔 리더 중에는 지나친 열정으로 인해 처음부터 너무 많은 분량의 메시지를 전달하려는 리더들이 있다. 꼭 필요한 내용을 전달하기 위해서 엄청난 시간과 노력을 들이고, 수많은 자료를 찾고, 함께한 이들이 꼭 알았으면 하는 내용들을 정리한 만큼 잘 전달하는 것은 절대적으로 필요하다. 그러나 임상한 결과를 검토해 보면 너무 많은 것을 전달하는 것은 오히려 역효과로 나타나는 것을 보게 된다. 지나치게 많이 준비해서 한꺼번에 많은 내용을 전달하려고 하면 오히려 소그룹 구성원들은 질려 한다. 그러므로 지금 내가 감당하는 소그룹 사역은 매주 만나서 진행하는 장기적 사역인 것을 꼭 유념하자.

한 번에 한 가지의 핵심메시지를 전달하자.
커뮤니케이션 전문가들이 하는 유명한 말이 있다. "어떤 청중도 오늘 나눌 열 번째 내용은… 이라고 말하는 리더를 좋아하지 않는다." 한 번 모였을 때 하나의 알맹이 있는 메시지를 듣고 싶어 하는 것이 소그룹 구성원들의 욕구인 것을 꼭 기억하라.

열정이 지나치면 소그룹 구성원들이 다음 번 모임에 대해 기대감을 갖지 않는다. 목을 축일 마실 물 한 잔을 원하는 사람의 입에 호스를 들이댈 필요는 없다. 그러므로 영성 공동체 안에서 소그룹을 인도할 때 반드시 기억해야 할 것은 그 모임에서 반드시 전달해야 할 핵심 메시지가 무엇인지를 준비하는 것이다.

그날 다룰 본문을 깊이 묵상하자.

영적 공동체인 소그룹에서 핵심 메시지를 나누기 위해서는 무엇보다 모임에서 나눌 본문에 대한 '깊은 묵상'이 절대적으로 필요하다. '많은 준비'를 했을 수는 있지만 '깊은 묵상'이 없다면 반찬 가짓수는 많은데 정작 먹을 반찬이 없는 밥상을 받는 것과 같다. 많은 자료를 준비했지만 정작 하나의 통합된 성경적 메시지가 없다면 소그룹 모임 자체가 공전할 가능성이 크다는 점을 명심하라.

본문을 깊이 묵상하지 않은 소그룹 인도자의 성경공부에 참여한 맴버들은 모두 "뭔가 많은 것을 듣고 많은 이야기를 나눴던 것 같은데 아무것도 남는 것이 없어"라는 표현을 할지도 모른다. 그러므로 이런 상황에 직면하지 않기 위해서 무엇 보다 필요한 것은 바로 본문에 대한 깊은 묵상을 통한 본문의 요점 정리이다.

그래서 본문 말씀을 펼쳐 놓고 먼저 본문을 기록한 저자의 논제가 무엇인가를 파악해서 복음서라면 복음서의 저자가, 바울이 쓴 서신이라면 바울이, 모세오경이라면 모세가, 사도행전이라면 누가가 도대체 무슨 이야기를 하려고 이 본문을 썼는가에 대한 관심을 가장 먼저 가져야 한다. 그 후에 전체 의도 안에서 오늘의 본문이 가지는 주제가 무엇인지 파악하는 것이 필요하다.

본문 묵상을 어떻게 할 것인가에 대해서는 이런 조언을 드리고 싶다. 먼저 좀 더 구체적으로 주어진 본문을 많이 읽으라. 그리고 그 본문을 자신의 말로 요약해 보는 작업을 거쳐라. 그러면 본문의 주제를 파악하는 데에 큰 도움이 될 것이다. 그리고 본문 가운데 자꾸 반복되는 단어나 문구가 있다면 거기에 주의를 집중하라. 주제와 연관되어 있을 가능성이 매우 높다. 색다르거나 엉뚱해 보이는 부분이 있다면 왜 이런 이야기가 여기에 들어 있는지를 생각해 보라. 두 가지를 서로 대조시키고 있거나, 또는 반어법으로 표현되어 있는 부분은 없는지도 살펴보라. 본문의 주제는 주로 이런 요소들과 함께 주어진다.

단 이렇게 도출된 본문의 주제가 앞서서 파악한 "전체 의도"와 관련이 없거나 서로 맞지 않는 느낌을 받는다면, 그 주제는 잘못된 것이다. 그 때는 요약한 것을 과감하게 버려야 한다.

주제를 제대로 파악했다면 이제 소그룹에서 초점을 맞춰야 할 주제가 무엇인지 정리하는 작업을 해 보라. 그 주제가 바로 요점이 되어야 한다. 물론 소그룹 시간에 그 요점 하나만을 다룰 수는 없다. 마음 열기나 마무리도 있기 때문이다.

그러나 소그룹 모임시간에 다루어지는 여러 과정들은 모두 그 주제와 관련되어 있다. 그러므로 주제정리가 제대로 되어 있으면 때때로 구성원들 중에 주제로부터 벗어나서 다른 이야기를 하는 사람들을 주제와 요점에서 떠나지 않도록 길을 잡아줄 수 있다. 사실 구성원들이 주제로부터 이탈하는 이유를 보면 소그룹 임상을 통해서 확인할 수 있는 것은 주제를 제대로 이해하지 못하는 경우도 있지만, 그 주제로부터 회피하려는 심리도 많이 작용한다. 인도자의 역할은 이것을 잘 파악해서 이해를 하지 못한 경우에는 이해를 돕고, 회피하려는 태도에 대해서는 하나님의 말씀과 뜻에 직면하도록 격려하는 역할을 해야 하는 것이다.

나눔 질문

1. 소그룹 리더로 섬기며 가장 지치고 힘들 때가 있다면 언제라고 생각하는지 함께 나누어 보십시오.

2. 본받고 싶은 믿음의 선배가 있습니까? 왜 본받고 싶은지 그 이유를 나누어 보십시오.

3. 복음의 경주를 완주하기 위해 벗어버려야 할 것들은 무엇인지 함께 나누어 보십시오.

4. 소그룹 모임에서 나누었던 말씀 중 특별히 기억에 남는 본문과 그 이유를 나누어 보십시오.

5. 본문을 깊이 묵상하고 소그룹 멤버들에게 나눌 때 겪는 어려움에는 무엇이 있는지 함께 나누어 보십시오.

"영적 경주에서는 믿음의 안경을 끼고
우리의 영원한 푯대이신 주님을 바라보는 것이 중요하다"

6
대화의 중요성을 늘 인식하는 소그룹 리더

"무릇 더러운 말은 너희 입 밖에도 내지 말고 오직 덕을 세우는 데 소용되는 대로 선한 말을 하여 듣는 자들에게 은혜를 끼치게 하라"

에베소서 4:29

시간의 흐름 속에 더욱 중요해진 '말'

스마트폰을 새로 장만한 남편이 아내에게 제일 먼저 "여보 사랑해~^^"라는 문자를 보냈다. 아내의 답장이 없어 의아한 체 집에 들어갔는데 기대와는 달리 분위기가 어찌 싸한 것이다. 그래서 표정이 얼어붙은 부인에게 남편이 물었다. "내가 새로 산 스마트폰으로 보낸 문자메시지 받았지? 그런데 왜 그래?" 그랬더니 갑자기 부인이 받은 메시지를 보여 주었다. "여보 사망해~^^"

"여보 사랑해~^^"를 보내야 되는데 오타가 나서 "여보 사망해~^^"로 보낸 것이다. 스마트폰 문자메시지를 잘못 보내서 낭패를 당한 경험이 아마 최소한 한 번 쯤은 있을 것이다. 받침을 탈락시켜 문자를 보낸다든지, 원래의 뜻이 와전되서 전달되는 경우도 많이 있다. 스마트폰 문자로만 소통하는 것은 좀처럼 쉽지 않다. 그래서 중요한 사안에서는 불필요한 오해를 사지 않기 위해 전화를 해야한다.

코로나19이후 비대면 비접촉이 일상이 되면서 서로의 얼굴을 볼 수 없기 때문에 더욱 문자보다는 가능하면 전화로, 말로 소통하는 방법을 택하는 것이 좋다. 결국 의사소통은 말로 하는 것이기 때문이다.

커뮤니케이션 전문가들은 사람들이 같은 공간에서 대면할 수 있는 상황에서 의사소통은 말이 7%이고, 행동이 38%, 표정이 나머지 55%의 비율을 차지한다고 말한다. 그러나 같은 공간에서 대면이 어려워진 상황에서 가장 중요한 의사전달과 공감의 도구는 '말'이 100%를 차지한다고 말한다. 말의 고저, 장단, 심지어는 목소리의 색깔에 따라 사람들은 긍정과 부정 인정과 배척, 배려와 그 반대의 감정을 순간적으로 느낀다는 것이다.

어느 연구에 따르면 사람의 감정 95%는 그 순간 '스쳐가는 말'에 의해 좌우된다고 한다. 미국에서 벌어진 살인사건의 34%는 사소한 대화중에 발생했다는 연구결과도 있을 정도 이다. 남녀 간 다툼의 90%가 바로 대화 방식의 차이, 다시 말하면 '말' 때문에 발생한다고 하니 말이 얼마나 중요한지 알 수 있다. 그러므로 사람들을 섬기는 리더에게 있어서 어떤 방식으로 말하고 말로 어떻게 공감을 이루어 내느냐 하는 것은 대단히 중요한 문제인 것이다. 그렇다면 이렇게 중요한 '말'을 어떻게 효과적으로 해야할까?

'말'의 대원칙 : 어떤 '말'을 하든지 '덕'을 세우겠다는 원칙을 가지고

말하라

"무릇 더러운 말은 너희 입 밖에도 내지 말고 오직 덕을 세우는 데 소용되는 대로 선한 말을 하여 듣는 자들에게 은혜를 끼치게 하라"

- 에베소서 4:29

먼저 마음을 지키라.
모든 말은 우리의 생각에서 나온다. 생각은 어디에서 나오는가? 마음에서 나온다. 성경은 이를 든든히 뒷받침 하고 있다.

"독사의 자식들아 너희는 악하니 어떻게 선한 말을 할 수 있느냐 이는 마음에 가득한 것을 입으로 말함이라 선한 사람은 그 쌓은 선에서 선한 것을 내고 악한 사람은 그 쌓은 악에서 악한 것을 내느니라"

- 마태복음 12:34-35

그 마음에 성령님을 모신 사람은 자동으로 성령의 말을 하고, 그 마음에 악한 영을 모시고 사는 사람은 자동으로 그 입으로 덕을 세우는 말보다는 악한 말을 할 수 밖에 없는 한계가 있다.

내가 말한 후에 일어날 영향력과 파장을 늘 헤아리라.
모든 말은 어떤 상황에 영향을 미치고 파장을 일으킨다. 선한 말은 선한 영향력으로 나타나고 악한 말은 악한 파장을 일으킨다. 그래서 우리가 어떤 말을 들으면 힘이 나고 기분이 좋아지고 용기가 솟지만, 어떤 말을 들으면 기운이 쭉 빠지고 기분이 나빠지고 일 할

맛이 안 나고 마음에 상처를 받는 것이다. 어떤 말을 할 것인지 늘 신중해야 하는 이유가 여기 있다.

때와 상황에 맞는 말을 하라.
옛 속담에 말 한마디로 천냥빚을 갚는다고 했다. 때와 상황에 맞는 말 한마디가 갖는 위력에 대해 말하는 속담이다. 때로는 이 때를 맞추지 못해 사람의 마음이 상하기도 할 때가 있다. 예를 들어 99세된 할머니께 "할머니 100수 하세요"라고 하면 큰 실례가 될 수 있다.

"사람은 그 입의 대답으로 말미암아 기쁨을 얻나니 때에 맞는 말이 얼마나 아름다운고"
- 잠언 15:23

상대방을 살리는 말을 할 수 없으면 입을 다물고 귀를 여는 것이 낫다.
남성들이 인생을 살면서 꼭 들어야할 세 여인의 말이 있다고 한다.
"어려서는 어머니, 어른이 되어서는 아내, 운전할 때는 내비게이션"
하나님은 우리가 하는 말을 다 듣고 그 말대로 되게 하신다. 그것이 말의 법칙이다. 그러므로 내 입에서 나가는 말이 상대방을 죽이는 '무기'가 되지 않도록 가려서 해야 하고 그럴 자신이 없으면 그냥 입을 열지 않는 것이 좋다. 구체적으로 어떨 때 말하기보다 침묵할 때가 좋을까?

침묵이 진짜 금이 되는 9가지 경우

첫째, 나를 드러내는 말을 하고 싶을 때
교만하고 오만해 보이므로 오히려 손해로 나타난다.

둘째, 다른 사람에게 상처가 되는 상황일 때
의도하든 의도하지 않았든 내가 한 말이 사실이라 할지라도 누군가가 상처를 받거나 해가 될 때는 침묵하는 것이 좋다. 그래서 누군가에 대해서 말할 때 원칙은 "그 사람의 앞에서 하지 못할 말은 뒤에서도 하지 않는 것"이다.

셋째, 나쁜 감정으로 가득 차 있을 때
마음에 분노나 시기 혹은 질투로 가득 차 있을 때는 좋은 말이 나올 수 없다.

넷째, 논쟁으로 확산이 될 소지가 있을 때
견해나 관점의 차이가 극도로 클 때는 서로 떨어져서 생각해 보는 시간을 갖는 것이 낫다.

다섯째, 말꼬투리를 잡으며 시비를 걸어올 때
어떤 이유로든 논쟁을 하려고 작정한 사람과의 정상적인 대화는 거의 불가능하다.

여섯째, 대화의 수준을 맞출 수 없을 때
설명하고 이해시키려 해봤자 더 큰 오해나 불신만 쌓일 수 있다.

일곱째, 극도로 긴장하거나 스트레스를 받을 때
이러한 경우에는 이성이 거의 마비가 된 상태이므로 정상적인 판단과 생각을 하기 어렵다.

여덟째, 같은 말을 너무 많이 반복해서 신뢰받지 못할 때
늑대소년의 우화를 기억하라. 이럴 때는 행동과 실천으로 보여줄 때이다.

아홉째, 하나님 앞에 먼저 기도해야 할 때인 것을 확실하게 느낄 때
어려움 중에 하나님께 매달리면 해결되지만 사람에게 매달리면 더 복잡해진다.

선제적으로 악한 말은 아예 듣지 말고 귀를 닫으라.
내 입으로 악한 말이 나가지 않게 하는 것도 중요하지만, 악한 말이 저절로 귀에 들어올 때도 많은 것이 우리의 삶이다. 그럴 때는 예수 이름의 권세로 악한 흐름을 차단하고 바로 주님의 보혈로 귀를 씻어야 한다. 그 흐름에서 얼른 벗어나야 악한 말의 영향을 받지 않는다.

나눔 질문

1. '말' 때문에 곤란함을 겪었던 경험이 있다면 자유롭게 나누어 보십시오.

2. 내가 사용하는 말 중 공동체의 덕을 세우는 말에는 무엇이 있는지 함께 나누어 보십시오.

3. 대화를 나누면 기분이 좋아지는 사람을 떠올려 보고 그 사람과 대화를 나누면 기분이 좋은 이유가 무엇인지를 나누어 보십시오.

4. 소그룹 멤버 중 대화가 잘 통하지 않는 사람이 있다면 그 이유가 무엇인지를 나누어 보십시오.

7
경청하며 살리는 말을 하는 소그룹 리더

"1 내 형제들아 너희는 선생된 우리가 더 큰 심판을 받을 줄 알고 선생이 많이 되지 말라 2 우리가 다 실수가 많으니 만일 말에 실수가 없는 자라면 곧 온전한 사람이라 능히 온 몸도 굴레 씌우리라 3 우리가 말들의 입에 재갈 물리는 것은 우리에게 순종하게 하려고 그 온 몸을 제어하는 것이라 4 또 배를 보라 그렇게 크고 광풍에 밀려가는 것들을 지극히 작은 키로써 사공의 뜻대로 운행하나니 5 이와 같이 혀도 작은 지체로되 큰 것을 자랑하도다 보라 얼마나 작은 불이 얼마나 많은 나무를 태우는가 6 혀는 곧 불이요 불의의 세계라 혀는 우리 지체 중에서 온 몸을 더럽히고 삶의 수레바퀴를 불사르나니 그 사르는 것이 지옥 불에서 나느니라 7 여러 종류의 짐승과 새와 벌레와 바다의 생물은 다 사람이 길들일 수 있고 길들여 왔거니와 8 혀는 능히 길들일 사람이 없나니 쉬지 아니하는 악이요 죽이는 독이 가득한 것이라 9 이것으로 우리가 주 아버지를 찬송하고 또 이것으로 하나님의 형상대로 지음을 받은 사람을 저주하나니 10 한 입에서 찬송과 저주가 나오는도다 내 형제들아 이것이 마땅하지 아니하니라"

야고보서 3:1-10

준비된 리더는 말의 위력을 깨달은 사람이다.

강원도 어느 산골분교초등학교에 전교생이 딱 2명 있는 학교가 있었다. 하루는 교장선생님이 복도를 지나가는데, 그 두 학생이 서로 싸우고 있었다. 그 때 교장선생님이 교실에 들어가서 이렇게 한 마디 했다. "아니~ 전교 1,2등씩이나 하는 놈들이 서로 싸워서야 되겠냐!!"

말 한마디의 위력이 얼마나 대단한 것인지에 대해 우리는 잘 알고 있다. 특별히 리더의 말 한마디는 거의 원자폭탄과 같은 효과가 있다. 조직을 살리는 밑바탕이 되기도 하지만 조직을 실패로 이끄는 빌미가 되기도 한다. 최근 들어 뛰어난 말솜씨도 리더가 갖추어야 할 중요한 자질 중 하나라는 인식이 퍼지고 있다. 같은 일을 맡은 비슷한 역량의 리더이지만 커뮤니케이션 측면에서 차이가 있을 경우 최종적인 결과에서는 엄청난 차이를 보인다.

야고보서 3:1-10에 기록된 말에 대한 예수님의 동생 야고보의 경고

야고보서 3장 1-10절은 예수님의 동생이요, 예루살렘 교회의 탁월한 장로였던 야고보가 기록한 말에 대한 경고다. 그는 초대교회에서 경건과 영성의 깊이에 있어 그 누구보다 위대한 지도자였다. 그런 그가 말의 중요성과 위험성에 대한 경고를 본문에서 하면서 '너희'라고 하지 않고 '우리'라는 말을 사용하면서 자기도 말의 실수가 많은 사람 가운데 하나라는 사실을 인정하고 있다. 아무리 경건과 영성의 깊이가 있어도 말에 실수가 없는 사람은 없구나 하는 생각을 여기서 하게 된다. 더더욱 공동체의 리더라면 더욱 말을 조심해야 함을 알 수 있다.

<본문 2절>을 보면 "말에 실수가 없는 사람은 이 세상에 아무도 없다"는 사실을 표현하기 위해 만일 말에 실수가 없는 자가 있다면, 그는 온전한 사람이라고 말하고 있다. 왜 말에 실수가 없는 사람을 온전한 사람이라고 표현할까? 말은 행동보다 그 해악이 영혼 깊숙한 부분에까지 박힌다는 것을 충분히 알고 있었기 때문이다. 그래서 야고보는 말을 하는 작은 혀가 궁극적으로 큰 것을 움직인다는 사실을 네 가지의 비유를 통해서 강조하고 있다.

① 작은 재갈이 큰 말을 움직인다.(약 3:3)
② 작은 키가 큰 배를 움직인다.(약 3:4)
③ 작은 불씨가 많은 나무를 태운다.(약 3:5)

④ 작은 혀가 온 몸과 인생 전체를 불사른다(약 3:6)

그러므로 혀를 효과적으로 사용하는 길만이 사역성공의 지름길인 것을 확인할 수 있다.

역동적인 소그룹 사역을 위한 리더의 효과적인 말하기 원칙

물론 리더로서 성공적인 사역을 하기 위해서는 다른 어떤 것보다 기본적인 실력을 갖추어야 한다. 실력은 없으면서 말솜씨만 좋은 것은 리더십 형성에 전혀 도움이 되지 못하다. 한 분야에서 전문가라는 평을 들을 정도로 전문 능력을 쌓은 다음에 그것을 말로써 잘 전달하고 구성원을 이끌 수 있는 사람이 참다운 리더라고 할 수 있다. 그리고 전문적인 역량 못지않게 자신의 생각을 효과적으로 전달할 수 있는 리더의 커뮤니케이션 능력이 필요하다. 속에 담아만 두고 나누지 못해서 구성원을 설득하지 못하면 리더의 비전이나 역량은 그리 큰 영향력을 만들어내지 못한다. 리더는 기본적인 실력 향상에 더해 스피치 능력을 키우는 데에도 노력을 기울여야 한다. 그러면 어떻게 해야 보다 효과적인 커뮤니케이션을 하는 말을 할 수 있을까?

메시지를 전달할 때 일관성이 있어야 한다.

쉽게 말하면 갈 '지(之)'를 지양하라는 것이다. 리더의 말이 자주 바뀌거나 여러 가지 의미를 복합적으로 담고 있으면, 조직 구성원들은 진의를 파악하느라 시간과 노력을 허비하는 경우가 많다. 리더의 말이 일관적이지 못한 주된 이유는 어떤 사안에 대해 리더의 생각이 충분히 정리되지 못했기 때문이다. 그래서 주변 상황과 사람에 따라 각기 다른 말을 하게 되는 것이다. 소그룹을 성공으로 이끌고 싶다면, 리더는 말하기 전에 충분히 자기 생각을 정리하여 구성원들에게 일관된 메시지를 전달하는 노력을 기울여야 할 것이다.

중요내용은 반복이 필요하다.

 자신이 말한 내용을 구성원들이 모두 이해하고 그대로 따를 것이라 생각하는 것은 리더의 지나친 기대일 수 있다. 중요한 내용일수록 구성원들이 충분히 이해할 때까지 반복해서 전달하는 것이 중요하다. 물론 리더는 반복적으로 이야기해야 할 것과 그렇지 않을 것을 구분할 줄 알아야 한다. 리더가 구성원들의 업무에 사사건건 관여하고 반복적으로 지시를 내리는 것은 오히려 구성원들의 반감을 살 수도 있다. 그러나 조직의 비전이나 미션, 공유해야 할 핵심가치 등은 구성원들의 생활에 스며들 수 있도록 리더가 잦은 커뮤니케이션 자리를 마련하고 구성원들에게 전달해야 할 내용이다. 구성원들과 공유해야 할 중요한 것이라면 리더가 반복해서 전달해야 한다. 이것이 리더의 책임이자 역할이다.

기왕 말할 것이면 자신감 있게 말하라.

 어떤 일을 하든지 80%는 자신감에 달려 있다는 말이 있다. 리더가 자신의 생각을 효과적으로 전달하고 구성원들에게 충분히 이해시키려면 무엇보다 스스로 자신감을 갖고 이야기하는 것이 중요하다. 특히 리더의 자신감 있는 표현은 어려운 의사결정 상황에서 더 빛을 발한다. 어려운 상황일수록 구성원들은 리더를 더욱 의지하게 되기 때문이다. 만약 그 상황에서 리더가 머뭇거리거나 적당히 회피하려고 한다면 구성원들은 더 이상 리더를 따르지 않게 될 수도 있다. 전쟁의 한복판에 서 있는 장수와 부하들을 생각해보면 쉽게 이해할 수 있다. 리더가 구성원들을 이해시키고 설득시키고자 한다면 스스로 확신을 가지고 자신감 있게 말하는 것이 중요하다.

책임질 수 있는 말을 하라.
한 공동체의 성패는 리더와 구성원들간의 신뢰지수가 얼마나 높으냐에 달려있다. 리더와 구성원간 신뢰 형성이 조직성과 창출의 핵심 요인이다. 조직에 신뢰가 형성되어 있을 때 리더의 말이 조직 깊숙이 전파되어 조직 전체가 일사분란하게 움직일 수 있다. 조직에 신뢰가 형성되기 위해서는 리더가 책임질 수 있는 말만 하고 그것을 실행하기 위해 노력해야 한다. 조직 내 신뢰 구축을 위해서 리더는 많은 시간과 노력을 투입하지만 작은 실수 때문에 한 순간에 그 신뢰를 무너뜨릴 수도 있다. 특히 리더가 구성원들과의 약속을 지키지 않을 때 그 파급 효과는 엄청나다. 따라서 리더는 약속을 하기 전, 실행 가능성 여부를 꼼꼼히 따져보고 난 뒤에 구성원들과 커뮤니케이션 하는 습관을 가져야 할 것이다. 예수님께서도 "망대의 비유"를 통해서 실행가능성 여부를 따져 보라고 권면하신다.

"28.너희 중의 누가 망대를 세우고자 할진대 자기의 가진 것이 준공하기까지에 족할지 먼저 앉아 그 비용을 계산하지 아니하겠느냐 29.그렇게 아니하여 그 기초만 쌓고 능히 이루지 못하면 보는 자가 다 비웃어 30.이르되 이 사람이 공사를 시작하고 능히 이루지 못하였다 하리라"

- 누가복음 14:28-30

듣는 사람의 눈높이를 맞추라.
리더는 듣는 사람이 누구인지 먼저 파악하고 이들이 잘 이해할 수 있는 내용과 표현을 이용할 줄 알아야 한다. 리더가 아무리 풍부한 지식을 가지고 있어도 자신만 아는 어려운 용어를 사용해 이야기 한다면 상대방의 이해를 구하기 힘들다. 우선 상대방이 누구인지 파악해야 한다. 그 다음에는 이야기의 내용이 듣는 사람에게 적합한지 고려해야 한다. 표현 방식도 마찬가지이다. 듣는 사람에 따라 자세한 설명이 필요한지, 핵심만 전달하는 것이 좋은지 판단해서 말하는 것이 중요하다. 말을 잘한다는 것은 상대방이 얼마나 자신의 이야기를 잘 이해하는 지와 일맥상통 한다. 따라서 리더는 상대방의 입장을 이해하면서 이야기하는 습관을 평소에 가질 필요가 있다.

리더는 '말'을 잘하는 것도 중요하지만 잘 듣는 것이 더 중요하다.

리더가 쉽게 범할 수 있는 과오 중 하나는 그 위치에 가는 순간 더 이상 남의 말을 잘 듣지 않게 된다는 것이다. 그래서 사람은 지위가 높아질수록 듣는 귀도 함께 작아진다고 한다. 그러나 듣는 것이 말하는 것만큼 중요하다. 말을 잘 하기 위해서는 상대방이 기대하는 바를 잘 파악하는 것이 중요하다. 리더가 적극적으로 경청하면 조직 내부의 커뮤니케이션 단절을 방지할 수 있고, 돈독한 인간관계를 형성할 수 있어 구성원의 사기를 증대 시킬 수 있다. 성공하는 리더가 되고자 한다면 자신의 능력을 효과적으로 표현, 전달하는 것도 중요하지만 상대방의 이야기를 적극적으로 경청하는 자세가 필요하다.

나눔 질문

1. 지금 내가 가장 듣고 싶은 말을 적어보고 서로에게 듣고 싶은 말을 전해 보십시오.

2. 리더의 말은 소그룹 멤버들에게 큰 영향력을 끼칩니다. 소그룹 멤버들을 살리는 말을 하기 위해 내가 꼭 지켜야 할 원칙을 나누어 보십시오.

3. 나의 말하기를 스스로 평가해보고 강점과 보완할 점을 각각 나누어 보십시오.
   · 강점

   · 보완할 점

4. 말을 잘하는 것보다 잘 듣는 것은 더 어렵습니다. 그래서 말하는 것을 배우는 데는 불과 2년이 걸리지만 말을 잘 듣는 데는 60년이 걸린다는 말이 있습니다. 다른 사람의 말을 경청하기 힘든 이유는 무엇입니까?

8
닫힘과 열림의 긴장을 유지하는 소그룹 리더

"두려워하지 말라 내가 너와 함께 함이라 놀라지 말라 나는 네 하나님이 됨이라 내가 너를 굳세게 하리라 참으로 너를 도와 주리라 참으로 나의 의로운 오른손으로 너를 붙들리라"

이사야 41:10

새로운 도전 "소그룹 재편성"

소그룹 재편성이 다가오면 소그룹 리더들에게는 다음과 같은 두려움이 생긴다. "나를 싫어해서 소그룹을 떠나나? 내가 인도하는 모임에 누가 들어오려고 할까? 사이가 좋지 않은 맴버들이 모이면 어떻게 해야 하지?" 소그룹 맴버들에게도 걱정이 있다. "내가 빠져 나가면 우리 리더는 어떻게 생각할까? 관계가 힘든 지체를 만나면 어떻게 하지?" 목회자 또한 "이 일이 과연 가능할까?"와 같은 두려움을 가진다.

위와 같은 염려를 넘어 두려움까지 섞인 내적 질문들은 임상적으로 소그룹을 재편성 할 때마다 모든 소그룹에서 나타나는 현상이다. 이런 두려움에 맞서 어떻게 해야 할까? 대답은 닫힘과 열림의 긴장을 유지하는 소그룹이 되는 것이 중요하다.

일정기간 닫힌 소그룹을 운영하라.

　더 많은 새생명이 찾아오도록 소그룹의 문을 활짝 열어도 부족할 판에, 소그룹의 문을 닫으라는 말은 아주 생소하게 들린다. 그렇다. 교회는 항상 새가족에게 열려 있어야 한다. 그런데 소그룹의 문을 의도적으로 잠시 닫아둘 필요가 있다.

　소그룹의 문을 닫아둔다는 것은 상징적인 표현이다. 닫힌 소그룹을 운영한다는 것을 풀어 말하면, 소그룹 멤버들이 소그룹에 더 집중할 수 있도록 '예측가능한 소그룹 환경을 제공한다'는 의미이다. 열린 문은 누구나 들어올 수 있고, 또 나갈 수 있기 때문에 활발함, 생명력, 열린 마음, 교제 등을 의미한다. 그러나 이것은 역으로 끊임없는 산만함, 예고 없음, 예측 불가능 속에서의 불안함을 의미하기도 한다.

　중요한 일을 할 때 누구나 드나들 수 있도록 문을 열어 두는 사람은 아무도 없다. 오히려 집중하기 위해 문을 닫는 것이 당연한 행동이다. 소그룹의 문을 닫는 것은 그만큼 소그룹 사역과 모임이 그만큼 중요하기 때문이다. 소그룹의 문이 한없이 열려 있으면, 다시 말해 끝날 기미가 보이지 않으면 소그룹 멤버들은 금세 불안해한다. 함께하는 추진력을 잃고, 주의력 결핍에 빠지게 된다. 그래서 다음과 같이 닫힌 소그룹 환경을 만드는 것이 필요하다.

첫째, 참가자들이 누구인지 분명히 하라.

　매 주 참석하는 고정멤버가 누구인지 확실한 멤버들의 면면이 중요하다. 소그룹은 그 성격상 아무나 드나들 수 있거나, 자신이 원하는 것을 얻고 떠나가는 형식의 모임이 아니다. 누군가에게 마음을 여는 것은 견고한 신뢰에 바탕을 두는 것이다. 결국 소그룹의 멤버들이 서로 친숙한 것이 대단히 중요하다. 간혹 잘 모르는 손님을 초대할 수는 있겠지만, 긴 시간을 함께 해도 괜찮을지 그 여부가 검증된 사람들이 서로 모여 깊은 유대감을 형성하고, 성장하는 닫힌 환경이 될 때 모임의 전망을 볼 수 있다.

둘째, 함께 달려갈 목적을 분명하게 보이라.
 소그룹 구성원들의 기대치는 각각 다를 수 있다. 그렇기 때문에 한 가지 사안에 대해서도 서로 다른 가치평가를 내리고 서로 다른 반응을 보일 수 있는 소지가 다분하다. 그러므로 구성원들이 영적 공동체인 소그룹에 함께 모였을 때 적어도 무엇을 기대하고, 목적 달성을 위해서 시간은 어떻게 운영하며, 자료는 무엇을 사용할 것인지에 대한 분명한 가이드라인이 필요하다. 결국 이 소그룹에 참석하면 어떤 변화와 성장이 있을지 분명한 목표치를 보여 주고, 막연한 것이 아니라 거기에 대한 동의가 있는 닫힌 환경이 있을 때 소그룹모임의 지속성이 유지될 수 있는 것이다.

셋째, 서로 관계를 맺는 최소한의 규칙을 공유하라.
 우리 소그룹에서 지켜야할 에티켓이 무엇인지, 어떤 선을 넘어서는 안 되는지를 알리는 것은 매우 중요하다. 일명 해도 좋은 파란규칙과 금지를 의미하는 빨간규칙을 함께 정하는 것이다. 아무리 친밀한 관계라도 선을 넘나드는 관계는 오히려 참가자들을 불안하게 만들고, 소극적인 참여를 유발시킬 뿐이다.

넷째, 예측가능한 모임이 되게 하라.

한 번 모이면 그 끝이 어디인지 모르는 모임을 사람들은 결코 오고 싶어 하지 않는다. 이런 의미에서 모임의 과정은 어떻게 되는지, 방학은 있는지, 매 시간 사용하는 시간분량은 어떻게 되는지 소그룹 구성원들이 예측 가능하도록 닫힌 환경을 만들어 주어야 한다. 예측 가능한 경험은 더 나아가 구성원들을 더욱 헌신하도록 이끌어주는 힘이다. 가정에서 주로 에너지를 공급하는 에너지원 역할을 담당하는 것이 부모라 할지라도, 가정의 위기 시에 자녀가 중재의 역할을 하기도 하고, 장성한 자녀는 가정의 새로운 의지가 되기도 하는 것과 같다.

그러나 꼭 기억해야 할 것은 소그룹을 닫으라는 정책은 절대적인 것이 아니다. 왜냐하면 소그룹은 생명이기 때문이고 생명주기(탄생, 성장, 완숙한 재탄생기)에 따라 움직이기 때문이다. 성장한 자녀들이 언젠가는 문을 열고 집 밖을 향하여 나가듯, 소그룹의 문은 멤버들이 성장하는 동안만 '잠시' 또는 '얼마간' 닫혀 있는 것이다. 그러므로 임상적으로 소그룹에는 길면 2년 정도의 '약속된 닫힘'이 적당하다. 이 2년여의 시간동안 소그룹은 '탄생, 성장, 완숙한 재탄생기'를 닫힌 환경에서 경험하는 것이다. 그리고 개인적으로든지, 공동체 전체적으로든지 새로운 탄생을 경험하는 것이 바람직하다. 그러므로 소그룹은 닫힘에서 열림으로 자연스럽게 나아가야만 한다. 그래서 소그룹 리더는 늘 우리 소그룹은 새로운 탄생을 위해 열려있어야 한다는 인식을 전제하고 소그룹을 진행해야 할 필요가 있다. 소그룹 멤버들 역시 우리끼리의 환상(변화산 신드롬)에 빠져있지 않도록 동기를 부여하고 자극을 받을 필요가 있다. 결국 살아 있는 생명체로서 살아 있는 소그룹에는 더 폭발력 있는 성장을 위해, 닫힘과 열림의 긍정적인 긴장이 항상 필요한 것이다. 그렇다면 열린 소그룹을 유지하는 방안은 무엇일까?

동시에 열린 소그룹을 유지하라.

　제자훈련, 사역훈련 등과 같이 어떤 특정한 목적과 강력한 커리큘럼을 가지고 있고, 형성되는 때와 해체되는 때가 분명히 정해져 있는('입학'과 '졸업'이 정해져 있는) 소그룹을 제외하면, 소그룹은 기본적으로 열린 모임이 되어야만 한다. 이는 지금까지 소그룹에 참여하지 않았던 다른 사람을 받아들일 수 있는 자리가 마련되어 있어야만 한다는 뜻이다. 그러나 실제로 소그룹을 진행해 가보면 소그룹 구성원들은 새롭게 소그룹에 들어온 사람을 마치 '이방인(더 신랄하게 침입자)' 정도로 여기는 경우가 있는 것을 발견한다.

　결국 닫힌 환경은 필요하지만 리더나 멤버나 모두 마음까지 닫히면 곤란하다. 닫힌 마음으로 똘똘 뭉쳐진 소그룹은 처음에는 잘 표시가 나지 않는다. 그러나 시간이 점점 지나면서 퇴행성 질환처럼 서서히 나타나다가 결국은 소그룹을 와해시켜 버리거나, 소그룹을 명목상의 소그룹으로 만들어 버린다. 이런 일이 생기는 가장 중요한 이유는 교회가 근본적으로 열린 공동체라는 본질을 가지고 있다는 것을 이해하지 못하고 있기 때문에 생긴다.

　그러므로 소그룹은 언제나 '열린 자리'를 두어야 한다. 열린 자리와 열린 소그룹에 대한 인식이 없으면 소그룹은 수적으로뿐만 아니라 영적으로도 자라지 않는다. 단순히 기존 멤버들이 모임에 나타났다는 사실에 만족해 버리는 리더는 그 소그룹에서 더 이상 무엇인가를 도전하고 변화를 일으킬 필요를 느끼지 못한다. 새로운 사람이 그 그룹에 더해지지 않는다면 새로운 수준의 영적 성장이나 도전을 이루기는 거의 불가능하다. 열린 자리가 없다면, 결국 그 소그룹은 쇠퇴하여 언제인지 모르게 해체되어 있을 수밖에 없는 것이다.

그러므로 소그룹 리더들은 언제나 새로운 사람이 우리 소그룹에 들어올 수 있다는 여지를 소그룹 멤버들에게 계속 알려 주어야 한다. 동시에 교회 전체적으로 새로운 멤버들이 충원될 수 있도록, 전도와 새가족 수료를 통한 새로운 멤버의 충원을 도와야 한다. 그리고 더욱 중요한 것은 소그룹 내의 리더와 모든 멤버들이 잃어버린 영혼(선데이 크리스천, 교회를 떠난 사람, 상처입어서 회복될 곳이 필요한 영혼 등)에 대한 열정을 가지고 그들을 우리 소그룹으로 초대하는 일을 계속하는 것이다.

지금 내가 인도하는 소그룹이 열린 자리를 가지고 있는지, 또 멤버들이 열린 마음을 가지고 있는지 늘 분별해야 할 필요가 있다. 그리고 교회 전체적으로는 잃어버린 영혼들에 대한 소그룹 안착을 위한 비전공유와 시스템이 갖춰져 있는지 점검하는 것이 필요하다. 교회의 기본적인 구조는 언제나 열린 소그룹이라는 사실을 철저히 인식하고 소그룹을 이끌어 나아가라.

처음부터 친밀하고 마음이 나누어지는 소그룹 모임은 없다. 소그룹 식구들이 따뜻함과 안정감을 느낄 수 있도록 리더가 모임을 이끌어 간다면, 점차 누구에게든지 하나님께서 우리 소그룹에 보내주시는 영혼에게 마음을 활짝 열고 다가서는 친밀하고 성숙한 모임이 될 것이다.

나눔 질문

1. 지금의 소그룹 멤버들과의 첫 모임은 어땠습니까? 그 때의 느낌을 날씨로 표현해보고 그 이유를 나누어 보십시오.
   · 첫 모임의 느낌은 _____ 이었습니다. 왜냐하면 _____
   _____ 때문입니다.

2. '닫힌 소그룹'과 '열린 소그룹'이 무엇인지 자신의 말로 정의해 보십시오.
   · 닫힌 소그룹이란?

   · 열린 소그룹이란?

3. 닫힌 소그룹을 통해 소그룹 공동체가 얻을 수 있는 유익은 무엇인지 자유롭게 나누어 보십시오.

4. 열린 소그룹을 통해 소그룹 공동체가 얻을 수 있는 유익은 무엇인지 자유롭게 나누어 보십시오.

5. 소그룹의 열린 자리에 새로운 멤버가 들어오기를 기대하며 소그룹을 위한 기도제목을 나누어 보고 함께 기도함으로 모임을 마무리 하십시오.

<별첨>

'소그룹 재편성'을 위한 설문지

OO교회의 영적 안전망인 소그룹을 더욱 신선하고 풍성한 나눔과 섬김이 있는 장으로 세우기 위하여 하반에 소그룹 재편성을 준비하고 있습니다. 이를 위해 우선 OO교회의 모든 가족들이 소그룹에 자발성을 가지고 참여할 수 있도록 먼저 참여를 희망하는 소그룹 유형을 확인하기 위해 설문을 진행하려고 합니다. 서현의 장년 가족들(젊은이교구 이상)은 한 분도 빠짐없이 응답해 주시기 바랍니다. 귀한 협력이 주님이 사랑하시는 서현교회의 영적 안전망을 더욱 역동적이고 견고하게 세워나가는 데 중요한 자료로 사용될 것입니다. 감사합니다.

1. 인적 사항과 현재 소속교구 및 소그룹을 기록해 주십시오.
 ■성명: ■연락처:
 ■소속교구: 교구/ (모름)   ■소속소그룹 :   소그룹/ (모름)

2. 현재 소속해 있는 기존 소그룹 계속 참여 여부를 표해 주십시오.
 계속 참여 □   새로 편성되는 소그룹에 참여 희망 □

3. 부부소그룹 참여 여부를 표해 주십시오.
 희망 □   희망하지 않음 □

4. 새로운 소그룹에 참여하기를 원하실 경우 어떤 유형의 소그룹에 참여하기를 원하십니까?

<소그룹 유형>

① **지역별 소그룹유형**: 기존 소그룹처럼 지역적으로 가까운 곳에 거주하는 성도들과 함께 모이는 소그룹

② **연령별 소그룹유형**: 비슷한 연령을 중심으로 모이는 소그룹

③ **사역별 소그룹유형**: 교회 내에서 봉사 및 사역하는 동역자들과 함께하는 소그룹

지역별 소그룹 □   연령별 소그룹 □   사역별 소그룹 □

4-1. 사역별 소그룹 유형을 선택하신 분만 봉사(사역)부서를 기록해 주십시오.

(   )

예) 임마누엘찬양대

"만일 우리가 서로 사랑하면 하나님이 우리 안에 거하시고 그의 사랑이 우리 안에 온전히 이루어지느니라" - 요일 4:12

<별첨>

소그룹 언약 샘플(1)

아래는 우리 소그룹에 참여하는 모든 이들이 함께 달려가기 위해 정해야 할 언약의 예문들입니다. 우리 그룹에 맞는 언약의 내용이 빠지지 않고 포함될 수 있도록 충분히 토론한 후 정식 언약서를 만들어서 각 조원에게 나누어 주십시오. 성경공부 시간이 부족하여 토론을 할 수 없는 경우, 별도로 시간 약속을 하여 언약서를 위한 토론회를 가지면 더욱 좋겠습니다.

1. 우리 모임의 목적은?

2. 우리 모임이 달성하려는 목표는?

3. 우리의 모임시간은?

4. 우리의 모임장소는?

5. 우리는 다음의 세부사항들을 준수할 것이다

*예습   *다과 준비   *전화 연락

6. 우리는 모임을 위하여 아래의 규칙들을 준수할 것이다

* 이 모임을 갖는 동안 우리는 모임에 참여하는 일에 우선 순위를 둔다.
* 모든 사람은 자신의 의견을 말할 수 있고 모든 질문들이 존중되어야 한다.
* 모임에서 이야기된 개인적인 이야기를 다른 곳에서 공개하지 않는다.

* 참가 인원의 규모와 모임의 공간이 허용하는 한 우리 그룹은 새로운 사람이 참여할 수 있다.
* 다른 사람의 도움이 필요할 때면 언제든지 서로에게 연락할 수 있다.
* 우리가 수행할 수 있는 특별활동이 조원들 간의 합의에 의해 정해지면 그것을 완성될 수 있도록 최선의 노력을 기울인다.
* 기타

위 내용을 성실히 수행함으로

아름다운 열매를 맺을 것을 약속합니다.

주후 20   년   월   일

성 명 :   (서명)

<별첨>

소그룹 언약 샘플(2)

1. 우리는 모임을 정시에 시작하고 정시에 마치도록 할 것입니다.
2. 질병이나 납득할 만한 상황을 제외하고는 소그룹에 빠지는 일이 없도록 할 것입니다.
3. 우리는 모임과 모임 사이에 정기적으로 서로 연락하며 지낼 것입니다.
4. 이번 학기에 우리는 섬김과 나눔 사역에 적극적으로 헌신할 것입니다.
5. 우리는 각자 하나님의 말씀을 마음에 두고 성경에 더욱 정통하도록 할 것입니다.
6. 어려울 때 우리는 서로를 도울 것입니다. 그리고 서로의 영적인 시련에 책임을 공유할 것입니다.
7. 우리는 각자 소그룹 멤버들을 위해 기도할 것입니다.
8. 우리는 그룹 멤버들 가운데 몇 사람이 장차 교회의 리더로 설 수 있도록 도울 것입니다.
9. 소그룹 나눔 중에 나온 이야기 가운데 개인의 프라이버시를 해치는 이야기는 밖에서 절대로 누설하지 않겠습니다.

위 내용을 성실히 수행함으로
아름다운 열매를 맺을 것을 약속합니다.

주후 20   년   월   일

성 명 :   (서명)

<별첨>

소그룹 리더 체크리스트

자신이 '좋은 리더'인지를 아래의 체크리스트(25문항)로 확인해 보라. 이것은 리더로서의 자격이 있는지를 심사하는 수단이 아니라 건강한 리더가 갖고 있는 특성이 어떤 것인지를 알기 위함이다. 자신에게 적용되는 항목을 체크해 보면 영적 리더십의 특성에 대해서도 숙고할 수 있을 것이고, 동시에 유능한 리더가 되기 위해서 어떤 분야를 갈고 닦아야 할지 알게 될 것이다.
(※목회자이면 아래의 테스트로 그룹 리더들과의 토의를 시작하는 것도 의미가 있을 것이다.)

☐ 매일 개인적으로 성경을 읽고, 기도하는 시간을 갖는다.
☐ 성경을 열심히 배우고 있다(굳이 전문가일 필요는 없다).
☐ 사람들이 말하기를 내가 다른 사람들의 이야기를 잘 들어준다고 한다.
☐ 가족관계가 건강하다.
☐ 모든 것을 잘 요약한다.
☐ 다른 사람들과 그들이 처한 환경에 대해 알고 싶어 한다.
☐ 우리 교회에서 1-3가지의 활동을 하고 있다.
☐ 다른 사람을 위해 규칙적으로 기도한다.
☐ 친구들이 "그냥 이야기하기 위해서" 나를 찾곤 한다.
☐ 나는 고난의 때를 오히려 도전의 기회라고 생각한다.
☐ 어느 정도 유머 감각이 있다.
☐ 그렇게 바쁘지 않기 때문에 다른 사람들과 관계를 만들어나갈 시간적 여유가 있다.
☐ 현재 하나님과의 관계에서 더 가까이 가며 성장하고 있다.
☐ 예수님의 형상을 닮고 싶다(롬 8:29)

☐ 인내심이 있다.

☐ 매사에 호기심이 많은 편이다.

☐ 다른 사람들이 어떤 문제로 고민할 때 해결할 수 있도록 도와주고 싶다.

☐ 주변의 어려운 상황을 보면 나의 섬김을 통해 해결하고 싶은 욕구가 있다.

☐ 운동경기 팀에서 관리 일을 맡는 매니저보다는 코치역할을 더 하고 싶다.

☐ 새로운 생각이나 다른 의견에 개방적이다.

☐ 매사에 준비를 잘 하는 편이다.

☐ 나 스스로 제자인 동시에 제자를 만드는 사람이라고 늘 생각하고 실제로 그렇다.

☐ 비기독교인을 만나고 사귀는 것을 좋아한다.

☐ 믿지 않는 이웃이나, 친구, 친척을 좋아하고 그들을 위해 규칙적으로 기도한다.

☐ 나는 복음에 대해 기본적인 이해를 갖고 있다.

체크한 항목을 세어보시고 다음 질문을 함께 나누어 보십시오.

1. 당신이 생각하기에는 25항목 중에서 몇 개쯤에 체크를 했으면 "좋은 리더"감이라고 생각할 수 있겠는가?
2. 이 리스트에서 당신이 가장 강한 항목은 어떤 것인가?
3. 이 리스트에서 당신이 가장 약한 항목은 어떤 것인가?
4. 당신이 약한 분야를 보강하기 위해서는 어떻게 해야 한다고 생각하는가?
5. 이 리스트에서 소그룹 리더에게 가장 중요한 항목은 어떤 것이며 왜 그렇다고 생각하는가?
6. 가장 덜 중요하다고 생각하는 항목은 어떤 것이며 왜 그렇다고 생각하는가?

<별첨>

영적 건강성 자가 진단표

· 아래의 체크리스트에 스스로 대답해 보십시오
· 각 항목의 점수를 합산하여 인식하기 쉽도록 샘플로 제시한 도형을 참고하여 스스로 도형으로 표현해 보십시오.
· 소그룹 내에서 자신이 작성한 도형을 가지고 균형잡힌 도표가 되기 위하여 어떤 결과와 실천이 필요한지 함께 나눔을 가져 보십시오.

1. 예배(최근 3개월 기준)	매우 그렇다 (5점)	조금 그렇다 (4점)	그렇다 (3점)	조금 아니다 (2점)	매우 아니다 (1점)
정해진 공적 예배시간을 빠짐없이 참석하셨습니까?					
예배시간을 엄수하며 바른 자세와 마음가짐으로 참석하셨습니까?					
예배시간, 헌금을 미리 준비하여 구별하여 하나님께 드렸습니까?					
하나님의 임재를 갈망하며 설교자를 통해 전달되는 말씀에 항상 집중하십니까?					
하나님께 영광 올리기 위해 최선의 마음으로 찬양을 올렸습니까?					

(합계 :   )

2. 교제/소그룹(최근 3개월 기준)	매우 그렇다 (5점)	조금 그렇다 (4점)	그렇다 (3점)	조금 아니다 (2점)	매우 아니다 (1점)
소그룹에 정기적으로 참석하셨습니까?					
소그룹구성원들과 서로 비밀스러운 이야기까지도 스스럼없이 나누고 있습니까?					
소그룹구성원들과 진정한 영적 동반자가 되어 서로를 위해 기도드리고 있습니까?					
소그룹 모임이 교회 생활에 반드시 필요하다고 느끼고 있습니까?					
소그룹 모임을 참석할 때마다 신앙에 도전과 영적 성장이 일어나고 있습니까?					

(합계 :   )

3. 다음세대 양육	매우 그렇다 (5점)	조금 그렇다 (4점)	그렇다 (3점)	조금 아니다 (2점)	매우 아니다 (1점)
자녀 교육의 우선순위를 교회예배와 사역으로 여기고 있습니까?					
교육부서의 소식을 잘 확인하며 함께 사역하기를 힘쓰고 있습니까?					
온·오프라인으로 진행되는 예배를 잘 체크하며 예배의 자리를 지킬 수 있도록 노력하고 있습니까?					
자녀(혹은 교육부서)의 교육 목표와 방향을 분명하게 알고 있습니까?					
자녀의 신앙 양육에 동참하고 있습니까?					

(합계 :   )

4. 훈 련	매우 그렇다 (5점)	조금 그렇다 (4점)	그렇다 (3점)	조금 아니다 (2점)	매우 아니다 (1점)
교회에서 제안하는 영적 성숙을 위한 방편(큐티, 말씀통독, 성경필사 등)에 적극적으로 참여하고 있습니까?					
교회에서 공적으로 열리는 말씀 훈련 모임에 대해 정확히 알고 있습니까?					
교회에서 공적으로 열리는 성경공부나 훈련사역 모임에 참석하고 있습니까?					
더 깊은 영적 성숙을 위해 훈련사역에 참석할 의향이 있습니까?					
말씀훈련 참석을 통해 영적 성숙과 변화가 일어날 것이라 기대하고 있습니까?					

(합계 :   )

5. 봉사(교회 내)	매우 그렇다 (5점)	조금 그렇다 (4점)	그렇다 (3점)	조금 아니다 (2점)	매우 아니다 (1점)
교회에서 봉사 요청을 받았을 때 섬길 준비가 되어 있습니까?					
교회 봉사를 위해 시간과 물질을 구별하고 있습니까?					
봉사를 통해 보람과 기쁨을 느끼고 있습니까?					
자신이 섬기고 있는 봉사를 통해 하나님께서 영광 받으심을 확신합니까?					
다른 성도에게 봉사의 자리에 함께 동참할 것을 권유하고 있습니까?					

(합계 :   )

6. 섬김(대외, 디아코니아)	매우 그렇다 (5점)	조금 그렇다 (4점)	그렇다 (3점)	조금 아니다 (2점)	매우 아니다 (1점)
교회 밖 섬김의 자리로 초대받았을 때 함께 할 마음이 있습니까?					
도움이 필요한 교회 밖 사람들을 위해 어디든 나아갈 준비가 되어 있습니까?					
사회적 재난이 일어났을 때 교회의 모금 운동에 적극적으로 참여하십니까?					
더 좋은 섬김을 위해 기꺼이 배움의 자리에 나가겠습니까?					
삶에 예기치 못한 상황을 직면할 때에도 섬김의 자리를 유지하겠습니까?					

(합계 :   )

7. 전 도	매우 그렇다 (5점)	조금 그렇다 (4점)	그렇다 (3점)	조금 아니다 (2점)	매우 아니다 (1점)
기회가 되었을 때 언제든 복음에 대해 설명하며 전할 수 있습니까?					
전도하기 위한 영혼을 마음에 품고 있습니까?					
전도 대상자의 필요를 알며 채워주기를 힘쓰고 있습니까?					
전도 대상자를 위해 늘 기억하며 기도하고 있습니까?					
교회의 전도 사역에 전도 대상자를 초대하려 힘쓰고 있습니까?					

(합계 :   )

8. 선 교	매우 그렇다 (5점)	조금 그렇다 (4점)	그렇다 (3점)	조금 아니다 (2점)	매우 아니다 (1점)
마음에 품으며 선교하고 싶은 나라(선교사)가 있습니까?					
교회가 파송한 선교사님들의 기도제목을 구체적으로 알고 기도하고 있습니까?					
선교를 위해 시간 또는 물질을 따로 구별하여 드리고 있습니까?					
선교 현장에서 도움을 요청받았을 때 기꺼이 가고자 하는 마음이 있습니까?					
교회가 선교지를 확장하거나 선교사를 새롭게 할 때 기꺼이 기도와 물질로 헌신할 마음이 있습니까?					

(합계 :   )

<샘플>

1.예배	2.교제/소그룹	3.다음세대 양육	4.훈련	5.봉사	6.섬김	7.전도	8.선교
20	23	13	25	10	17	20	23

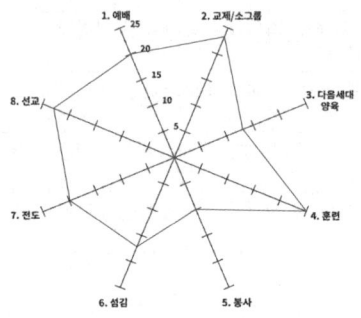

나의진단
훈련, 선교, 예배 등에 강점이 있지만 균형잡힌 도표가 되기 위해 봉사와 다음세대 양육에 조금 더 관심을 가져야겠다고 알게 되었습니다.

<영적 건강성 자가진단표>

· 소그룹 내에서 작성한 도형을 가지고 나눔을 가져보십시오.

1.예배	2.교제/소그룹	3.다음세대 양육	4.훈련	5.봉사	6.섬김	7.전도	8.선교

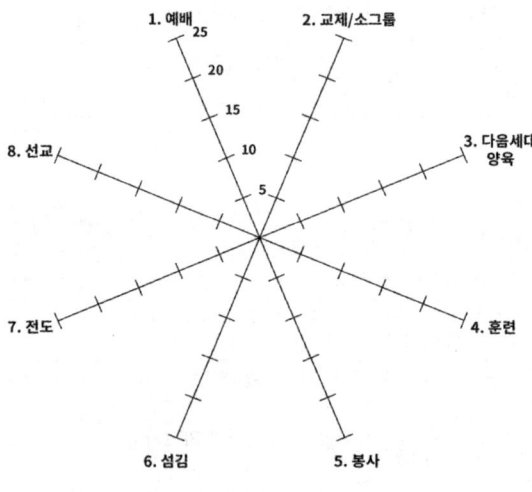

나의진단